Mängelexemplar

DAS DEUTSCHLAND BUCH

DAS DEUTSCHLAND BUCH

DAS DEUTSCHLAND BUCH

DAS DEUTSCHLAND BUCH

DAS DEUTSCHLAND BUCH

DAS DEUTSCHLAND BUCH

DAS DEUTSCHLAND BUCH

DAS DEUTSCHLAND BUCH

ZU DIESEM BUCH

Deutschland, ein Land voller Gegensätze, zwischen Meer und Hochgebirge gelegen, ist reich an Naturschönheiten und beeindruckenden Landschaften: von dem Wattenmeer der Nordsee und den Kreidefelsen auf Rügen, vom stillen Flachland über die waldreichen Mittelgebirge und die romantischen Flussläufe von Rhein, Mosel, Neckar und Donau bis zu den atemberaubenden Kalkformationen der Alpen im Süden. Voller Gegensätze und kostbar sind auch die kulturellen Schätze in Deutschland: pulsierende Metropolen mit weltberühmten Bauwerken und Museen, prachtvolle Schlösser und Residenzen, romantische Burgen und grandiose Kirchen und Klöster, mittelalterlich geprägte Kleinstädte und ländliche Idyllen mit versteckten kulturellen Juwelen. Dieser Bildband ist eine fotografische Entdeckungsreise durch Deutschland. Die großformatigen farbigen Abbildungen bieten

ZU DIESEM BUCH

neue Perspektiven auf die vielfältigen Schönheiten, die sich uns direkt vor der Haustür bieten. Der weitgespannte Bogen zieht sich über alle Bundesländer, vom nördlichen Schleswig-Holstein bis zu den bayerischen Alpen im Süden. St. Pauli und die Landungsbrücken in Hamburg, Braunschweig in Niedersachsen, der Gendarmenmarkt in Berlin, die Großstadt am Rhein Köln, die Sächsische Schweiz, die Würzburger Residenz und das Wettersteingebirge sind auf ausklappbaren Panoramabildern dargestellt. Aber auch unzählige andere interessante Orte und Landschaften erhalten in diesem Band einen besonderen Platz, um sich von ihren schönsten Seiten zu zeigen. Nicht zu vergessen sind schließlich die kulturhistorisch bedeutenden Nationalparks, Städte und Stätten, die von der UNESCO als Weltkultur-oder -naturerbe geschützt und ausgezeichnet wurden.

Das bedeutendste Rokoko-Theater Deutschlands ist nach seinem Erbauer François de Cuvilliés d. Ä. benannt. Es wurde 1751–1753 im Auftrag des bayerischen Kurfürsten Max III. Joseph als Neues Opernhaus neben der Residenz errichtet. Das Theater, das ursprünglich nur den adligen Mitgliedern der Hofgesellschaft vorbehalten war, entwickelte sich rasch zu einem kulturellen Mittelpunkt Bayerns und Süddeutschlands.

INHALT

Oben: Die Bäderarchitektur in seiner höchsten Vollendung: Die Seebrücke Sellin auf Rügen beherbergt die drei Restaurants »Palmengarten«, »Kaiserpavillon« und »Balticsaal«.

Bilder auf den vorherigen Seiten:

S. 2/3 Blick auf die Binnenalster in Hamburg zur Abenddämmerung.

S. 4/5 Höhepunkt der Kieler Woche: die traditionelle Windjammerparade.

S. 6/7 Die Fassade des Haus Litto in Höxter, benannt nach der Tänzerin Maria Litto.

S. 8/9 Eine Kulisse wie aus dem Märchen: der Reinhardswald in Hessen.

SCHLESWIG HOLSTEIN	16
Helgoland	18
Sylt	20
Nationalpark Wattenmeer, Föhr	22
Amrum, Pellworm	23
Die Halligen	24
Eiderstedt, Dithmarschen	26
Glücksburg, Flensburg	28
Schleswig	30
Kiel	32
Kieler Woche	34
Lübeck	36
Naturpark Schleswig-Holsteinische Schweiz, Ratzeburg	38

HANSESTADT HAMBURG	40
Altstadt	42
Katharinenviertel, Speicherstadt	44
Hafencity	45
Neustadt	46
Kulturstadt Hamburg	48
St. Pauli und Landungsbrücken	50–55
Hafen	56

HANSESTADT BREMEN UND BREMERHAVEN	58
Rathaus und Roland	60
Altstadt	62
Bremerhaven	64

NIEDERSACHSEN	66
Altes Land, Cuxhaven	68
Stade, Wilhelmshaven	69
Ostfriesland	70
Sielhäfen	72
Ostfriesische Inseln	74
Emden, Krumhörn, Papenburg, Leer	76
Meyer Werft	78
Oldenburg, Osnabrück	80
Lüneburger Heide	82
Lüneburg, Celle	84
Wendland	86
Biosphärenreservat Elbe	88
Hannover	90
Messestadt Hannover	92
Hildesheim	94
Hildesheim Dom, St. Michael	96
Braunschweig	98–103
Wolfenbüttel	104
Wolfsburg Autostadt	106
Königslutter, Bückeburg Kaiserdom	108
Weserbergland	110
Harzvorland, Oberharz	112
Goslar	114

MECKLENBURG-VORPOMMERN	116
Schaalsee	118
Wismar	120
Schwerin	122
Rostock, Warnemünde	124

INHALT

Fischland Darß-Zingst	126	Kunststadt Berlin, Eastside Gallery	178	Brühl, Bonn	238
Nationalpark		Kurfürstendamm, Gedächtniskirche	180	*Braunes Gold - Braunkohletagebau*	
Vorpommersche Bodenlandschaft	128	Theaterstadt Berlin	182	*in der Ville*	240
Hiddensee	130	Schloss Charlottenburg	184	Aachener Dom	242
Stralsund	132			Bergisches Land, Altenberger Dom	244
Rügen: Nationalpark Jasmund	134	**SACHSEN-ANHALT**	**186**	Sauerland, Siegerland	246
Rügen: Sellin und Binz	136	Magdeburg	188		
Usedom	138	Harz und Harzvorland	190	**RHEINLAND-PFALZ**	**248**
Mecklenburgische Schweiz	140	Wernigerode	192	Eifel und Ahrtal, Vulkaneifel	250
Mecklenburgische Seenplatte	140	Quedlinburg	194	Maria Laach	252
Nationalpark Müritz	142	Lutherstadt Eisleben	196	Burg Eltz	254
		Bauhaus	198	Moseltal	256
BRANDENBURG	**144**	Wörlitz	200	Trier	258
Ruppiner Land	146	Lutherstadt Wittenberg	202	Mittelrhein	260
Uckermark	148	Halle an der Saale	204	Mainz	262
Nationalpark Unteres Odertal	148	Naumburg an der Saale	206	Worms, Speyer	264
Schorfheide	149			*Land der Reben, Land des Weines*	
Potsdam	150	**NORDRHEIN-WESTFALEN**	**208**	Pfälzer Wald	266
Schloss Sanssouci	152	Münsterland, Münster	210		
Schlösser und Parks	154	*Münsterland, Wasserschlösser*	212	**SAARLAND**	**268**
Kloster Neuzelle, Spreewald	156	Ruhrgebiet	214	Völklinger Hütte	270
		Dortmund	216	Saarbrücken	272
BERLIN	**158**	Ruhrgebiet, Industriedenkmäler	218	Bliesgau	274
Brandenburger Tor	160	Duisburg, Essen	220		
Gendarmenmarkt	162–167	Niederrhein, Kevelaer	222	**HESSEN**	**276**
Museumsinsel	168	Düsseldorf	224	Reinhardswald	278
Reichstag	170	*Köln*	226–231	*Kunstmetropole Kassel, Documenta*	280
Neues Regierungsviertel	172	Kölner Dom	232	Kassel, Bergpark Wilhelmshöhe	282
Die Mauer	174	*Köln, Romanische Kirchen*	234	Fulda	284
Potsdamer Platz	176	*Köln, Museen*	236	Limburg	286

13

INHALT

Wetterau, Wetzlar	288	Dresden, Frauenkirche	340	Hegau	398
Frankfurt am Main	290	Moritzburg	342	Bodensee	400
Frankfurt a. M., Historisches Zentrum	292	Elbschlösser	344	Insel Reichenau, Birnau	402
Frankfurt a. M., Banken- und Messeviertel	294	Sächsische Schweiz	346–351	Ulm	404
Museen	296	Muskauer Park	352	Kloster Wiblingen	406
Wiesbaden, Darmstadt	298	Oberlausitzer Heide- und Teichlandschaft	352	Klöster und Kirchen in Oberschwaben	408
Kloster Eberbach, Lorsch	300	Görlitz	354		
Odenwald	302	Erzgebirge	356	**BAYERN**	**410**
				Aschaffenburg	412
THÜRINGEN	**304**	**BADEN-WÜRTTEMBERG**	**358**	Bayerischer Spessart	412
Eichsfeld und Thüringer Becken	306	Heidelberg	360	Unteres Maintal, Mittleres Maintal	414
Nationalpark Hainich	306	Neckar	362	Würzburg	416
Eisenach	308	Bruchsal, Karlsruhe	364	Würzburger Residenz	418–423
Wartburg	310	Ortenau, Baden-Baden	366	Naturpark Fränkische Rhön	424
Erfurt	312	Breisgau und Markgräferland	368	Hassberge, Steigerwald	426
Thüringer Wald	314	Kaiserstuhl	368	Nürnberg	428
Weimar	316	Freiburg im Breisgau	370	Nürnberger Kaiserburg, Altstadt	430
Weimarer Klassik	318	Kloster Maulbronn	372	Naturpark Altmühltal	432
Buchenwald	320	Nördlicher und Mittlerer Schwarzwald	374	Rothenburg ob der Tauber	434
Jena	322	Südschwarzwald	376	Coburg	436
		Taubertal, Hohenlohe	378	Bamberg	438
SACHSEN	**324**	Ludwigsburg	380	Bamberger Dom und Alte Hofhaltung	440
Leipzig	326	Stuttgart	382	Bamberger Residenz	442
Leipzig, Gewandhaus und Augustusplatz	328	Stuttgart, Staatstheater und Staatsgalerie	384	Fränkische Schweiz	444
Meißen	330	Stuttgart, Neue Bibliothek und Weissenhof	386	Bayreuth, Neues Schloss und Eremitage	446
Meißener Porzellan	332	Autostadt Stuttgart	388	Bayreuth, Opernhaus	448
Dresden	334	Tübingen, Kloster Bebenhausen	390	Wagners Bayreuth	450
Dresden, Semperoper und Theaterplatz	336	Schwäbische Alb	392	Naturpark Frankenwald, Kulmbach	452
Dresden, Stadtschloss und Schlosskirche	336	Burg Hohenzollern, Sigmaringen	394	Fichtelgebirge	453
Dresden, Zwinger	338	Naturpark Obere Donau	396	Regensburg	454

INHALT

Regensburger Dom	456	Oktoberfest	500	
St. Emmeram, Regensburg	456	München, Schloss Nymphenburg	502	
Walhalla, Befreiungshalle Kelheim	458	München, BMW-Welt, Allianz-Arena	504	
Donaudurchbruch und Kloster Weltenburg	460	Eichstätt, Ingolstadt	506	
Kloster Metten	462	Neuburg an der Donau	507	
Bayerischer Wald	464	Fünfseenland	508	
Nationalpark Bayerischer Wald	466	Pfaffenwinkel	510	
Passau	468	Wieskirche	512	
Passau, Dom St. Stephan	470	Ammergebirge und Ammertal	514	
Dillingen an der Donau, Studienkirche und Akademie	472	*Oberammergauer Passionsspiele*	516	
Memmingen, Kempten	474	Kloster Ettal	518	
Ottobeuren, Benediktinerabtei		Schloss Linderhof	520	
Kloster Buxheim	476	*Wettersteingebirge*	522–527	
Lindau	478	Blaues Land, Kochelsee, Walchensee	528	
Oberallgäu, Füssen	480	Karwendelgebirge	530	
Allgäuer Alpen	482	Mangfallgebirge	532	
Ostallgäu	484	Chiemgau und Chiemsee	534	
Neuschwanstein	486	Herrenchiemsee	536	
Augsburg	488	Berchtesgadener Land	538	
München	490	Nationalpark Berchtesgaden	540	
München, Frauenkirche	492			
München, Marienplatz		Register	542	
Max-Joseph-Platz, Odeonsplatz	494	Bildnachweis/Impressum	544	
München, Königplatz	495			
Münchner Residenz	496			
München, Alte Pinakothek	498			
München, Neue Pinakothek	499			
München, Pinakothek der Moderne	499			

Oben: Panoramablick auf den Opernplatz in Frankfurt.

SCHLESWIG-HOLSTEIN

Schleswig-Holstein – das ist das »Land zwischen den Meeren«, zwischen der ruhigen Ostsee und der oft sturmgepeitschten Nordsee. Zwischen beiden Meeren erstreckt sich eine liebliche Landschaft aus bewaldeten Geesthügeln und Seen. Wuchtige Backsteinkirchen, reetgedeckte Höfe und alte Hafenspeicher, prächtige Residenzen, elegante Herrenhäuser und zahlreiche Museen zeugen von der reichen Kultur dieses Landes, das auf eine lange und einzigartige Geschichte zurückblicken kann. Seit jeher gilt das Land als beliebtes Feriendomizil und Erholungsgebiet.

»Herzlich frisch und stärkend war der Wind. Die Wanderungen auf dem festen Sand das Meer entlang waren meine Lust. Die freie Luft, der salzige Geschmack, die tosenden Wogen, die Wolken vor und über mir, der Strand, die Dünen, das graue Gras ...« Emil Nolde (1867–1956)

HELGOLAND

Sie ist die einzige Felsen- und Hochseeinsel Deutschlands. Wer Helgoland mit den berühmten Buntsandsteinfelsen und den darauf brütenden Lummen und Dreizehenmöwen besuchen will, muss mit dem Schiff anreisen. Die Geschichte der Insel ist unruhig: Viele Jahre gehörte sie zu Großbritannien, ab 1890 zu Deutschland – im Tausch gegen die Insel Sansibar. Im Dritten Reich war sie militärischer Stützpunkt, wurde während des Zweiten Weltkriegs heftig bombardiert und sollte nach dem Krieg gesprengt und damit komplett vernichtet werden. Das misslang glücklicherweise. Mitte der 1950er-Jahre kamen die ersten Menschen zurück nach Helgoland, bauten eine neue Existenz auf und begrüßten schon bald Touristen, die entweder nur für einen Tag oder auch wochenweise die klare Luft genießen und die Möglichkeit des steuerfreien Einkaufs nutzen möchten.

HELGOLAND

Viel besuchtes Touristenziel des Helgolander Oberlands und begehrtes Fotomotiv ist die »Lange Anna« am Nordhorn der Insel (großes Bild). Der 47 Meter hohe Felsenturm aus rotem Buntsandstein trotzt hier als Inselwahrzeichen seit Jahr und Tag der manchmal gewaltigen Brandung. Am Oststrand der »Düne«, einer kleinen, 1,5 Kilometer entfernten Nebeninsel, tummeln sich häufig Seehunde.

SYLT

Sylt ist die nördlichste Insel Deutschlands, die kleine Gemeinde List der nördlichste Punkt der Republik. Aber Sylt ist nicht einfach nur eine Insel. Es ist auch ein Lebensgefühl. An den 40 Kilometer langen Sandstränden, in den teilweise bis zu 30 Meter hohen Dünen, hinter den grünen Deichen und in den zwölf schönen Orten lässt man es sich gut gehen. Vor 8000 Jahren wurde die Insel während einer Flut vom Festland abgetrennt, 1927 durch den Hindenburgdamm wieder mit ihm verbunden. Seitdem fahren bis zu 650000 Urlauber jährlich über diesen Damm auf die 38,5 Kilometer lange und zwischen 350 und 1200 Meter breite Insel. Während an der Westküste der Wind die Nordsee an die Küste treibt, genießen auf der Ostseite rund zwei Millionen Organismen pro Quadratmeter Wattenmeerboden die stillen Seiten der Nordsee, den Nationalpark Wattenmeer.

SYLT

Klassische Leuchttürme, reetgedeckte Häuser, steil emporragende Kliffe, gemütliche Strandkörbe, windumtoste Dünen und endlose Strände, stürmische Winde und farbintensive Sonnenauf- und Sonnenuntergänge – all das macht den herb-romantischen Charme von Sylt aus. Am Strand scheint man dem Himmel ein Stück näher zu sein, aber die teils brodelnde See bei Flut holt einen immer wieder auf die Erde zurück.

NATIONALPARK WATTENMEER

Das Wattenmeer ist Rastplatz für mehr als zwei Millionen Zugvögel und Brutplatz für rund 100 000 brütende Brandgänse, Eiderenten, Möwen und Schwalben. Außerdem ist das Watt Kinderstube für Heringe, Seezungen und Schollen sowie Lebensraum für Kegelrobben, Seehunde und Schweinswale: Der Nationalpark Schleswig-Holsteinisches Wattenmeer bietet über 3000 verschiedenen Tier- und Pflanzenarten paradiesische Zustände. Und das von der dänischen Grenze bis zur Elbmündung auf einer Fläche von über 4000 Quadratkilometern. Schleswig-Holstein war das erste Bundesland, das die nördlichen Flächen des Wattenmeeres unter Schutz stellte. Seit 1985 ist es Nationalpark, seit 1990 Biosphärenreservat. Aufgeteilt wurde der Nationalpark Wattenmeer in drei Schutzzonen: In der ersten Zone, dazu gehören die Seehundbänke, dürfen sich Menschen nicht oder nur auf ausgewiesenen Wegen aufhalten, Teil der zweiten Schutzzone ist das Walschutzgebiet. Die dritte Zone dient der Fischerei, dem Tourismus und auch der Erdölförderung. So grau und leblos, wie sich das Wattenmeer den Besuchern auch darstellen mag – es ist ein perfektes und besonders nahrungsreiches Ökosystem. Viele Tier- und Pflanzenarten haben sich sogar auf den Lebensraum Salzwiesen eingestellt. Zu den bekanntesten zählt der Wattwurm.

Amrum besitzt mit seinem über 15 Kilometer langen Sandstrand einen der längsten Strände Europas (Bild unten). Zwischen Nordsee und Deich liegt das sogenannte Deichvorland, das vor Sturmfluten schützen soll und daher in der Regel landwirtschaftlich nicht genutzt wird (Bild rechts oben). Das spektakuläre Morsumkliff auf Sylt zeigt geologische Geschichte (rechts unten).

FÖHR

Ferienglück vom Feinsten: Auf der fast kreisrunden und rund 82 Quadratkilometer großen Insel Föhr entdeckte schon König Christian VIII. Mitte des 19. Jahrhunderts die wohltuende Luft, die schöne Landschaft und den fast 15 Kilometer langen Sandstrand im Süden der Insel. Zentrum der Insel ist das Nordseebad Wyk mit seiner Promenade, einem pittoresken Hafen und einer Fußgängerzone, die alles bietet, was das touristische Herz begehrt. Der westliche und südliche Teil von Föhr ist eine Altmoräne – ein Überbleibsel aus alten Eiszeiten. Er liegt höher und ist trockener als der nördliche und der östliche Teil, bei dem es sich um flaches Marschland handelt, das in den vergangenen Zeiten nach und nach durch Landgewinnung entstand. Plattes Land, auf dem hier und dort ein Hof mit friesischer Ruhe zu finden ist – die Marschlande der Insel sind stiller und weniger touristisch.

Mit seinen liebevoll gepflegten Friesenhäusern und seinen prächtig restaurierten Windmühlen strahlt Föhr viel Ruhe und Beschaulichkeit aus. Diese Vorzügen wissen die zahlreichen Besucher zu schätzen, die entweder als Feriengäste oder als Tagestouristen mit der Fähre kommen.

NATIONALPARK WATTENMEER

AMRUM UND PELLWORM

Südwestlich von Föhr liegt die beschauliche Insel Amrum mit ihren bis zu 30 Meter hohen Dünen, einem teilweise bis zu zwei Kilometer breiten und 15 Kilometer langen Sandstrand – dem berühmten »Kniepsand« (eine langsam wandernde Sandbank). Auf der 20 Quadratkilometer kleinen Insel leben rund 2200 Menschen in fünf Dörfern, von denen das Friesendorf Nebel das bekannteste und beliebteste ist. Wer schnell einen Überblick über die gesamte Insel mit ihren Dünen, Wäldern und Marschlanden haben will, sollte den 66 Meter hohen Leuchtturm zwischen Nebel und Wittdün besteigen: Von dort sieht man die gesamte Insel und manchmal sogar noch Föhr und einige Halligen. Das mit 3500 Hektar umfassende kleine und fruchtbare Eiland Pellworm – es liegt 50 Zentimeter unter dem Meeresspiegel – wäre ohne seine wuchtigen Deiche wohl schon lange im Meer versunken.

Fast 300 Stufen führen auf die Aussichtsplattform des Amrumer Leuchtturms (oben), der sich stolz über den Dünen erhebt. Die Turmruine der alten Kirche St. Salvator, im 13. Jahrhundert erbaut, ist die Hauptsehenswürdigkeit der kleinen Insel Pellworm (unten).

DIE HALLIGEN

»Land unter!« heißt es mehrfach im Jahr auf den zehn Halligen vor dem Festland Nordfrieslands. Dann, wenn die herbstlichen Stürme über das Meer fegen, bleibt von den Überbleibseln ehemaliger Inseln oder den winzigen Landfetzen des einstigen Festlands nicht mehr viel übrig: Wiesen und Weiden werden überflutet, das Vieh wird eilig in die Stallungen getrieben, die Fenster verschlossen, und dann beginnt das Warten und das Hoffen. Das Warten auf das Ende der Flut und das Hoffen, dass nicht einer der Bullen in der Enge der Warft durchdreht. Nur wenige Menschen leben auf den Warften der Halligen, jenen aufgeschütteten Hügeln, auf denen die Wohn- und Wirtschaftsgebäude der Landwirte stehen. Sie leben ein einsames Leben im Winter und ein durchaus turbulentes im Sommer, wenn die Touristen kommen, um sich dieses Leben anzuschauen. Fünf der Halligen sind bewohnt und bewirtschaftet: Gröde, Hooge, Langeneß, Nordstrandischmoor und Oland. Langeneß ist mit seinen 956 Hektar und 110 Einwohnern die größte. Die kleinste Hallig ist Habel. Sie ist nur sieben Hektar groß und unbewohnt. Norderoog und Süderoog haben Vogelschutzstationen, die teilweise ganzjährig besetzt sind, zum Schutzgebiet des Nationalparks Schleswig-Holsteinisches Wattenmeer gehören und besichtigt werden können.

DIE HALLIGEN

Auf ihren Warften, von allen Seiten von Wasser umgeben, führen die Halligen und ihre Bewohner ein beschauliches Leben (großes Bild, kleines Bild links). Wie hier auf Langeneß besitzt jede Hallig eine eigene Kapelle (Bildleiste ganz oben). Das Heimatmuseum auf Hooge präsentiert Exponate zur Halliggeschichte, wozu auch Ausstellungsstücke zur friesischen Wohnkultur (Bildleiste, 2., 3. und 4. Bild von oben) gehören.

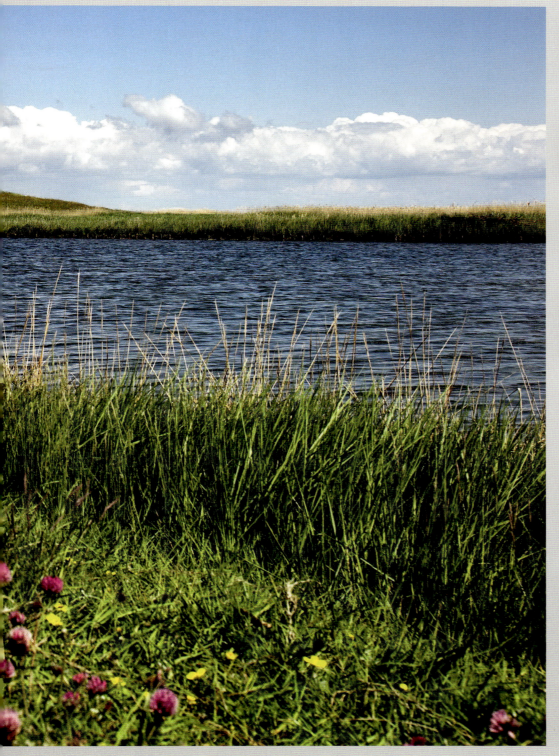

SCHLESWIG-HOLSTEIN

EIDERSTEDT

15 Kilometer breit und 30 Kilometer lang ist die Halbinsel Eiderstedt, die im 15. Jahrhundert von Menschenhand unter Mühsal dem Meer abgerungen wurde – wunderschönes Marschland, auf dem es mehr Schafe als Menschen gibt. Steht man auf dem hohen Deich, der die Halbinsel vor den Fluten schützt, kann man weit hinaus ins Land schauen. Dann sieht man die gedrungenen romanischen Kirchen in den Orten und die Haubarge, jene für diese Gegend typischen, friesischen Bauernhäuser. Hier wohnten die Bauern mit ihren großen Familien, hatten unter den hohen Dächern ihre Vorratsräume, das Vieh tummelte sich in den Stallungen und im Mittelgeviert lagerte man sein Heu. Heute kommen die Touristen mit ihren Fahrrädern, strampeln gegen den immer blasenden Wind an, genießen die Ruhe, das weite Land und kehren in den zahlreichen Dorfgasthöfen ein.

Auf der Halbinsel Eiderstedt steht der Leuchtturm Westerheversand einen Kilometer vor dem Seedeich. Flankiert wird der Turm von zwei Wärterhäuschen, die nicht mehr besetzt sind, weil das Feuer heute von Tönning kommt.

DITHMARSCHEN

Ein stolzer Landstrich mit stolzen Menschen: Dithmarschen schaut auf eine lange und auch wohlhabende Geschichte zurück. Die einstige Hauptstadt Heide des bis ins 16. Jahrhundert unabhängigen Landstriches erinnert mit ihren schönen Baudenkmälern an diese Zeiten. Die Landschaft zwischen Nordsee, Eider und Elbe mit ihren Marschen wurde in Jahrtausenden durch die Fluten der Nordsee angeschwemmt. Noch heute ist sie enorm fruchtbar und landwirtschaftlich geprägt. Neben der Stadt Heide sind vor allem die Orte Meldorf mit dem Dom, Brunsbüttel, Wesselburen, der Geburtsort des Dramatikers und Lyrikers Friedrich Hebbel (1813–1863), sowie der Ferienort Büsum bekannt. Schon ab 1837 entwickelte sich die kleine Stadt mit ihren Strandkörben auf Wiesen und Sand, mit den bunten Kuttern, die ihren frisch gefangenen Fisch verkaufen, zu einem beliebten Seebad.

Natur und Kultur liegen hier nah beieinander. Die Gemeinde Friedrichskoog setzt mit Windkraftanlagen auf alternative Energieerzeugung (links). In Meldorf ist die St.-Johannis-Kirche zu bewundern (rechts).

EIDERSTEDT

DITHMARSCHEN

GLÜCKSBURG

»Gott gebe Glück mit Frieden« – dieser Wahlspruch von Johann dem Jüngeren von Schleswig-Holstein prangt über dem Portal von Schloss Glücksburg und gab der einmalig schönen Renaissanceanlage einst ihren Namen. Der Herzog ließ sie 1582 bis 1587 nahe der Flensburger Förde auf und mit den Überresten eines Zisterzienserklosters errichten. Sein Baumeister Nikolaus Karies schuf die Residenz nach französischem Vorbild mit vier oktogonalen Ecktürmen um einen quadratischen Grundriss, in der zeitweise sogar Dänemarks Könige Hof hielten. Davor liegt der Schlossplatz mit Nebengebäuden und angrenzendem Park im englischen Stil mit dem Rosarium, das zu besichtigen ist. Auch Teile des Schlosses sind als Museum zugänglich, darunter ein großer Rittersaal, ausgesuchte Möbel, Silber- und Porzellanantiquitäten aus herzoglichem Besitz sowie die Schlosskapelle.

Nur wenige Hundert Meter von der Flensburger Förde entfernt liegt das Wasserschloss Glücksburg. Es besteht aus drei nebeneinanderstehenden Giebelhäusern, die ein 30 Meter langes Quadrat bilden – an jeder Ecke trutzt ein achteckiger Turm.

FLENSBURG

So wie die Förde zwei Ufer, so hat Flensburg zwei Kulturen: die deutsche und die dänische. Mehr als ein Fünftel der Bevölkerung gehört der dänischen Minderheit an, die eigene Kindergärten, Schulen, Vereine und mit der »Flensborg Avis« sogar eine Zeitung in ihrer Sprache nutzt. Auch die lange Tradition als Umschlagplatz für Rum hat das Lebensgefühl nachhaltig positiv beeinflusst – einst veredelten 200 Rumhäuser den karibischen Schnaps, zwei gibt es heute noch. Zwar befahren nicht mehr viele Handelsschiffe die 34 Kilometer lange Förde, doch für Wassersportler zählt sie zu den beliebtesten Revieren Deutschlands. An ihre maritime Tradition erinnern schwimmende Veteranen im Museumshafen wie der 1908 gebaute Salondampfer »Alexandra«, technisches Denkmal und oft zu Ausflügen auf der Förde unterwegs.

Schiffsfreunde kommen hier auf ihre Kosten. Nach historischen Plänen und mit alter Handwerkskunst werden an der Flensburger Förde Holzboote nach historischem Vorbild neu gebaut oder restauriert. Im Hafen von Flensburg dagegen liegen Segelyachten.

GLÜCKSBURG

FLENSBURG

SCHLESWIG

In einer Bucht an der Schlei liegt die Wikingerstadt Schleswig, erstmals 804 als Sliasthorp urkundlich erwähnt. Ursprünglich ein kleiner Nachbarort des bedeutenden Haithabu, trat Schleswig nach dessen Zerstörung sein Erbe an und stieg zum Handelszentrum auf – die Lage an der Schlei-Wasserstraße und der Ochsenweg-Fernroute war dazu prädestiniert. Symbole einstiger Größe sind der weithin sichtbare Dom und das mehr als 800 Jahre alte Schloss Gottorf, einst Sitz des dänischen Statthalters. Es beherbergt den berühmten Riesenglobus von 1664 sowie mehrere Museen zu den Themen Archäologie, Kunst- und Kulturgeschichte. Ein Besuch der malerischen Fischersiedlung Holm am Rande der Altstadt führt direkt in die Vergangenheit – zwischen Friedhofskapelle und Holm-Museum stehen zahlreiche Fischerhäuser, deren Bewohner oft noch der Schleifischerei nachgehen.

SCHLESWIG

Schloss Gottorf wurde in seiner über 800-jährigen Geschichte mehrfach umgebaut und erweitert. Vor den Terrassenstufen in dem prachtvollen Garten ist ein idyllisch angelegtes Wasserbecken eingelassen, der sogenannte Spiegelteich (kleines Bild). Im St.-Petri-Dom zieht der von Hans Brüggemann geschnitzte zwölf Meter hohe Altar von 1521 die Blicke auf sich (großes Bild).

KIEL

Wasser prägt die Landeshauptstadt Schleswig-Holsteins mit heute etwa 230 000 Einwohnern – der Naturhafen an der malerischen Fördeküste ist Ausgangspunkt für Fähren ins Baltikum, nach Skandinavien und Russland. Der Name der Stadt rührt vermutlich vom alten Wort »Kyle« her, der zum »Keil« wurde und die keilförmige Förde meint. Über Jahrhunderte abgeschlagen hinter Lübeck und Flensburg, verdankt Kiel seinen raschen Aufstieg im 19. und frühen 20. Jahrhundert dem Schiffbau und der Marine. Allein zwischen 1900 und 1910 hat sich die Einwohnerzahl auf 211 000 Menschen mehr als verdoppelt, 30 000 davon waren Angehörige der Marine. Noch heute empfängt der Stützpunkt der Bundesmarine Flottenbesuche aus aller Welt. Auch der Fährhafen, der Nord-Ostsee-Kanal und die jährliche Kieler Woche machen Kiel zu einer Stadt mit internationalem Publikum.

KIEL

Das Tor zur Welt: Kiel ist Ausgangspunkt ins Baltikum und nach Skandinavien (großes Bild). Ohne den zentralen Seehafen und dem Import-Export würde es die Stadt Kiel in ihrer heutigen Form wohl nicht geben. Das Rathaus mit seinem 106 Meter hohen Turm wurde nach dem Vorbild des Campanile von San Marco in Venedig gestaltet und prägt weithin sichtbar die Stadtsilhouette (Bild oben).

KIELER WOCHE

»Klar zur Wende!« Jedes Jahr in der letzten Juniwoche wird die Kieler Förde zur maritimen Arena, wenn von der »Kiellinie« bis zum Olympiahafen Schilksee an der Ostsee mehr als 2000 Boote um die Meisterschaften der nationalen und internationalen Bootsklassen kämpfen. Mit 5000 Seglern und rund 3,5 Millionen Besuchern ist die Kieler Woche das größte Segelsportereignis der Welt – »Starboote«, »Laser«, »Piraten«, »Drachen« und andere Klassen starten auf den Regattabahnen entlang der Förde, während parallel zum Wettkampf auf dem Wasser in der Landeshauptstadt Schleswig-Holsteins ein riesiges »Seglerfest« stattfindet: Über 1500 Veranstaltungen vom Kinderzirkus über Klassik-Konzerte, von der Imbissbude bis zum Feuerwerk begeistern die Zuschauer. Höhepunkt der Kieler Woche jedoch ist die Windjammerparade am Wochenende, traditionell angeführt vom stolzen Segelschulschiff der Bundesmarine, der »Gorch Fock«. Die Tradition der Kieler Woche reicht zurück bis ins Jahr 1882: Damals nahmen 20 Segeljachten, darunter eine dänische, an einer Privat-Regatta vor Düsternbrook teil. Zehn Jahre später waren es bereits 100 Teilnehmer – wegen ihrer unbeständigen Wind- und Wetterverhältnisse gilt die Ostsee vor Kiel noch heute als eines der anspruchsvollsten Segelreviere weltweit.

KIELER WOCHE

Hier treffen sich seetaugliche Seefahrer und schiffbegeisterte Zuschauer, die gesehen werden wollen, wenn sie sich die steife Brise um die Nase wehen lassen. Die meisten Segelwettfahrten beginnen im Olympiazentrum Schilksee. Berühmt ist vor allem die Windjammerparade (beide Bilder), bei der sich rund 100 Groß- und Traditionssegler sowie zahlreiche Dampfschiffe und Begleitfahrzeuge präsentieren.

SCHLESWIG-HOLSTEIN 35

LÜBECK

Eine Zeitreise ins Mittelalter unternehmen Besucher der Lübecker Altstadt. Das Backsteinensemble mit den berühmten »sieben Türmen« wurde 1986 ins UNESCO-Weltkulturerbe aufgenommen. Ein verwinkeltes Gassengewirr verläuft zwischen Holstentor, Burgtor und dem Dombezirk, hinter den Kaufmannshäusern und Speichern führen schmale Gänge durch die lauschigen Hinterhöfe. Neben der prachtvollen Marienkirche gibt es fünf weitere alte Gotteshäuser, das Kunstmuseum St.-Annen-Kloster sowie eines der ältesten Spitäler Nordeuropas zu besichtigen. Von St. Petri, deren Turm als Aussichtsplattform dient, blickt man in ein Meer von Backstein, eingesunkene Dächer, Söller und Erkerchen. Dazwischen ragen die Prunkbauten des Rathauses, der Kirchen und der beiden erhaltenen Stadttore hoch empor – Gesten des bürgerlichen Selbstbewusstseins.

LÜBECK

»Stadt der Türme« wird Lübeck auch genannt. Allen voran, das Wahrzeichen der Stadt: das Holstentor (oben). Daneben dominieren die Marien- (3. Bild von oben), die Petrikirche und der Blick über die Trave die Altstadt (großes Bild). Der gotische Backsteinbau des Rathauses (2. Bild von oben) ist heute noch Sitz des Bürgermeisters. Das Heiligen-Geist-Hospital ist eine traditionsreiche soziale Stiftung (unten).

NATURPARK HOLSTEINISCHE SCHWEIZ

Stille Wälder, weite Wasserflächen, Wiesen und Hecken voll geheimem Leben – das ist die Holsteinische Schweiz mit mehr als 200 Seen, etwa auf halber Strecke zwischen Lübeck und Kiel gelegen. Ihre höchste Erhebung, der Bungsberg, misst zwar nur 168 Meter, doch es führt sogar ein Schlepplift in Deutschlands »nördlichstes Skigebiet«. Hier beginnt die Schwentine, mit 62 Kilometern der längste Fluss Schleswig-Holsteins, ihre verschlungene Reise von See zu See bis nach Kiel. Sie ist sogar schiffbar – die Fünf-Seen-Fahrt, die von Plön dem Lauf der Schwentine folgt, führt mitten durch die unverbaute Landschaft. 1986 wurde die Region größter Naturpark des Landes und bietet nun Seeadlern und anderen seltenen Tier- und Pflanzenarten besonderen Schutz. Erste Adresse für Besucher ist das Naturpark-Haus, die alte Reithalle von Schloss Plön.

Charakteristisch für die Landschaft sind die großzügig umsäumenden Schilfränder der kleinen und großen Seen. Am Ufer des Großen Plöner Sees erhebt sich majestätisch eines der größten Schlösser Schleswig-Holsteins, das Plöner Schloss.

RATZEBURG

Der Ratzeburger Dom, ab 1160 als dreischiffige gewölbte Pfeilerbasilika mit einem wuchtigen Turm errichtet, zählt zu den eindrucksvollen Zeugnissen romanischer Backsteinarchitektur in Norddeutschland. Er wurde von Heinrich dem Löwen als Bischofskirche des Bistums Ratzeburg gestiftet und ist einer der vier »Löwendome« (die anderen drei stehen in Schwerin, Lübeck und Braunschweig). In der zweiten Hälfte des 13. Jahrhunderts wurden der Kreuzgang und das Kapitelhaus des Prämonstratenserklosters angebaut. Im Innern sind der warme Rotton des Backsteins und die weiß verputzten Gewölbe prägend. Außerdem finden sich hier einige Kunstschätze: das älteste Chorgestühl Norddeutschlands (um 1200), eine geschnitzte Renaissancekanzel (1576), das Triumphkreuz mit Maria und Johannes (um 1260) sowie der barocke Hochaltar (1629).

Mitten im Naturpark Lauenburgische Seen liegt die Inselstadt Ratzeburg. Das Stadtzentrum ist von allen Seiten von Seen umgeben und bietet daher unzählige Freizeitmöglichkeiten am und im Wasser. Der markante Dom ist fast von allen Seiten aus zu sehen.

NATURPARK HOLSTEINISCHE SCHWEIZ

RATZEBURG

HANSESTADT HAMBURG

Das Hamburg des 21. Jahrhunderts ist neu, lebendig und bunt. Hamburg ist in der Zukunft angekommen, in einer Zukunft, die auch Vergangenheit hat. Das macht den unverwechselbaren Charme aus: Hamburg war und ist eine bedeutende Handelsstadt, der Hafen an der Elbe einer der größten Europas, in dessen Herz, der Speicherstadt, gerade eine glitzernde neue Kultur- und Bürowelt entsteht. Inmitten der Stadt glitzert die Alster mit ihren Fleeten und weißen Jugendstilhäusern. In Stadtteilen wie Ottensen oder dem Schanzenviertel treffen alternative Kulturen zusammen.

Die Alsterarkaden mit der Kleinen Alster und dem Rathaus im Hintergrund bilden heute eine beliebte Bummelszenerie. Sie entstanden von 1843 bis 1846 und sind nach dem Vorbild des Markusplatzes in Venedig gebaut worden. In den Gängen sind exklusive Läden angesiedelt.

HANSESTADT HAMBURG

ALTSTADT

Die Altstadt Hamburgs, das Areal am Nordufer der Elbe – die Hamburger nennen es schlicht »Innenstadt« –, war bis ins 19. Jahrhundert das eigentliche Hamburg. Hier wohnte man, hier wurde gearbeitet, gehandelt und verwaltet. Heute wird in wunderschönen Passagen edel eingekauft und zwischen den historischen Kirchen, dem Rathaus aus Sandstein und seinem typischen Kupferdach gearbeitet. Am Jungfernstieg, der vornehmsten Promenade Hamburgs und dem schönsten Ufer der Binnenalster, wird gelebt und pausiert. Im Restaurant Alsterpavillon – erstmals 1799 eröffnet – hat schon Heinrich Heine gesessen. Von hier schaut man auf die Flotte der Alsterdampfer, die den Gästen einen ganz anderen Blick auf die Stadt zeigt. Man hat aber auch die Kaufmannshäuser an den Ufern der Binnenalster und das hanseatische Geschäftsleben im Blick.

ALTSTADT

Das Hamburger Rathaus (großes Bild) wirkt mit seinen prunkvollen Räumen und Sälen, wie der Rathausdiele, dem Senat, dem Großen Festsaal und dem Kaisersaal (Bildleiste von oben), wie eine Schlossanlage. Die 1195 erstmals urkundlich erwähnte St.-Petri-Kirche (oben links) prägt die Altstadtsilhouette. Das vom Expressionismus inspirierte Chilehaus (oben rechts) bildet ein weiteres architektonisches Highlight.

HANSESTADT HAMBURG

KATHARINENVIERTEL

Bereits um 1250 wurde die St. Katharinenkirche als Gotteshaus für die Bewohner der Marschinseln Cremon und Grimm errichtet. Der Backsteinbau entstand jedoch erst zwischen 1377 und 1426, der barocke Turmhelm wurde im 17. Jahrhundert aufgesetzt. Glaubt man der Legende, so stammt die goldene Verzierung aus dem Schatz von Klaus Störtebeker. Von Bomben 1943 bis auf die Außenmauern zerstört, wurde die Kirche in den 1950er-Jahren originalgetreu rekonstruiert. Die Innenausstattung war allerdings für immer verloren. Auch die mittelalterliche Altstadt rund um die Kirche vis-à-vis der Speicherstadt gibt es nicht mehr. Ein Teil von dem, was den Krieg überstanden hatte, fiel dem Bau der Ost-West-Straße, heute Willy-Brandt-Straße, oder Bürogebäuden zum Opfer. Auf dem Gebiet des alten Dovenhofs entstand beispielsweise das Spiegel-Hochhaus.

Die St.-Katharinen-Kirche, eine von den fünf Hamburger Hauptkirchen, liegt gegenüber der historischen Speicherstadt. Die Kirche gilt heute als besonders aufgeschlossen: 1992 fand hier der erste große Hamburger Aids-Gottesdienst unter dem Motto »Celebrate Your Life« statt.

SPEICHERSTADT

Ende des 19. Jahrhunderts erbauten Hamburger Kaufleute den imposanten Lagerhaus-Komplex im wilhelminischen Stil – mit roten Backsteinen – entlang der Elb-Fleete. Hier lagerten Hülsenfrüchte, Kaffee, Tabak, Tee, wertvolle Teppiche oder auch Rum. Heute hat die Speicherstadt zwar noch dasselbe imposante Antlitz, doch auf den Böden der Speicher lagern nur selten Kaffee und Orientteppiche. In der ehemals zollfreien Zone haben sich Büros eingemietet, Kaffeesäcke wurden gegen moderne Schreibtische ausgetauscht. Das Antlitz der Speicherstadt wird sich verändern: Vor einigen Jahren begann man mit dem wohl größten Umbau: die HafenCity, einem neuen Stück Stadt in der Stadt. Wohnraum für über 12 000 Menschen ist geplant. Ein weiteres ehrgeiziges Projekt läuft auch noch: der Bau der Elbphilharmonie, ein überdimensionales Konzerthaus.

Die Speicherstadt war einst der größte zusammenhängende Lagerhauskomplex der Welt. Seit 1991 stehen die rötlichen Backsteingebäude, die sich mit ihren Türmchen und Zinnen malerisch in den Fleeten spiegeln, unter Denkmalschutz.

HAFENCITY

Bei der Stadtentwicklung hat Hamburg jahrhundertelang der Elbe den Rücken gekehrt und sich stets Richtung Norden orientiert. Seit einiger Zeit haben die Hanseaten jedoch ihre Liebe zum Hafengebiet wiederentdeckt. Was mit dem Herausputzen des lange verschmähten nördlichen Elbufers begann, gipfelt momentan in dem größten innerstädtischen Bauprojekt Europas. Auf 155 Hektar Industriebrache entsteht zwischen Elbbrücken und Kehrwiederspitze ein urbanes Quartier mit neuer Architektur und maritimem Charakter. 1997 wurde der Plan von der HafenCity erstmals der Öffentlichkeit vorgestellt, etwa 2020 soll er vollendet sein. Bis dahin werden 5500 Wohnungen und Raum für rund 40000 Arbeitsplätze entstehen, natürlich auch Geschäfte, Lokale, Plätze und Promenaden. Alles hochwassersicher auf 7,50 Meter über Normalnull und nicht nur für Spitzenverdiener.

Der Sandtorhafen bildet das Zentrum des ersten fertiggestellten Quartiers der HafenCity. Von den Magellan-Terrassen an seinem Kopfende führt eine historische Landungsbrücke zu den historischen Segel- und Dampfschiffen, die hier verankert liegen.

SPEICHERSTADT

NEUSTADT

An der einen Seite das mondäne Rotherbaum, an der anderen das aufgeregte St. Pauli – die Neustadt hatte es schon immer ein bisschen schwer, sich zwischen den beiden Vierteln zu behaupten. Lästige Einrichtungen waren hier untergebracht, wie etwa stinkende Ziegeleien. Nicht zu vergessen: der Pestfriedhof. Die Neustadt wurde erst Armen-, dann Judenviertel und in den 1950er-Jahren, mit dem Bau der Ost-West-Straße, Geschäftsviertel mit Bürokomplexen. Das schönste Bauwerk ist zugleich das Wahrzeichen Hamburgs: die Hauptkirche St. Michaelis mit ihrem 132 Meter hohen Turm, liebevoll »Michel« genannt. Der 27 Meter hohe Innenraum mit freitragender Decke und geschwungenen Emporen ist hell gehalten und mit Gold verziert. Einen Einblick in die Wohnsituation der damaligen armen Bevölkerung gewähren die Krameramtsstuben aus dem Jahre 1676.

NEUSTADT

Unterhalb des Michels bildeten die Krameramtsstuben mit ihren kleinen Läden und Restaurants (großes Bild, links) Hamburgs letztes Hofensemble des 17. Jahrhunderts. Ganz modern geht es dagegen auf der Fleetinsel und in der Geschäftstraße Neuer Wall zu (kleine Bilder, oben). Ein Blickfang in St. Michaelis ist der Altar aus Marmor mit einem Glasmosaik des Auferstehenden (großes Bild).

KULTURSTADT HAMBURG

Wer glaubt, dass Museen langweilig und antiquiert und Theater nur mit unverständlichen Inszenierungen althergebrachter Klassiker verbunden sind, hat sich geirrt: In Hamburg sind Museen spannend, Theater aufregend. Schon vor über 20 Jahren machte die Hamburger Kunsthalle mit ihrer Caspar-David-Friedrich-Ausstellung Furore, Ende der 1990er-Jahre eröffnete die Galerie der Gegenwart, die seither immer wieder faszinierende Wechselausstellungen bietet. Im Museum für Völkerkunde erleben Besucher fremde Kulturen, im Museum für Kunst und Gewerbe erhält man Einblick in die Geschichte des europäischen Kunsthandwerkes, in die asiatische und islamische Kunst. Im Museum für Hamburgische Geschichte, im Museum der Arbeit und im Museumshafen Övelgönne werden die vergangenen Jahrhunderte der Hansestadt wieder lebendig. Ebenso abwechslungsreich ist die Hamburger Theaterszene. Selbstverständlich gibt es eine Oper – seit 1827. Und natürlich noch die beiden Staatstheater: das Deutsche Schauspielhaus und das Thalia Theater. Darüber hinaus haben sich etliche alternative und experimentelle Theater etabliert, wie die Komödie Winterhuder Fährhaus, das Alma-Hoppe-Lustspielhaus und das Ohnsorg Theater, in dem überwiegend Plattdeutsch gesprochen wird.

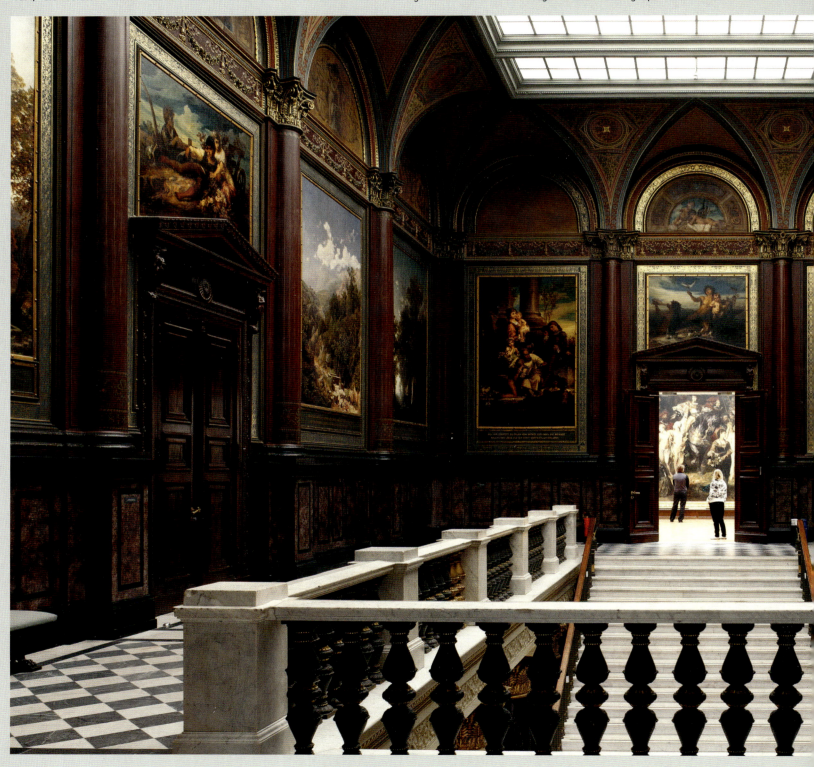

ST. PAULI UND LANDUNGSBRÜCKEN

Fischmarkt, Hamburger Dom, FC St. Pauli – Reeperbahn, Herbertstraße, Große Freiheit: St. Pauli ist der bekannteste und der berüchtigste Stadtteil der Hansestadt. Vom einstigen Niemandsland zwischen Hamburg und Altona, wo das angesiedelt wurde, was innerhalb der Stadtmauern unerwünscht war, entwickelte sich der »Hamburger Berg« zum Inbegriff des sündhaften Vergnügens. Inzwischen werden die Menschen nicht allein von der käuflichen Liebe angezogen. Der Kiez hat sich zur Anlaufstation für Szenegänger gemausert, mit neuen Musikclubs, Bars und Diskotheken. Alte Theater im frischen Glanz bieten abwechslungsreiche Unterhaltung, das Operettenhaus Musicals als Dauerbrenner. St. Pauli wird auch als Wohngegend zunehmend beliebt, besonders mit Hafenblick. Den hatten einst auch die Hausbesetzer aus der Hafenstraße.

LANDUNGSBRÜCKEN

KULTURSTADT HAMBURG

Hamburg ist Kultur: klassische Werke in der Kunsthalle (großes Bild), die Kulturen der Welt im Völkerkundemuseum, die Entwicklung der Hansestadt im Museum für hamburgische Geschichte, zeitgenössische Kunst in der Galerie der Gegenwart und die Geschichte der Seefahrt im Maritimen Museum (Bildleiste von oben). Weitere Kulturtempel sind die Musikhalle und das Schauspielhaus (Bilder von links).

HAFEN

Die Geschichte des Hamburger Hafens begann vor über 800 Jahren und seine Entwicklung stagnierte nie. Im Gegenteil: Heute ist sie spannender denn je. Zu verdanken haben die Hamburger den Hafen Kaiser Friedrich I. Barbarossa. Am 7. Mai 1189 erhielten die Bürger der Stadt von ihm einen Freibrief, der ihnen Zollfreiheit auf der Unterelbe gewährte. Auch wenn sich dieser Freibrief inzwischen als Fälschung aus dem 14. Jahrhundert erwiesen hat, feiern die Hanseaten noch heute am 7. Mai ihren Hafengeburtstag, eines der größten und sehenswertesten Feste der Stadt. Dann lebt der Hafen richtig auf, ist nicht nur geschäftig und hektisch, sondern fröhlich und für Touristen und Hamburger ein Muss. Die schönsten Schiffe, wie die Windjammer, kommen dann in den Hafen der Hansestadt gefahren, um sich den Hamburgern und ihren Gästen zu zeigen.

LANDUNGSBRÜCKEN

ST. PAULI UND LANDUNGSBRÜCKEN

Die Landungsbrücken (Panoroma) sind nicht nur ein Touristenmagnet, sondern auch ein wichtiger Knotenpunkt für den öffentlichen Nahverkehr per U-Bahn und Schiff. Am Spielbudenplatz reihen sich Theater, Kabarett und Operettenhäuser aneinander, bekannt sind vor allem Schmidts Tivoli und Schmidts Theater (großes Bild). Gleich um die Ecke ist die legendäre Davidwache (kleines Bild).

HAFEN

Am Burchardkai in Waltershof (kleines Bild) begann Mitte der 1960er-Jahre das Containerzeitalter im Hamburger Hafen. Mittlerweile belegen die Containerterminals einen Großteil der linkselbischen Hafenfläche. Waren einst Hunderte von Schauerleuten mit dem Laden und Löschen der Schiffe beschäftigt, läuft der Warenumschlag heute mithilfe der Containerbrücken fast vollautomatisch (großes Bild).

HANSESTADT BREMEN UND BREMERHAVEN

Bremen war einst mächtig und einer der größten Seehandelsplätze Deutschlands. Doch der Zweite Weltkrieg hat sein Gesicht stark entstellt: Die Stadt wurde zerbombt und moderne Trabantenstädte entstanden. Dennoch konnte sich die Hansestadt ihren Charme vor allem zwischen Domhügel und Weser erhalten. Bremen ist die Hauptstadt des gleichnamigen Bundeslandes, zu dem auch Bremerhaven zählt. In Bremerhaven liegt Europas größter Autoverlade- und Fischereihafen sowie das zentrale Alfred-Wegener-Institut für Polar- und Meeresforschung.

Das Überseehafengebiet Bremerhaven ist eine der größten europäischen Hafenstädte und zudem ein wichtiges Wirtschaftszentrum für Deutschland. Außerdem gilt die Stadt als bedeutender Standort für Forschung und Wissenschaft.

HANSESTADT BREMEN

BREMEN: RATHAUS UND ROLAND

Das Rathaus und der Roland auf dem Marktplatz gehören zu den berühmtesten Bauwerken der Hansestadt Bremen. Das Rathaus wurde zwischen 1405 und 1410 im Stil der Backsteingotik errichtet. 200 Jahre später verschönerten man es mit einer Renaissancefassade. Die 13 Meter breite, 40 Meter lange und acht Meter hohe Halle war einst Gerichtssaal. Seit vielen Jahren dient dieser zu den vornehmsten Sälen Deutschlands zählende Raum einmal im Jahr den Bremer Reedern und Schiffern als Kulisse ihrer »Schaffermahlzeit«. Ebenso berühmt wie sein Festsaal ist der Weinkeller des Rathauses. Über 600 Weine lagern hier. Mitten auf dem Platz vor dem Rathaus steht der zehn Meter hohe Roland aus dem Jahre 1404, ein Sinnbild der Stadtfreiheit und der Gerichtsbarkeit Bremens. Seit 2004 gehören das Ensemble Rathaus und Roland zum Weltkulturerbe der UNESCO.

BREMEN: RATHAUS UND ROLAND

Auch in den Abendstunden, wenn das Rathaus (kleines Bild links) und all die umliegenden Bürgerhäuser kunstvoll beleuchtet sind, ist der Bremer Marktplatz (großes Bild) eine besondere Augenweide. Der denkmalgeschützte »Roland« (kleines Bild) ist die größte freistehende Plastik aus der Epoche des deutschen Mittelalters. Der Originalkopf der Kalksteinstatue befindet sich im Focke-Museum.

ALTSTADT

In der Altstadt, umzogen von Stadtgraben und ehemaligen Wallanlagen, zeigt sich Bremen von einer besonders romantischen und schönen Seite. Rund um den Marktplatz sind die ältesten Gebäude und berühmtesten Skulpturen der Stadt versammelt. Neben dem Rathaus aus dem 15. Jahrhundert mit einer Renaissance-Fassade aus dem 17. Jahrhundert, stehen die Bremer Stadtmusikanten von Gerhard Marcks. Im Dom St. Petri aus dem 11. Jahrhundert mit zwei 98 Meter hohen Türmen wird von einer Barockkanzel aus dem 17. Jahrhundert – einem Geschenk von Königin Christine von Schweden – gepredigt. Sehenswert sind auch die Böttcherstraße mit ihren hohen Giebelhäusern und das Schnoorviertel, das älteste Wohn- und Künstlerviertel. In den Bürgerhäusern aus dem 15. bis 18. Jahrhundert befinden sich Galerien, Museen und Kunstgewerbe-Geschäfte.

ALTSTADT

Bereits der Eingang zur Böttcherstraße mit dem »Lichtbringer« (kleines Bild), einem Fassadenrelief von Bernhard Hoetger, verweist auf die besondere Gestaltung dieser 100 Meter langen Straße in der Altstadt (großes Bild, links). Zu den wohl weltweit bekanntesten Einwohnern der Stadt gehören die Bremer Stadtmusikanten (großes Bild), kunstvoll in einer Skulptur am Rathausplatz verewigt.

BREMERHAVEN

Auch wenn die 130 000-Einwohner-Stadt Bremerhaven in ihren riesigen Hafenanlagen rund 50 Prozent aller deutschen Fischfänge umschlägt, befinden sich am Fischereihafen vor allem witzige Kneipen, gute Restaurants, Fischräuchereien und allerlei Geschäfte, die sich dem Maritimen verschrieben haben. Im Alten Hafen dokumentiert das Deutsche Schifffahrtsmuseum die Geschichte der Deutschen Kriegs- und Handelsmarine zu der auch eine Bremer Hansekogge aus dem Jahre 1380 zählt, die während Ausbaggerungsarbeiten gehoben wurde. Ganz neu ist der Zoo am Meer, ein Themenzoo am Weserdeich, der sich auf nordische Tiere wie Eisbären und Robben spezialisiert hat. Der Zoo besitzt außerdem eine »Heulerstation«, in der verlassene Robbenbabys und verletzte Jungrobben unter fachkundiger Pflege wieder aufgepäppelt werden.

BREMERHAVEN

Zu den besonderen Attraktionen von Bremerhaven gehört das neu gestaltete Stadtviertel Havenwelten, das mit seinem maritimen Flair und modernen Museen viele Besucher anzieht. Schon von außen beeindruckt das Klimahaus (großes Bild), eine gigantische Wissenswelt zum Thema Kima und Klimawandel. Auch das im Jahr 2000 erweiterte Deutsche Schifffahrtsmuseum (kleines Bild) gehört zu den Havenwelten.

NIEDERSACHSEN

Die Landschaften von Deutschlands zweitgrößtem Bundesland sind vielfältig, das Spektrum reicht vom Nordseewatt bis zum Harz. Über 200 Kilometer erstreckt sich die niedersächsische Nordseeküste. So facettenreich wie die Natur ist auch die Wirtschaftsstruktur: Die Städte Cuxhaven und Wilhelmshaven zählen zu den wichtigsten Wirtschafts- und Touristenzentren. Neben der Landwirtschaft ist vor allem die Rohstoffindustrie von Bedeutung (Erdöl, Erdgas, Kohle, Salz, Erze), Wolfsburg steht für die Autoindustrie und die Landeshauptstadt Hannover für Messen wie die »CeBIT«.

1889 schlug die Geburtsstunde der Künstlervereinigung Worpswede. In dem Dörfchen bei Bremen ließen sich Künstler wie Bernhard Hoetger, Paula Modersohn-Becker und Heinrich Vogeler nieder. Hier im Bild zu sehen: das Haus im Schluh der Heinrich Vogeler Stiftung.

ALTES LAND

Es ist nicht nur das größte zusammenhängende Obstanbaugebiet Deutschlands, es ist auch das nördlichste. Wenn im Frühling auf 157 Quadratkilometern Land die Sonne die Blütenpracht der Apfel- und Kirschbäume entfaltet, kommen Tausende Wanderer und Radfahrer in das Alte Land südlich der Elbe, um sich von den hohen Deichen aus das Naturschauspiel anzuschauen. Im Herbst reisen sie dann noch einmal an – diesmal mit ihren Autos. Säckeweise wird dann vor den Toren der farbenprächtigen Bauernhäuser das frisch geerntete Obst in die Kofferräume geladen. Mittelpunkt des Gebietes ist die Gemeinde Jork mit ihren beeindruckenden alten Bauernhäusern. Typisch für diese Region sind die sogenannten Prunkpforten, die den Hofeingang zu den großen Altländer Bauernhöfen bilden und damit den Wohlstand der Besitzer repräsentierten sollen.

Die Gemeinde Jork wird auch als »Herz des Alten Landes« bezeichnet. Wo heute das prächtige Fachwerk-Rathaus von Jork steht (rechts), thronte um das Jahr 1200 ein Herrenhaus, das den Grundstein für die Besiedlung des Dorfes legte.

CUXHAVEN

Die kleine Stadt mit ihren 56 000 Einwohnern am Westufer der Elbmündung ist immerhin das zweitälteste Seebad Deutschlands. 1816 bekam Cuxhaven dieses Prädikat – lange bevor es zur Stadt erhoben wurde (1907). Der eigentliche Kern der Stadt, die heutige Altstadt, befindet sich im Süden um das ehemalige Schloss Ritzebüttel. Der Fischereihafen und der Großmarkt liegen im Osten der Stadt, in der Nähe von der Außenmole »Steubenhöft«, wo die großen Passagierschiffe festmachen und das Feuerschiff »Elbe 1« liegt, das 1988 als letztes seiner Art aus dem Dienst genommen wurde. Einen guten Überblick über das gesamte Hafengelände erhält man auf der Aussichtsplattform »Alte Liebe«. Das Wahrzeichen Cuxhavens ist eine große hölzerne Kugelbake, die einst den Seefahrern als nautisches Seezeichen diente. Heute, im Zeitalter von GPS, hat sie ausgedient.

Im Alten Hafen liegt das Feuerschiff »Elbe 1« vor Anker, das bis ins Jahr 1988 als »schwimmender Leuchtturm« Schiffen den sicheren Weg durch die Sandbänke wies. Heute dient das Schiff als anschauliches Museum mit Geschichten, Filmen und Ausstellungen.

STADE

Das schmucke Städtchen nahe der Einmündung der Schwinge in die Unterelbe wurde 944 erstmals urkundlich erwähnt. Durch die Mitgliedschaft in der Hanse (1267–1601) entwickelte es sich zu einem bedeutenden Hafen und Handelsplatz – und zur ernst zu nehmenden Konkurrenz für Hamburg. Während der Zugehörigkeit zur schwedischen Krone (1645–1712) wandelte sich Stade mehr und mehr zur Garnisonsstadt. Noch heute prägen historische Bauten aus der Schwedenzeit das Bild der Altstadt, die einst von mächtigen Wallanlagen umschlossen war. Markante Gebäude sind das Rathaus mit seiner Renaissancefassade, das Zeughaus am Pferdemarkt und der ehemalige Proviantspeicher der schwedischen Truppen am Alten Hafen, heute das Regionalmuseum. Die Stadtsilhouette wird von den Türmen der Kirchen St. Wilhadi und St. Cosmae et Damiani bestimmt.

Als Mitglied der Hanse war die Stadt Stade mächtig und einflussreich. Heute hat sie mit ihren romantischen engen mittelalterlichen Gassen keine derartige Bedeutung mehr, ist aber ein beliebtes Ausflugsziel mit schöner Altstadt an Fleeten und den Fachwerkfassaden.

WILHELMSHAVEN

Auch wenn der Ort direkt am Jadebusen am Endpunkt des Ems-Jade-Kanals eine lange Tradition als wichtige Hafenstadt hat, erhielt er erst Ende des 19. Jahrhunderts sein Aussehen als Stadt. Und zwar, nachdem Preußen in einem Kraftakt über 14 Jahre lang einen Kriegshafen bauen ließ. Heute ist Wilhelmshaven noch immer wichtigster Hafen für die Bundesmarine an der Nordsee. Am großen Hafen befindet sich zudem die größte Drehbrücke Europas, die Kaiser-Wilhelm-Brücke aus den Anfängen des 20. Jahrhunderts. Für die Durchfahrt großer Schiffe muss sie nach wie vor regelmäßig geöffnet werden. Sehenswert ist das Rathaus der Stadt, das Fritz Höger von 1927 bis 1929 mit einem 49 Meter hohen Turm errichten ließ. Interessant sind die Museen Wilhelmshavens wie das Marinemuseum oder die Unterwasserstation »Oceanis«, ein Überbleibsel der Weltausstellung 2000.

Das Wahrzeichen der Stadt, die 1905 bis 1907 errichtete Kaiser-Wilhelm-Brücke, gilt mit ihrer Spannweite von 159 Metern und ihrer Höhe von neun Metern als größte Drehbrücke auf europäischem Boden. Am Abend mit Beleuchtung wirkt sie besonders imposant.

OSTFRIESLAND

Das Meer mit seinen Gezeiten hat von jeher das Leben in den weiten Küstenebenen zwischen Weser und Ems bestimmt. Die Region hat viele Seefahrer und Walfänger hervorgebracht, die zur Blüte von Handelsstädten wie Emden beitrugen. Landeinwärts erstrecken sich die weiten Ebenen Ostfrieslands mit ausgedehnten Mooren und Weiden. Ostfriesland ist auch ein Paradies für Liebhaber historischer Mühlen, die sich weithin sichtbar aus dem flachen Land erheben. Schon früh nutzten die Ostfriesen die Kraft des Windes zur Entwässerung des Landes und zur Gewinnung von Mehl und Ölen. Heute wird in Ostfriesland aus Windparks großflächig Energie gewonnen. Reizvoll sind auch die schnurgeraden Fehnkanäle, mit denen Kolonisten einst die Moorgebiete urbar machten. Papenburg, älteste Fehnkolonie, wird von Kanälen mit einer Gesamtlänge von 40 Kilometern durchzogen.

OSTFRIESLAND

Ostfriesland ist im Vergleich zu anderen Regionen Deutschlands dünn besiedelt. Und so finden sich überall in dem von unzähligen Wasserläufen durchzogenen Gebiet nahezu unberührte Landschaften (oben). Die Zwillingsmühlen von Greetsiel (großes Bild) haben sich zu weithin bekannten Repräsentanten Ostfrieslands entwickelt. Die grüne Mühle wurde 1856 errichtet, die rote Mühle bereits 1706.

SIELHÄFEN

Carolinensiel, Greetsiel, Hooksiel und Neuharlingersiel – kleine, charmante Orte an der Nordseeküste mit großer Vergangenheit: Sie sind Musterbeispiele für eine besondere Siedlungsform, die schon in ihren Namen erkennbar ist. Sie alle liegen an »Sielen«, jenen Öffnungen in Seedeichen, die dazu dienten, das Binnenland zu entwässern. Die Öffnungen in den Deichen wurden mit Toren ausgestattet, die sich bei Ebbe durch das aus dem Hinterland ablaufende Wasser öffneten, wodurch das Binnenland entwässert wurde. Kam die Flut, schlossen sich die Tore wieder und verhinderten damit eine Überschwemmung und Versalzung der Wiesen. Das ablaufende Wasser spülte nach und nach eine Rinne in das Wattenmeer, eine flache Rinne, aber eine von speziellen Schiffen befahrbare. Sielhäfen dienten vor allem als Umschlagplatz für lokale Produkte. In den Städten florierte die Wirtschaft, man lieferte zu Zeiten der Segelschifffahrt Waren in die nähere Umgebung und auch ferne Welten. Kaufleute und weit gereiste Seeleute lebten in den Sielorten und gaben ihnen ihre ganz besondere Ausstrahlung und Kultur. Ihr Charakter wurde zunehmend städtischer und weltoffener. Mit dem Beginn der Dampfschifffahrt verloren die Sielhäfen ihre Bedeutung, teilweise verschlickten die Häfen oder wurden sogar zugeschüttet.

SIELHÄFEN

Ein kleines Päuschen nach einem großen und erfolgreichen Fang in der Nordsee muss auf jeden Fall sein: Kommen die Kutter von ihren Touren zurück in ihre Heimathäfen, wie in den Sielhafen nach Neuharlingersiel (großes Bild und oben rechts), machen sie fest und warten auf ihren nächsten Einsatz. In anderen Häfen wie dem romantischen Greetsiel (oben links) gibt es noch 27 aktive Kutter.

OSTFRIESISCHE INSELN

Die Kette der Ostfriesischen Inseln erstreckt sich über eine Gesamtlänge von etwa 90 Kilometer von der Insel Borkum im Westen, über Juist, Norderney, Baltrum, Langeoog, Spiekeroog bis nach Wangerooge im Osten. Zu diesen sieben bewohnten Inseln gesellen sich die kleinen unbewohnten Eilande Lütje Hörn, Memmert, die Kachelotplate und Minsener Oog. Die Inseln sind wohl einst aus Sandbänken entstanden. Zur Seeseite hin verfügen sie über ausgedehnte Sandstrände, die bereits vor 100 Jahren Feriengäste anlockten. Zur Küstenseite hin gehen Salzwiesen in großräumige Wattflächen über, die sich zum Teil bis zum Festland erstrecken und als Nationalpark Niedersächsisches Wattenmeer unter Schutz stehen. Der Strom von Ebbe und Flut nagt an den Düneninseln. Da die Hauptströmung von West nach Ost verläuft, sind besonders die Westenden stark durch Abtragung gefährdet.

OSTFRIESISCHE INSELN

Die kleinen Eilande bestehen meist aus nur einer einzigen Ansiedlung, ansonsten prägen mit Strandhafer bestandene Dünen die Inseln, wie hier auf Juist (kleines Bild). In den Sommermonaten findet man auf der Insel Wangerooge nur frühmorgens zum Sonnenaufgang oder in den Abendstunden ein bisschen Ruhe und einen freien Blick auf die Nordsee. Tagsüber ist jeder Strandkorb besetzt.

EMDEN, KRUMHÖRN

Emden ist das Tor zur Welt! So sehen es zumindest die Ostfriesen. Tatsächlich war die Handelsstadt im 16. Jahrhundert angesehen und wohlhabend. Im Zweiten Weltkrieg zerbombt, zählt Emden heute zu den wichtigsten Seehäfen Deutschlands und ist der Mittelpunkt Ostfrieslands. Den Weltkrieg überstanden hat das Pelzerhaus (16. Jh.), das Rathaus ist eine Rekonstruktion des Originals aus dem 16. Jahrhundert. Kulturell sind die Kunsthalle und die Johannes-A.-Lasco-Bibliothek absolute Highlights. Im Land Krumhörn zwischen Emden und Greetsiel haben sich 19 Einzeldörfer auf ehemaligen Wurten/Warften (künstlich aufgeschüttete Besiedlungshügel) mit fremd klingenden Namen zu einer Gemeinde zusammengeschlossen. Im Dorf Pewsum, in der Mitte Krummhörns, gibt das Museum in der Manninga-Burg (15. Jh.) Einblick in die regionale Geschichte.

Auf die maritime Vergangenheit der Stadt verweist der historische Teil des Hafens vor dem Emdener Rathaus liegt (links). Der gelb-rote Pilsumer Leuchtturm zeigt sich als weithin sichtbare Landmarke Ostfrieslands (rechts).

PAPENBURG, LEER

Papenburg, die Stadt mit ihren 34 000 Einwohnern an einem Kanal zur Ems, ist vor allem in den letzten Jahren durch die Meyer Werft bekannt geworden. Dabei hat die Stadt deutlich mehr zu bieten: 1631 wurde sie Fehnkolonie und damit hat sie schon eine bewegende Geschichte, die Besucher im Heimat- und im Fehnmuseum ergründen können. Die Geschichte der Schifffahrt wird einem im Schifffahrts-Freilichtmuseum anschaulich erklärt. Die Anlage Papenburgs mit ihren zahlreichen Kanälen und Klappbrücken erinnert zuweilen an die einer niederländischen Stadt. Deutlich älter als Papenburg ist die ostfriesische Stadt Leer am Zusammenfluss von Ems und Leda: Hier gründete Liudger, ein Friesenapostel, im 8. Jahrhundert eine Kirche. Das Stadtrecht erhielt Leer allerdings erst Anfang des 19. Jahrhunderts. Aus dieser Zeit stammt auch der Großteil der erhaltenen Altstadt.

Die nach Originalplänen nachgebauten schwimmenden Kanalhäuschen gehören zum Schifffahrtfreiluftmuseum Papenburgs (rechts). Der Turm des Ende des 19. Jahrhunderts erbauten Rathauses (kleines Bild) dominiert Leer.

EMDEN, KRUMHÖRN

PAPENBURG, LEER

NIEDERSACHSEN

MEYER WERFT

Über 200 Jahre ist sie alt, die Meyer Werft in Papenburg. Und noch heute ist die wichtige und bekannte Werft im Besitz der Familie Meyer – bereits in sechster Generation. Mit dem Bau von Holzschiffen hatte die Familie im Jahre 1795 begonnen, im Jahre 1862 führte man die Werft mit dem Bau von Stahlrumpfschiffen in die Zukunft. In den Jahren zwischen dem Ersten und Zweiten Weltkrieg spezialisierte man sich auf den Bau von Feuerschiffen, Fischdampfern, Lotsenschiffen und den ersten Passagierschiffen für die Küstenschifffahrt. Nach dem Zweiten Weltkrieg baute die Familie Meyer vor allem Maschinen, um sich finanziell über Wasser halten zu können. In den vergangenen Jahrzehnten machte dann die Meyer Werft brillante Schlagzeilen: Man begann mit dem Bau von Autofähren, Containerschiffen und Passagierfähren. 1985 lief in Papenburg das erste Kreuzfahrtschiff der Meyer Werft vom Stapel, 1987 baute man das weltweit größte überdachte Baudock. Seitdem machen sich die 2300 Mitarbeiter der Werft mit der Fertigung von Luxus-Linern wie der »Norwegian Star« oder der »Pride of Hawaii« einen Namen. Auch in den nächsten Jahren werden noch viele gigantische Kreuzfahrtschiffe die Werft über die schmale Ems, die für jedes Auslaufen gestaut werden muss, in Richtung Meer verlassen.

MEYER WERFT

Zu den Großprojekten, die in der Meyer Werft in Papenburg entstehen, gehören Gastanker, Fähren, Tiertransporter, Kreuzfahrtschiffe und Containerschiffe (großes Bild). Jeder dieser Ozeanriesen ist eine technische und logistische Meisterleistung. Die gigantischen Ausmaße der Schiffe werden besonders deutlich, wenn sie das Trockendock verlassen und auf der Ems ihren Weg in Richtung Meer suchen (kleines Bild).

OLDENBURG UND OLDENBURGER LAND

Mal war sie Residenzstadt für Grafen und Herzöge, mal gehörte die Stadt zum dänischen Königshaus – heute ist Oldenburg nicht nur der wirtschaftliche und kulturelle Mittelpunkt des deutschen Nordwestens. Die Stadt besitzt auch den umschlagsreichsten Binnenhafen Niedersachsens und ist seit 1973 Universitätsstadt. Die historischen Schönheiten der Stadt – sie wurde im Jahre 1108 erstmals erwähnt – sind teilweise erhalten oder restauriert, wie ihr Wahrzeichen, der »Lappan«, der ehemalige Turm des Heiligengeistspitals aus dem 15. Jahrhundert. Inmitten der Wallanlagen liegt der Markt der Altstadt mit dem Rathaus und der Lamberti-Kirche. Im Schloss ist heute das Landesmuseum für Kunst und Kulturgeschichte untergebracht. Ein weiteres Highlight für Kunstliebhaber ist das Horst-Janssen-Museum mit Werken des Oldenburger Ehrenbürgers.

Eine kleine Stadt, die Großes bietet: viel Flair, Kunst und Kultur. Am zentralen Marktplatz von Oldenburg säumen Cafés die Straßenränder. Von hier kann man den Blick über die herrschaftlichen Hausfassaden und das Alte Rathaus schweifen lassen.

OSNABRÜCK UND OSNABRÜCKER LAND

Einen Platz in den Geschichtsbüchern sicherte sich Osnabrück neben Münster als Unterzeichnungsort des Westfälischen Friedens, der 1648 den Dreißigjährigen Krieg beendete. Geistliche Zentren der Altstadt bilden die 1177 erstmals erwähnte, heute evangelische Marienkirche (Antwerpener Fügelaltar, um 1520) und der mächtige Dom St. Peter mit seinen ungleichen Türmen; das Bistum hatte Karl der Große gegründet. Wege und Irrwege drückte der amerikanische Architekt Daniel Libeskind mit seinem Haus zum Gedenken an den jüdischen Maler Felix Nussbaum aus. Das Osnabrücker Land vereint urwüchsige Natur im Teutoburger Wald, im Wiehengebirge und im Dümmer Moor, tiefe Einblicke in die Erdgeschichte und Bauernkultur mit Zeugnissen aus der Antike (Varusschlacht bei Kalkriese), Burg- und Klosterruinen aus dem Mittelalter und Industriekulturdenkmäler.

Gemütlich wird es zur Abenddämmerung in der Altstadt von Osnabrück, im Gegenlicht zeichnen sich Marienkirche und Rathaus ab (links). Im Dom St. Peter fällt der Blick vom Kirchenschiff auf den Flügelaltar und das mächtige Triumphkreuz (rechts).

OLDENBURG UND OLDENBURGER LAND

OSNABRÜCK UND OSNABRÜCKER LAND

LÜNEBURGER HEIDE

Menschenleere Natur, Sandwege, Birkenhaine, Heidekraut, Heidschnucken, Wassermühlen – so vielfältig präsentiert sich die Lüneburger Heide vor den Toren Hamburgs. Was heute so fasziniert, ist allerdings das Ergebnis jahrhundertelangen Raubbaus. Noch im Mittelalter wuchsen hier dichte Eichen-, Kiefern- und Birkenwälder. Sie wurden in den Salinen verheizt, und zurück blieb eine Steppenlandschaft. Im Laufe der Jahrhunderte hat sich dieses triste Gebiet in eine pittoreske Heidelandschaft verwandelt. Mit Birkenhainen, Wacholderbüschen und dem allgegenwärtigen Heidekraut, das die Landschaft im September in ein altrosa bis violett glühendes Farbenmeer verzaubert. Dieses fast kitschig-schöne Bild wird ergänzt durch vereinzelte Fachwerk-Bauernhöfe mit Pferdekoppeln; und bisweilen ziehen Schäfer mit Heidschnucken-Herden über die Heide.

LÜNEBURGER HEIDE

Birkenhaine, Wacholderbüsche, Heidekraut, stattliche Bauernhäuser: Nicht nur zur Heideblüte ist die Lüneburger Heide eine Reise wert. Die endlos scheinende Weite kann auf Spazier- und Wanderwegen erkundet werden. Es kann vorkommen, dass man stundenlang niemanden trifft, außer einer Herde Heidschnucken. Diese Schafsrasse beweidet die Felder des Naturschutzparks.

LÜNEBURG

Reich wurde Lüneburg mit Salz, das mehr als tausend Jahre in der Saline (bis 1980) gewonnen und über die Ilmenau zur Elbe und weiter Richtung Ostsee verschifft wurde. Der Alte Kran, die nachgebauten Frachtschiffe und vor allem das Deutsche Salzmuseum berichten anschaulich von dieser Epoche. Mit dem Geld aus dem Verkauf des »weißen Goldes« statteten die Bürger der einst bedeutenden Hansestadt die Säle, Kammern und Stuben ihres Rathauses aus. Sie errichteten wuchtige Backsteinkirchen: die Johanneskirche im Sandviertel mit ihrem 108 Meter hohen Turm, St. Nicolai im Wasserviertel und St. Michaelis im Salzviertel. Und sie hinterließen malerische Altstadtwinkel, mit Giebelhäusern umstandene weite Plätze, eindrucksvolle »Zweckbauten« wie das Glockenhaus, das Alte Kaufhaus und den Wasserturm, und Zeugnisse früher Industrie.

Die fünfschiffige Hallenkirche St. Johannis im Sandviertel repräsentiert schönste norddeutsche Backsteingotik (links). Sehenswert ist das Rathaus mit seiner gotischen Gerichtslaube. Um 1900 entstand hier das leuchtende Neunheldenfenster, Sinnbilder der Gerechtigkeit (rechts).

CELLE

Die niedersächsische Kreisstadt an der Aller ist ein Fachwerkjuwel. Etwa 500 Fachwerkhäuser stehen unter Denkmalschutz. Nachgewiesen ältestes ist das »Haus von 1526« am Heiligen Kreuz, zu den prächtigsten gehört das Hoppener Haus (1532) in der Poststraße. Wie es in einem Bauernhaus aus dem 16. Jahrhundert ausgesehen hat, verrät das Bomann-Museum für Kulturgeschichte mit seinen reichen volkskundlichen Sammlungen. Die planmäßig ab 1292 angelegte, nach Süden vom Französischen Garten begrenzte Altstadt ist auf das Schloss im Westen ausgerichtet, 1378–1705 die Residenz der Welfenherzöge von Braunschweig-Lüneburg. Seit heutiges Gesicht erhielt die Vierflügelanlage im 16. und 17. Jahrhundert. Mit einheitlicher Renaissance-Ausstattung glänzt die Schlosskapelle; das Barocktheater (1674) ist das älteste noch aktive seiner Art in Deutschland.

Seit 1999 sitzt die Stadtverwaltung von Celle nicht mehr im Alten Rathaus, das denkmalgeschützte Gebäude wird heute unter anderem von der Tourist-Info genutzt (links). Die Kapelle des Welfenschlosses offenbart von innen die ganze Pracht der Renaissancekunst (rechts).

LÜNEBURG

CELLE

NIEDERSACHSEN

WENDLAND

Die flachwellige Landschaft zwischen Elbe im Norden und Altmark im Süden, Hinterlassenschaft der Eiszeit vor 200 000 bis 130 000 Jahren, ist sehr dünn besiedelt. Felder und Wiesen wechseln sich mit teils unberührten Wäldern ab. Hitzacker und Dannenberg, beide an der Elbe, sowie Lüchow, die Kreisstadt, und Wustrow in der Jeetzel-Niederung sind die größten Ansiedlungen des Hannoverschen Wendlands. Am bekanntesten ist sicherlich Gorleben, Standort eines Zwischenlagers für Atommüll; ein Endlager in einem Salzstock wird seit Jahrzehnten »erkundet«. Berühmt ist das Wendland, das seinen Namen von den slawischen Wenden erhalten hat, die dort bis ins 18. Jahrhundert lebten, für seine Rundlinge. Das sind Dörfer, bei denen die Höfe in runder Anordnung um einen zentralen Platz gruppiert sind. Dokumentiert ist diese historische Siedlungsform im Freilichtmuseum Lübeln.

WENDLAND

Im Hannoverschen Wendland sind Schafherden gar nicht selten; die satten Wiesen eignen sich gut als Weide (großes Bild). Das Runddorf (Rundling) Lübeln ist heute ein Freilichtmuseum. Die zwölf wiederaufgebauten Höfe, vom Typ niederdeutsches Hallenhaus (Zwei-, Drei- und Vierständerhaus), stammen meist aus dem 18. und 19. Jahrhundert. Den Eingang markiert der Wendlandhof von 1823 (kleines Bild).

BIOSPHÄRENRESERVAT FLUSSLANDSCHAFT ELBE

Die Elbe ist im Unterschied zu Rhein oder Donau über weite Strecken naturbelassen, das heißt, der Hauptstrom wurde nicht in ein kanalartiges Bett gezwungen und für den Verkehr großer Binnenschiffe vertieft. Ein Biosphärenreservat wie die große »Flusslandschaft Elbe« zwischen mittlerer Elbe (Sachsen-Anhalt) und Marschland (Schleswig-Holstein) ist immer ein Kompromiss, der die Natur schützt, aber auch die möglichst nachhaltige Nutzung durch den Menschen erlaubt. So hat in den größten zusammenhängenden Auenwäldern Mitteleuropas der Biber wieder ein Zuhause gefunden. Der Fluss darf sich ausbreiten. Altwassergebiete werden renaturiert. Zugvögel wie Schwäne und Gänse dürfen sich auf ihren Rastplätzen in der niedersächsischen Elbtalaue ungestört stärken, solange die ansässigen Bauern für ihre »Verluste« angemessen entschädigt werden.

BIOSPHÄRENRESERVAT FLUSSLANDSCHAFT ELBE

Die Elbe bietet vielfach ein idyllisches Bild. Mit Haupt- und Nebenarmen fließt sie gemächlich durchs Norddeutsche Tiefland (großes Bild). An Seiten- und Nebenarmen, auf Wiesen und in Auwäldern des Biosphärenreservats finden Insekten geschützte Biotope (kleine Bilder). Richtig geschäftig wird es auf dem Fluss erst wieder in Hamburg; weiter flussaufwärts können keine großen Schiffe fahren.

HANNOVER

Niedersachsens Landeshauptstadt ist kein Touristenmagnet und dennoch strömen jedes Jahr Zehntausende zur weltgrößten Computermesse, der CeBIT. Aber auch in der Stadt gibt es einiges zu sehen. Die meisten Ziele verbindet der aufs Pflaster gemalte, 4200 Meter lange »Rote Faden«. Wer ihm folgt, gelangt zum klassizistischen Opernhaus, zum schlossartigen Rathaus, das repräsentativ am Maschsee liegt, und schließlich ins historische Zentrum. Dort steht das alte Rathaus (15.–19. Jh.), die gotische Marktkirche, die Fachwerkhäuser auf der Kramer- und der Burgstraße, der Beginenturm – ein Stadtmauerrest, vor dem sich bunte Figuren von Niki de Saint Phalle befinden –, das Leineschloss, der Sitz der Landesregierung, und die Kreuzkirche mit dem Lucas-Cranach-Altar. Nicht am »Roten Faden« hingegen liegt Hannovers größter Schatz: die Herrenhäuser Gärten.

HANNOVER

Hannover ist eine Stadt, die wie kaum eine andere Tradition und Moderne verbindet. In der Altstadt spaziert man durch Kopfsteinpflastergassen, gesäumt von Fachwerkhäusern, die heute vor allem Kneipen und Lokale beherbergen (großes Bild). Die Niki-Saint-Phalle-Gasse, die vom Hauptbahnhof führt, lockt mit Einkaufspassagen (links), und Straßenbahnhaltestellen verkörpern das neue Zeitalter (rechts).

NIEDERSACHSEN

MESSESTADT HANNOVER

Der in jeder Hinsicht findige Gott Hermes mit dem Flügelhelm ist das Symbol der Hannover-Messe, der größten Industriemesse der Welt mit ihrem Dutzend »Leitmessen« für die verschiedene Branchen. Kein Wunder, finden hier doch jährlich Zehntausende – regelmäßig auch Politprominenz wie 2013 Bundeskanzlerin Angela Merkel mit Wladimir Putin aus dem »Partnerland« Russland – ihren Weg auf das Messegelände in Hannover-Laatzen, das sich wiederum weltgrößtes Messegelände nennen darf. Vom Hermesturm (1958) hat man einen Überblick über die 26 Messehallen, sieben Pavillons und das große Tagungszentrum – eine gigantische »Spielwiese« der Deutschen Messe AG. Das Gelände wurde seit 1947 ständig neuen Bedürfnissen angepasst, für Tradition ist wenig Platz. Den Besuchern werden rote Teppiche ausgebreitet: Autofahrer kommen über den Messeschnellweg, Bahnbenutzer steigen am Messebahnhof aus und schreiten über den »Skywalk«. Die 127 Meter lange Exponale bot Fußgängern zur Expo 2000 ein repräsentatives Entree; der Zahn der Zeit nagt aber bereits an manchen Gebäuden. Die bisher einzige Weltausstellung in Deutschland war ein Höhepunkt in der Messe- und Stadtgeschichte; ein Nachleben führt sie als Expo Park Hannover für Medien und Informationstechnik.

MESSESTADT HANNOVER

Der Kuppelsaal des HCC (Hannover Congress Centrum) gehört zu den markanten Gebäuden der Stadt und wird das ganze Jahr über vielseitig genutzt (Bild oben). Das größte Highlight an Veranstaltungen ist jedes Jahr die Leitmesse der Informationstechnologie, die CeBIT (großes Bild: Werbung). Alle großen Kommunikationsexperten sind hier vertreten: Telekom, Vodafone und IBM (Bildreihe von oben).

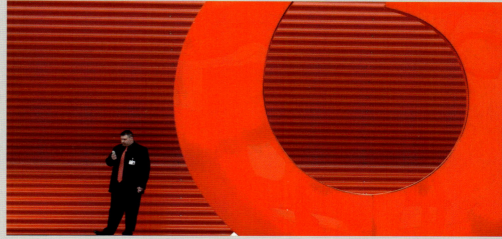
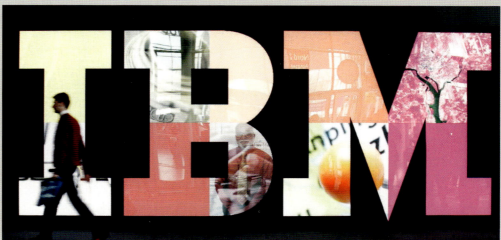

NIEDERSACHSEN

HILDESHEIM

Das 1200-jährige Hildesheim ist ein Beispiel für den gelungenen Wiederaufbau nach den Zerstörungen des Zweiten Weltkriegs. Nicht immer fand die Rekonstruktion, manchmal ein kompletter, aber »orginalgetreuer« Neubau, ungeteilten Beifall, dennoch ergeben Plätze, Straßen und Gassen mit ihren kleinen Handwerkerhäusern (»Buden«) und vor allem den prächtigen Wohn- und Gildehäusern aus fünf Jahrhunderten ein reizvolles Zeitgemälde. Die Altstadt vereint Gebäude von der Spätgotik, darunter das Rathaus (13.–15. Jh.), über Renaissance (Kaiserhaus) und Barock (Dompropstei) bis zum Rokoko. Hinter historischen Fassaden warten heute Cafés, Hotels, Geschäfte oder Banken auf Kunden. Eindrucksvoll in Schnitzwerk, Verzierungen und mit seinen bemalten Windbrettern unter den Giebelüberhängen ist das Knochenhaueramtshaus (ursprünglich 1529) am Marktplatz.

HILDESHEIM

Der historische Marktplatz ist mit Bauten aus sechs Jahrhunderten dicht umstellt (kleines Bild). Zu den schönsten gerechnet wird das Knochenhaueramtshaus mit dem Bäckeramtshaus links daneben (rechter Bildrand). Auf der Südseite bilden das orientalisch wirkende Tempelhaus (14./15. Jh., linker Rand) und die Renaissancefassade des Wedekindhauses (großes Bild) einen schönen Kontrast.

HILDESHEIM, DOM

Das Westwerk türmt sich wehrhaft vor dem Besucher auf, der die Kirche durch eine Zweiflügeltür aus Bronze betritt. Sie entstand um 1015, ist nach ihrem Stifter Bernward benannt und zeigt den ersten Bildzyklus ottonischer Bildhauerkunst in Deutschland. Im Innern erwarten den Besucher kunsthistorische Schätze, etwa die bronzene Christussäule und der romanische Radleuchter als Sinnbild für das himmlische Jerusalem. Das Vierungsquadrat bildet das Grundmodul des – trotz erheblicher Neu- und Umbauten seit dem 9. Jahrhundert erhalten gebliebenen – Grundrisses der dreischiffigen Basilika mit Querhaus. Die Gründungslegende des Bistums Hildesheim rankt sich um ein Rosenwunder um 815. Zwar nicht tausendjährig, wie der Volksmund sagt, aber doch jahrhundertealt wächst die älteste lebende Rose weltweit an der Apsisaußenwand.

Würfelkapitelle, Rundbogen, Stützenwechsel und offener Holzdachstuhl sind romanische Bauelemente, die im Innenraum des Doms auffallen (links und Mitte). Die Holzfigur der Muttergottes am westlichen Vierungspfeiler (rechts) ist spätgotisch.

HILDESHEIM, ST. MICHAEL

Die Klosterkirche der Benediktiner wurde zwischen 1010 und 1033 unter Bischof Bernward auf einer Anhöhe errichtet und gilt als Schlüsselwerk der mittelalterlichen Baukunst; sie gehört zum UNESCO-Weltkulturerbe. Die doppelchörige, flach gedeckte Basilika mit ihren zwei Querhäusern ist symmetrisch aufgebaut und besticht durch ihre harmonische Schönheit. Im Langhaus wechseln sich vier Eckpfeiler mit paarweise gekoppelten Rundstützen ab, die erstmals mit Würfelkapitellen geschmückt sind. Dieser sogenannte Stützenwechsel bestimmt Rhythmus und Aufbau der gesamten Kirche und ist eine Erfindung der ottonischen Baukunst. Kunsthistorisch besonders wertvoll sind die bemalte Holzdecke aus dem Jahr 1230, die Wurzel Jesse darstellend und Werke der Gießkunst (Bronzesäule, Bronzetüren), die im Dom aufbewahrt werden.

Eine besonders prächtige Version des Bildmotivs des Jessebooms zeigt die Decke von St. Michael. Das Werk besteht aus 1300 Einzelstücken und gilt als herausragendes Werk romanischer Monumentalmalerei (links und Mitte). Ganz rechts: Die Darstellung des Sündenfalls.

HILDESHEIM, DOM

HILDESHEIM, ST. MICHAEL

NIEDERSACHSEN

BRAUNSCHWEIG

BRAUNSCHWEIG

Das Braunschweiger Land birgt bedeutende kunsthistorische Schätze. Heinrich der Löwe erbaute an einem Platz namens »Bruneswiek« die Burg Dankwarderode und erhob den Ort zur Stadt. 1753 machten die Herzöge von Braunschweig, die zuvor in Wolfenbüttel residierten, die Stadt zur Residenz des gleichnamigen Herzogtums. Das klassizistische Vieweghaus sowie schöne Fachwerkbauten machen den Burgplatz, der noch heute den mittelalterlichen Grundriss aufweist, zu einem bedeutenden kulturgeschichtlichen Ensemble. Den Spuren vergangener Zeiten kann man noch an vielen Stellen folgen. Auch das Schloss ist nach schweren Kriegsschäden wieder rekonsturiert. Heute ist die Region Braunschweig zudem ein bedeutender europäischer Standort für Wissenschaft und Forschung und innerhalb der Europäischen Region federführend.

BRAUNSCHWEIG

Die 880 Kilogramm schwere Bronzemonument des »Burglöwen« auf seinem hohen Sockel neben dem Dom St. Blasii schmückt den Burgplatz (großes Bild; im Hintergrund der Turm des neugotischen Rathauses); das Original steht in der Burg Dankwarderode. Ihr Palas (kleines Bild) wurde zur Kaiserzeit im historistischen Stil rekonstruiert, so soll der zweigeschossige Saalbau ausgesehen.

BRAUNSCHWEIG

WOLFENBÜTTEL

Dem hochgelehrten Welfenherzog August d. J., der 1635–66 regierte, verdankt die einstige Residenzstadt an der Oker ihren größten Schatz: die Herzog-August-Bibliothek. Mit rund 900 000 Bänden, insbesondere aus Mittelalter und früher Neuzeit (inkl. Handschriften und Stiche), gehört die HAB zu den bedeutendsten Bibliotheken Europas. Bereits die gebildeten Zeitgenossen wusste sie zu beeindrucken. Ihre berühmtesten Bibliothekare waren der Universalgelehrte Gottfried Wilhelm Leibniz und der Dichter Gotthold Ephraim Lessing; das barocke Lessinghaus (um 1735) ist dem Leben und Werk des Dramatikers gewidmet. Wolfenbüttel selbst entstand aus drei Vorstädten, die sich um das mächtige Schloss der Braunschweiger Fürsten gruppierten. Planmäßig angelegt wurde im 16. Jahrhundert die Heinrichstadt. Etwa 600 Fachwerkhäuser gibt es in der Altstadt.

WOLFENBÜTTEL

Das Hauptgebäude der Herzog-August-Bibliothek mit seinen dicht gefüllten Regalen auf den Galerien wurde 1881–86 erbaut (kleine Bilder); sie kann mit rund 8000 Handschriften punkten, darunter dem Evangeliar Heinrichs des Löwen. Dem sammelwütigen Herzog wurde auf dem nach 1600 angelegten Stadtmarkt mit seinem geschlossenen Fachwerkensemble ein Denkmal gesetzt, standesgemäß mit Pferd (großes Bild).

NIEDERSACHSEN

WOLFSBURG AUTOSTADT

Als Geburtsstadt des »VW Käfers« und größte Produktionsstätte des Volkswagen-Konzerns ist Wolfsburg seit langem Autostadt. Die »Autostadt« im engeren Sinn stellt als 25 Hektar großer Park nördlich des Mittellandkanals das Automobil als emotionales Erlebnis in den Mittelpunkt. Der Käufer holt seinen Neuwagen nicht einfach ab, vielmehr wartet das Gefährt in einem der 20 Regale der beiden 50 Meter hohen Gastürme auf seinen Besitzer; wer will, kann sich auf »Panoramafahrt« hoch zur Aussichtsplattform begeben. Die Schlüsselübergabe ist anschließend im Kundencenter. Alle Saiten der Sinne werden in der Autostadt angeschlagen: sehen, staunen, fühlen, essen, spielen im Zeichen der Dutzend VW-Marken; fast jeder ist ein eigener Pavillon gewidmet. Nostalgikern blitzt im »ZeitHaus« eine repräsentative historische Auswahl aus Stahl und Chrom entgegen.

WOLFSBURG AUTOSTADT

Ein Regal ist eben nicht immer nur ein Regal. Aus den beiden Türmen der Autostadt werden täglich rund 600 Fahrzeuge an Käufer übergeben. Und nachts werden diese hochfunktionellen Lagerstätten durch gezielte Beleuchtung auch noch zum Kunstwerk. Ursprünglich wurden vier Autotürme geplant und entsprechend Fundamente angelegt, die zwei unbenutzten dienen jetzt als Nachtclub.

KÖNIGSLUTTER, KAISERDOM

Das berühmte Löwenportal des Kaiserdoms, benannt nach den Steinfiguren, auf denen die Säulen eines romanischen Stufenportals ruhen, trägt eine italienische Handschrift. Ein früher Beweis für überregionale Einflüsse wie auch für den Anspruch des Bauherrn: Hier sollten Macht und Können unter Beweis gestellt werden anhand einer in ihren Ausmaßen und Qualität nach sehr imposanten Kirche. Kaiser Lothar III. hatte sie 1135 als Klosterkirche der von ihm gegründeten Benediktinerabtei gestiftet und als Grablege geplant. Es lassen sich zwei Bauphasen unterscheiden: Der Mönchschor mit seiner Schmuckfreude folgt der Bautradition des Klosters Cluny, berühmt durch die von dort im 10. Jahrhundert ausgegangene benediktinische Klosterreform. Chor und Querhaus waren bereits gewölbt. Das flache Langhaus und das Westwerk sprechen dagegen eine asketische Sprache.

Die Malereien im Gewölbe des Mönchschors entstanden bei der Restaurierung Ende des 19. Jahrhunderts nach Originalvorlagen. Das Spektrum der Motive reicht von ornamentalen Bemalungen bis zu Allegorien der Tugenden.

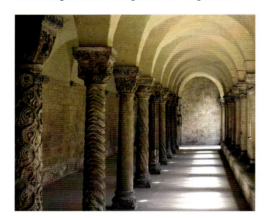

BÜCKEBURG

Die Stadt am Nordrand des Weserberglands war 1640–1946 Mittelpunkt des kleinen Fürstentums Schaumburg-Lippe. Graf Ernst von Schaumburg-Holstein, der 1601–22 regierte, machte Bückeburg zu seiner ständigen Residenz. Er ließ das Schloss im Stil der Weserrenaissance zur Vierflügelanlage ausbauen und die Schlosskapelle prächtig dekorieren. Hinzu kamen reich ausgestattete Säle und Salons. Auch gab Ernst der Stadtentwicklung einen gehörigen Schub, indem er Straßen anlegen und sie mit repräsentativen Häusern bebauen ließ. Er errichtete Befestigungsanlagen und die evangelische Stadtkirche (1611–15); das Taufbecken von Adriaen de Vries ist eine Perle des Frühbarock. Die kulturell lebhafte Provinzstadt gab sich immer weltläufig – das fürstliche Mausoleum (1911–16) mit Goldmosaikkuppel nahm sich nicht weniger als das Pantheon in Rom zum Vorbild.

Der Goldene Saal ist der prächtigste Raum im Schloss von Bückeburg. Den Rahmen der goldverschnörkelten »Götterpforte« markieren Allegorien für Krieg und Frieden und der römische Götterbote Merkur im Laufschritt.

KÖNIGSLUTTER, KAISERDOM

BÜCKEBURG

WESERBERGLAND

»Wo Werra sich und Fulda küssen ...« – in Hann. Münden beginnt die Weser. Zu beiden Seiten des Flusses erstreckt sich ein anmutiges Berg- und Hügelland, das nördlich des Weserdurchbruchs zwischen Wiehen- und Wesergebirge bei Porta Westfalica endet. Das Weserbergland besteht aus häufig dicht bewaldeten Höhenzügen (z. B. Solling, Reinhardswald) mit fruchtbaren Mulden und Tälern dazwischen. Politisch war der Landstrich kleinteilig organisiert, sodass zahlreiche Burgen, Schlösser und gewachsene Städte »überleben« konnten. Früher Wohlstand durch Handel und Bodenschätze (Steine, Erden, Erze, Sole) brachte einen besonderen Baustil, die Weserrenaissance, hervor. Er kombiniert klare Gestaltung und gleichmäßigen Grundriss mit fantasievoller Fassadengestaltung, zu bewundern etwa in Lemgo, Hameln und Höxter sowie der Hämelschenburg.

WESERBERGLAND

Der Baustil der Weserrenaissance gibt den Städten und Schlössern im Weserbergland Unverwechselbares. Verziertes und bemaltes Schnitzwerk weist die Fassade des Stiftsherrenhauses in der Rattenfängerstadt Hameln auf (großes Bild). Bodenwerder in einer Weserschleife weiter flussaufwärts (kleines Bild) war Heimat des zu zweifelhaften Ehren »Lügenbaron« genannten Freiherrn von Münchhausen.

NIEDERSACHSEN

HARZVORLAND, OBERHARZ

Der sagenumwobene Harz ist das nördlichste deutsche Mittelgebirge. Sein niedersächsischer Anteil, der Oberharz, war schon im Mittelalter ein bedeutender Wirtschaftsraum. Bewaldete Höhen und schroffe Täler machen den Oberharz bei Wanderern und Wintersportlern gleichermaßen beliebt. Seine höchste Erhebung ist der Wurmberg mit 971 Meter. Schon vor 1000 Jahren wurde im Oberharz eine intensive Wald- und Wasserwirtschaft betrieben und Erz gefördert. Die alte Silberstadt Goslar, viele Bergbaumuseen und die Bergbaufakultät in Clausthal-Zellerfeld künden von dieser alten Tradition. Fast unbekannt ist hingegen das von der Landwirtschaft geprägte Harzvorland. Salzgitter und Wolfsburg dominieren wirtschaftlich; liebliche Mittelgebirge wie der Elm, der Ith und der Hils bestimmen die Landschaft zwischen Göttingen und Hannover.

HARZVORLAND, OBERHARZ

Das Welfenschloss in Herzberg wurde in Fachwerkbauweise errichtet (oben links). Die Anlage liegt auf einer kleinen Anhöhe südwestlich des Harzes. Die Räume werden heute für kulturelle Veranstaltungen genutzt. Das Kircheninnere in Bad Lauterberg beeindruckt mit verzierten Balkonblenden (oben rechts). Bizarre Felsformationen wie die Rabenklippen findet man im Hochharz (großes Bild).

GOSLAR

Mit knapp 50 000 Einwohnern kann man Goslar als heimliche Hauptstadt des Harzes bezeichnen. Die kleine Stadt am Rande des Harzes war einst Kaiser- sowie auch Hansestadt. Vor über 1000 Jahren begann ihre Blütezeit durch den Fund einer Silberader am Rammelsberg. Anfang des 11. Jahrhunderts kam Heinrich II. nach Goslar und ließ in der Nähe der reichen Silber- und Kupfervorkommen die mächtige Pfalz anlegen. In den darauffolgenden Jahren entwickelte sich die Stadt zu einer blühenden Reichsstadt und einem geistigen Zentrum des Landes. Nach 1455, als die 1360 voll Wasser gelaufenen Stollen wieder in Betrieb genommen werden konnten, begann die zweite Blüte Goslars. Zusammen mit dem nahe gelegenen Bergwerk Rammelsberg steht die Altstadt von Goslar seit 1992 auf der Weltkulturerbeliste der UNESCO.

GOSLAR

Den Wohlstand des historischen Goslar spürt man beim Spaziergang durch die Gassen auf Schritt und Tritt. In der Altstadt finden sich die Zeugnisse alter Fachwerkarchitektur (oben). Zwischen 1505 und 1525 wurde der Huldigungssaal als Ratssitzungssaal eingerichtet. Bis heute ist er vollständig mit Tafelgemälden ausgekleidet (unten rechts). Unten links: Figuren am »Kaiserworth«, dem ehemaligen Gildehaus.

MECKLENBURG-VORPOMMERN

Endlose Sandstrände, Steilküsten, Nehrungen, Buchten, Bodden, im Hinterland ausgedehnte Laubwälder, tausende Moore und Seen – in Mecklenburg-Vorpommern ist die Natur trotz der auch hier zunehmenden Intensivierung der Landwirtschaft über weite Strecken noch wohltuend unversehrt. Hier sind beispielsweise weit über die Hälfte aller Kraniche und Adler, Fischotter und Biber Deutschlands heimisch. Und zwischen Seen, Buchten und Hügeln trifft man auf Schlösser, Kirchen und Dörfer, in denen die Zeit stehen geblieben zu sein scheint.

In der bewaldeten Nordhälfte der Insel Rügen entstand 1990 der Nationalpark Jasmund. Sein Kernbereich ist die Kreideküste. Die 80 Millionen Jahre alten Relikte aus der Kreidezeit sind weltberühmt, nicht zuletzt durch die Zeichnungen des Romantikers Caspar David Friedrich.

SCHAALSEE

Das Reich der Stille liegt etwa 50 Kilometer östlich von Hamburg: Eine weite Wasserfläche breitet sich aus, am Ufer nickt der Schilf, hinter Bruchwäldern und glucksenden Tümpeln liegen uralte Dörfchen, oft mit nur einem Dutzend Häuser. Der Schaalsee ist ein Paradies – und das ist letztendlich der deutschen Teilung zu verdanken: Der 24 Quadratkilometer große See mit seinem umgebenden Ring von Feuchtgebieten und Auen liegt im Grenzgebiet und war einst eingezäunt. 40 Jahre konnte die Natur tun und lassen, was sie wollte. Als die Zonengrenze 1989 Stück für Stück demontiert wurde, enthüllte sie dieses einzigartige Naturrefugium mit Seeadlern, Kranichen, Fischottern und Bibern, seltenen Amphibien und 200 Vogelarten. Im Jahre 2000 hat die 309 Quadratkilometer große Schaalsee-Region als UNESCO-Biosphärenreservat höchsten Schutzstatus erhalten.

SCHAALSEE

Der Kranich (großes Bild) ist das Symbol für die gemeinnützige Stiftung Biosphäre Schaalsee. Der Vogel ist für seine spektakulären Balztänze berühmt. Um Nahrungsangebot und Brutplätze für ihn sicherzustellen, müssen Feuchtgebiete und Moore geschützt werden. Auch für den schlanken Drosselrohrsänger ist das Schilf in Ufernähe des Schaalsees ein wichtiger Schutz- und Nistplatz (links und oben).

WISMAR

Wismar ist ein Freilichtmuseum aus der Hansezeit: Nicht nur viele Kirchen, Bürgerhäuser und der Marktplatz stammen von damals, auch das Hafenbecken und die »Grube«, ein künstlicher Wasserweg zum Schweriner See, sind seit jener Zeit nahezu unverändert. Damals liefen hier bauchige Koggen ein und aus. Das Wrack solch einer Kogge wurde 1999 vor der Insel Poel gefunden. Ihr nachgebaut ist die 31 Meter lange »Wissemara«, die im Hafen liegt. Nach der Hanse- kam die Schwedenzeit: 250 Jahre gehörte Wismar politisch zu den Skandinaviern, woran einige Gebäude erinnern, wie etwa das barocke Zeughaus von 1701 oder das »Baumhaus«, das die Hafeneinfahrt sicherte. Die hohen Türme der Stadtkirchen St. Marien und St. Nikolai bezeugen, dass die Stadt, heute Teil des UNESCO-Weltkulturerbes, zum Meer hin orientiert war: Sie dienten den Seefahrern als Orientierung.

WISMAR

Der Wismarer Marktplatz ist mit 10 000 Quadratkilometern der größte Marktplatz in Norddeutschland. Von dem fast quadratischen Platz aus führen Zufahrtsstraßen in alle Richtungen. Im Zentrum steht die berühmte Wasserkunst (Bild oben), ein Prunkbau, der bis 1897 der Wasserversorgung diente. Am Alten Hafen steht das Wassertor aus dem Jahr 1450, eines von den fünf Stadttoren Wismars (großes Bild).

SCHWERIN

Als nach der Wende für das Bundesland Mecklenburg-Vorpommern eine Hauptstadt gesucht wurde, fiel die Wahl auf das kleine Schwerin, obwohl Rostock weit größer ist. Wer die kleinste deutsche Landeshauptstadt besucht, wird es nachvollziehen – Schwerin ist und bleibt eine Residenz. Mit seiner malerischen Lage inmitten von Seen, der größtenteils restaurierten Altstadt und dem Märchenpalast auf der Schlossinsel wirkt es wie eine opulente Filmkulisse. Folgerichtig ist das Schloss mit zierlichen Türmchen und Giebelchen seit 1990 Sitz des Landtages – es wird hier also wieder residiert, wenn auch nicht so glanzvoll wie zu Zeiten der Herzöge von Mecklenburg-Schwerin. Schwerin ist mit dem Staatstheater, der Gemäldegalerie des staatlichen Museums und im Sommer mit den Schlossfestspielen unter freiem Himmel auch ein kulturelles Zentrum.

SCHWERIN

Seit seinem Umbau im 19. Jahrhundert ins opulente Gewand der französischen Loireschlösser gekleidet, thront das Schweriner Stadtschloss auf einer Insel im Schweriner See (kleines Bild). Im Sommer finden auf dem Platz vor der malerischen Fassade die Schlossfestspiele mit populären Opern statt. Eine kleine Fußgängerbrücke führt von der Altstadt zum Schloss (großes Bild).

MECKLENBURG-VORPOMMERN 123

ROSTOCK UND WARNEMÜNDE

»Soebn Toern, so up dat Rathaus stan« – »Sieben Türme, die auf dem Rathaus stehen«, nennt das Gedicht »Rostocker Kennewohrn« eines von sieben (mal sieben) Wahrzeichen. Die Türmchen an der gotischen Schmuckfassade trägt das mittelalterliche Gebäude noch heute auf dem Dach. Die ursprünglich slawische Siedlung, zwölf Kilometer landeinwärts an der Unterwarnow, ist beispielhaft für den Aufstieg einer deutschen Stadt im Mittelalter: Im 14. Jahrhundert galt Rostock nach Lübeck als mächtigstes Mitglied der Hanse. Zeugnis dieser Größe sind Reste der Mauer mit Kröpeliner Tor, Kuh- und Steintor, die hoch aufragende gotische Marienkirche sowie die Speicher. Der Ortsteil Warnemünde hat sich aus einem kleinen Fischerdorf zu einem beliebten Urlaubsziel entwickelt. Auf der breiten Seepromenade flanieren Besucher auf alten und neuen Pfaden.

ROSTOCK UND WARNEMÜNDE

Rostock erstreckt sich über etwa 20 Kilometer entlang der Warnow (großes Bild). Der fischreiche Fluss mündet in die Ostsee. Rostocks Überseehafen ist der zweitgrößte deutsche Ostseehafen. Für Fähr- und Frachtschiffe, aber auch für die beliebten Kreuzfahrtschiffe ist er ein wichtiger Anlaufpunkt. Der alte Leuchtturm und die muschelförmige Strandbar sind die Wahrzeichen von Warnemünde (kleines Bild).

FISCHLAND-DARSS-ZINGST

Zwischen Rostock und Stralsund erstreckt sich die Halbinsel Fischland-Darß-Zingst. Von Westen her kommend, trifft man zunächst auf die Nehrung Fischland, als letztes Anhängsel Mecklenburgs, sozusagen der Wedel vom Stier im Landeswappen. Er streckt ihn bei Ribnitz zwischen Ostsee und Bodden, dem Binnengewässer, nordwärts bis hinauf zum Darßer Ort, doch das ist bereits Vorpommern. Noch vor 600 Jahren war der Darß eine Inselwildnis, die Piraten wie Klaus Störtebeker als Schlupfwinkel und Hinterhalt diente. Nach und nach versandete das Labyrinth der kleinen und großen Kanäle, doch die Ursprünglichkeit hat sich bis heute erhalten: Insbesondere der dreieckige Darß mit seinem riesigen Urwald ist ein einzigartiges Naturparadies mit dem dahinter liegenden Darßwald. Und am östlichsten Ende schließt die Halbinsel mit dem Ostseeheilbad Zingst.

FISCHLAND-DARSS-ZINGST

Im Norden durch den feinsandigen Strand Prerow begrenzt, nimmt der Darßwald mit seinen 5800 Hektar große Teile der Halbinsel ein. Seit dem Mittelalter wurde das Areal forstwirtschaftlich bearbeitet. Heute steht aber das Motto »Natur sein lassen« im Vordergrund der Pflege. Überall an der Küste stehen Reetdachhäuser mit bunten Türen. Die Symbole sollen den Bewohnern Schutz gewähren (oben).

MECKLENBURG-VORPOMMERN 127

NATIONALPARK VORPOMMERSCHE BODDENLANDSCHAFT

Königreich des Kranichs: Der majestätische Vogel gilt seit Urzeiten als Sendbote des Himmels. In Mecklenburg-Vorpommern kündet er im März vom baldigen Frühling. Jedes Jahr pausieren dann bis zu 60000 der stolzen Tiere auf der Durchreise im Nationalpark Vorpommersche Boddenlandschaft. Kurz nach der Wiedervereinigung wurde das Schutzgebiet zwischen Darßwald und der zu Rügen gehörenden Halbinsel Bug gegründet. Ein Großteil davon bedeckt Wasser, das jedoch zumeist nur knietief ist. Das niederdeutsche Wort »Bodden« bezeichnet derart flache Küstengewässer, die für viele Tierarten einzigartige Lebensbedingungen bieten. Vor allem Kraniche benötigen die Flachwasserzonen, um darin auf ihrem Zug ins Winter- beziehungsweise Sommerquartier Pause zu machen, denn hier sind sie vor Füchsen und anderen Räubern sicher und finden reiche Nahrung.

NATIONALPARK VORPOMMERSCHE BODDENLANDSCHAFT

Typisch für die Boddenlandschaft ist der Erlenbruchwald, der sich in den permanent nassen, sumpfigen Böden entwickelt (Bild oben). Das Schilf ist die Heimat der Graukraniche (große Bilder). Besonders frühmorgens kann man hier ihre berühmten Balztänze beobachten, und weithin ist ihr vielstimmiges Trompeten zu hören. Kraniche sind an sich Zugvögel, aber einige brüten auch in den Erlenbrüchen.

HIDDENSEE

»Dat söte Länneken« wird die Insel liebevoll auf Plattdeutsch genannt, und ein süßes Ländchen ist sie wortwörtlich: Hiddensee mit den vier Orten Grieben, Kloster, Neuendorf und Vitte ist eine eigene Welt; ohne Autos, Kurhaus und Seebrücke. Knapp 1100 Bewohner leben in dieser selbstauferlegten Abgeschiedenheit. Doch auch viele Auswärtige finden Gefallen daran und besuchen die Insel, um Ruhe zu finden, wie einst Gerhard Hauptmann: Er kaufte 1930 in Kloster das »Haus Seedorn« und genoss bis 1943 jedes Jahr die Sommerfrische. Dort erinnert eine Gedenkstätte an den Nobelpreisträger. Auf dem flachen Eiland im Nationalpark Vorpommersche Boddenlandschaft westlich von Rügen gibt es kaum Wald, dafür Salzwiesen, Schilfgürtel und Heideflächen – dort wächst auch der Sanddorn, Grundlage für typische Hiddenseer Spezialitäten wie Marmelade, Saft und Likör.

HIDDENSEE

Im hügeligen Nordteil der Insel, dem Dornbusch, steht das Wahrzeichen der Insel: der 28 Meter hohe Leuchtturm. Wenn es nicht zu windig ist, darf man über 102 Stufen nach oben steigen, um die Aussicht von dem Ziegelbau zu genießen. Der Name »Dornbusch« soll auf große Sträucher zurückgehen, die Seefahrer einst als Orientierungspunkte nutzten. Zahlreiche Wanderwege führen hier vorbei.

STRALSUND

Millionen von rechteckigen Ziegeln prägen das markante Antlitz Stralsunds – eines der schönsten Ensembles norddeutscher Backsteingotik. Die Stadt am Strelasund zählt zum UNESCO-Weltkulturerbe – sie liegt zwischen Ostsee und Greifswalder Bodden gegenüber von Rügen. Seit 1936 gibt es mit dem Rügendamm eine wetterfeste Verbindung zur beliebtesten deutschen Ferieninsel. Der Damm führt über die Insel Dänholm, einst Strela genannt und Namensgeber der 1234 gegründeten Stadt. Zu Hansezeiten wurde Stralsund eine der mächtigsten Städte im Ostseeraum; aus dieser Zeit stammen prächtige Bauten wie die Nikolaikirche und das Rathaus mit dem aufwändigen Schaugiebel. Im Dreißigjährigen Krieg konnte sich Stralsund gegen den Feldherrn Wallenstein verteidigen und mit Schweden verbünden – Zeugnis dieser Ära ist auch das barocke »Commandantenhus«.

STRALSUND

Im Stadthafen von Stralsund legen die Fährschiffe nach Hiddensee und Altefähr an, und Hafenrundfahrten locken für Besucher (großes Bild). Im Hintergrund leuchtet die Silhouette der Altstadt. Diese wird vor allem durch die prächtige Fassade des Rathauses und den Bau der St.-Marien-Kirche geprägt. Im Innern der Kirche beeindruckt der Marienkrönungsaltar (kleine Bilder von links).

RÜGEN: NATIONALPARK JASMUND

Rügen besteht eigentlich aus fünf Inseln, die im Laufe der Zeit zusammenwuchsen – Jasmund ist die ursprünglichste, abgeschieden zwischen Meer und Bodden und nur über zwei Nehrungen erreichbar. In der bewaldeten Nordhälfte entstand 1990 der Nationalpark Jasmund, mit 30 Quadratkilometern der kleinste Deutschlands. Sein Kernbereich ist die Kreideküste mit den optischen und geologischen Höhepunkten Königsstuhl und Wissower Klinken in der »Stubbenkammer«. Die 80 Millionen Jahre alten Relikte aus der Kreidezeit sind weltberühmt, seitdem der Maler Caspar David Friedrich 1818 die »Kreidefelsen auf Rügen« schuf. Übrigens zeigt das Gemälde einen fiktiven Ort: Friedrich fertigte auf einer Reise Skizzen an, die ihn zu der Fantasiedarstellung inspirierten – getreu seinem Motto: »Schließe dein leibliches Auge, damit du mit dem geistigen Auge zuerst siehest dein Bild.«

RÜGEN: NATIONALPARK JASMUND

Die ältesten Laubwaldgebiete befinden sich in der Stubnitz und Granitz (oben). Die Steilküste Jasmunds ist oft gewaltigen Wellen ausgesetzt. Die Brecher reißen immer wieder Gesteinsmaterial heraus und spülen es ins Meer. Blockstrände säumen die Steilufer. Von Badelustigen gemieden, bieten sie Naturfreunden viel Interessantes: Feuersteine, Versteinerungen und Baumskelette.

RÜGEN: SELLIN

Abseits der Hektik des »großen« Seebades Binz mit seinen 5500 Einwohnern liegt die kleinere Schwester Sellin – neben weiteren Perlen kleiner Bäderorte, die sich an der Schnur des feinsandigen Oststrand Rügens entlang in Richtung der Halbinsel Mönchgut ziehen. Der Ort Sellin, in dem die reizvolle Bäderarchitektur noch gut erhalten ist, liegt direkt am Hochufer. Von der 30 Meter hohen Steilküste führt ein Aufzug hinunter auf die Jugendstil-Seebrücke, das erst vor Kurzem wieder auferstandene Wahrzeichen des idyllischen Seebades. Ansonsten bietet Sellin genau wie die anderen Kurorte eine Stranspromenade und attraktive Feriendomizile. Denn auch hier gilt, nicht nur die Natur entlang der Ostseeküste hinterlässt bleibende Eindrücke. Auch was der Mensch dort schuf, vermag zu begeistern. Insbesondere, wenn es sein leibliches und seelisches Wohlbefinden steigert.

Sand, Himmel und Meer: Das Ostseebad Sellin steht als Synonym für unbeschwerte Sommerfrische – nachdem die Selliner Seebrücke 1941 durch Eisgang zerstört wurde, ist sie erst 1998 in Anlehnung an das Jugendstiloriginal in altem Glanz wieder aufgebaut worden.

RÜGEN: BINZ

Gegen 1830 wagten die Badegäste des Fürsten von Putbus unter den argwöhnischen Augen der Fischer vorsichtig ein paar Schritte in die Ostsee. Um die Jahrhundertwende erlebte das einst winzige Fischerdorf, im Jahre 1318 als »Byntze« erstmals erwähnt, dann einen gewaltigen Aufschwung: Investoren erwarben Grundstücke, bauten in Rekordzeit Hotels, das 2001 wiedereröffnete Kurhaus, die 370 Meter lange Seebrücke und das »Warmbad«. Heute zählt Binz rund zwei Millionen Übernachtungen pro Jahr. Während südlich von Binz die romantische Halbinsel Mönchgut liegt, ist die Prorer Wiek nordwestlich Schauplatz beeindruckender Gigantomanie aus der Zeit des Nationalsozialismus: Dort entstand 1936 das Seebad Prora als riesiges Ferienheim der KdF (Kraft durch Freude), einer Organisation der Nationalsozialisten, im einschlägigen Baustil der 30er-Jahre.

Zu den ersten Gästen des Kurhauses gehörte die Kaiserin Auguste Viktoria. Das aus Fachwerk gebaute Haus brannte am 1. Mai 1906 ab und wurde dann nach den Plänen des Berliner Baumeisters Otto Spalding neu errichtet. Das Gebäude ist das Wahrzeichen von Binz.

RÜGEN: SELLIN

RÜGEN: BINZ

USEDOM

Die »grüne Insel am Meer« ist seit 1999 Naturpark. Auf 632 Quadratkilometer Fläche breitet sich eine der vielfältigsten Landschaften Deutschlands aus: Hier findet man waldgesäumten Ostseestrand vor, Salzwiesen am Brackwasser-Haff, flache Seen, Buchenwälder, Hochmoore, Dünen und Kulturlandschaften. Die Hälfte des Naturparks besteht aus Wasserfläche, ein Refugium für bedrohte Tier- und Pflanzenarten – besonders während des Vogelzuges ist die Region über Wochen Quartier für unzählige Vögel auf der Durchreise. Dauerhaft bewohnen Seeadler, Weißstörche, Graureiher und Kraniche die Wasserlandschaft mit ihren Halbinseln und Buchten. Hier leben zudem Fischotter und seltene Amphibien, wie die Glattnatter. Der Naturlehrpfad Ostseeküste erschließt viele dieser Naturräume und führt Wanderer sowie Radfahrer 130 Kilometer über die Insel.

USEDOM

Die Seebrücke mit dem Gaststättenpavillon von Ahlbeck (großes Bild): Vor allem abends, wenn die Strandkörbe längst verlassen sind, lädt das romantisch illuminierte Lokal zum entspannten Tagesausklang ein. Kleines Bild: Die Seebrücke von Heringsdorf misst 508 Meter. Sie ist die längste ihresgleichen auf Usedom und in ganz Deutschland. Erst im Jahr 1995 feierte das Ostseebad ihre Einweihung

MECKLENBURGISCHE SEENPLATTE

Das Binnenland zwischen Schwerin und der Uckermark, die Mecklenburgische Seenplatte, ist übersät von rund 1000 Seen, die durch Flussläufe und Kanäle miteinander vernetzt sind. Schon zu DDR-Zeiten wurde diese Region als ideales Sport- und Erholungsgebiet geschätzt, in dem sich, vorbei an beschaulichen Dörfern, auch mehrtägige Kanutouren unternehmen lassen. Das größte Gewässer bildet die Müritz, deren Einzugsgebiet 1990 zu einem über 300 Quadratkilometer großen Nationalpark erklärt wurde. Dessen Landschaftsbild wird geprägt von Sümpfen, Wiesen und schilfumwachsenen Seen. Störche, Kormorane, Eisvögel, Graureiher und Seeadler finden hier ein geschütztes Refugium. Der anmutige Landstrich zwischen Malchin und Teterow, Malchiner und Kummerower See wird ob seiner bis zu fast 200 Meter hohen Hügel »Mecklenburgische Schweiz« genannt.

»Das Land der 1000 Seen« wird die Landschaft des Nationalparks Müritz auch genannt. Der über 200 Kilometer lange Fluss Elde verbindet das Gebiet zwischen Müritz und Elbe. Es ist ein Paradies für Tiere, aber auch für naturbegeisterte Erholungsuchende.

MECKLENBURGISCHE SCHWEIZ

Die grünen Hügelketten mit Erhebungen über 100 Metern Höhe gaben dieser Region zwischen Mecklenburger Seenplatte und Ostseeküste ihren Namen. Sie erlauben spektakuläre Ausblicke auf jahrhundertealte Eichenwälder, weite Flusslandschaften sowie unzählige Burgen und Schlösser. Jungsteinzeitliche Steingräber belegen, dass das Gebiet bereits früh besiedelt war. Später errichteten Vertreter des Adels hier Residenzschlösser, Herrensitze und Parkanlagen – imposante Bauwerke, die wie das Renaissanceschloss Güstrow, die Burg Schlitz und die Schlösser Schorssow und Basedow noch heute besichtigt werden können. Die zum Naturpark Mecklenburgische Schweiz und Kummerower See gehörende Region ist bekannt für ihre Vogelwelt. Manche Arten wie Bless- und Saatgänse kommen nur für eine Rast, andere wie der Fischadler leben ganzjährig hier.

Herzog Ulrich zu Mecklenburg (1527–1603) ließ ab 1558 die ein Jahr zuvor weitgehend durch Brand zerstörte mittelalterliche Fürstenburg in Güstrow unter Leitung des Architekten Franz Parr zu einer prachtvollen Residenz im Stil der Renaissance umgestalten.

MECKLENBURGISCHE SEENPLATTE

MECKLENBURGISCHE SCHWEIZ

NATIONALPARK MÜRITZ

Wälder, Seen, Moorlandschaften – Natur soweit das Auge reicht: Der 1990 gegründete Nationalpark Müritz, der sich zwischen den Städten Berlin und Rostock erstreckt, ist zu etwa drei Vierteln mit Bäumen bewachsen. Im Teilgebiet Müritz ist die Kiefer vorherrschend, während das Teilgebiet Serrahn mit einer einzigartigen Waldwildnis aus ursprünglichen Buchenwäldern aufwartet, die seit 2011 von der UNESCO als Weltnaturerbe geschützt werden. Mehr als 100 größere Seen, die im Sommer mit weißen Seerosen geschmückt sind, breiten sich im Nationalpark aus. Auf den Moorflächen wächst das Wollgras mit seinen typischen weißen Schöpfen. Im Herbst bietet sich am Wasser sowie auf den Feldern und Wiesen ein ganz besonderes Schauspiel: Unzählige Kraniche aus den Brutgebieten im Norden stärken sich hier für ihren Weiterflug in Richtung Süden.

NATIONALPARK MÜRITZ

Die Wälder und Teichlandschaften sind ein Paradies für die Vogelwelt. Bildleiste von oben: Kraniche und Rohrsänger finden hier geschützte Nistplätze, um ihren Nachwuchs aufzuziehen. Schwarze Störche und Rohrdommel suchen zwischen den Schilfgräsern Insekten und kleine Frösche. Auch einen großen Fang kann man hier machen, wenn man ein so begnadeter Jäger wie der Adler ist (großes Bild).

MECKLENBURG-VORPOMMERN

BRANDENBURG

Rund 33 000 Kilometer Flüsse, Bäche und Kanäle sowie gut 3000 Seen verwandeln Brandenburg von der Uckermark im Norden bis zur Niederlausitz im Süden in einen faszinierenden Flickenteppich aus Wasser und Land. Als östlichstes Bundesland teilt es eine 250 Kilometer lange Grenze mit Polen. Im Süden grenzt es an Sachsen, im Westen an Sachsen-Anhalt und Niedersachsen, im Norden an Mecklenburg-Vorpommern. Berlin wird vollständig von Brandenburg umschlossen. Soviel Großstadtflair Berlin vertritt, soviel Naturreichtum präsentiert Brandenburg.

1744 ließ Friedrich der Große von Georg Wenzeslaus von Knobelsdorff eine kleinere Variante der Anlage von Versailles errichten. Der 1747 fertiggestellte Bau erhielt den Namen Sanssouci: »ohne Sorge«. Der dazugehörige Garten ist nicht minder beeindruckend.

RUPPINER LAND

»Im Norden der Grafschaft Ruppin (...) zieht sich von dem Städtchen Gransee bis nach Rheinsberg hin (...) eine mehrere Meilen lange Seenkette durch eine menschenarme, nur hie und da mit ein paar alten Dörfern, sonst aber ausschließlich mit Förstereien, Glas- und Teeröfen besetzte Waldung.« So beginnt Theodor Fontane, ein Kenner der Mark Brandenburg, seinen Roman »Der Stechlin« (1899). Das bewaldete Hügelland bis hinunter nach Neuruppin, der größten Stadt des Ruppiner Landes, wird heute Ruppiner Schweiz genannt, ein dünn besiedeltes Erholungsgebiet mit Gewässern beiderseits des Flüsschens Rhin. Zu den größeren gehören der Rheinsberger See, der Gundelacksee und vor allem der 14 Kilometer lange Ruppiner See. Eine inspirierende Landschaft – mit seinem »Rheinsberg: Ein Bilderbuch für Verliebte« (1912) machte Kurt Tucholsky sie literarisch unsterblich.

RUPPINER LAND

Ein weiterer Ort, der Kurt Tucholsky verständlicherweise als Inspiration für seine Literatur diente: der Große Stechlinsee (oben) mit seinem klaren Wasser und den stillen Stränden. Am Ufer des Grienericksees liegt das Rokokoschloss Rheinsberg (großes Bild). Dem Künstler, der unter anderem dazu beigetragen hat, diese Orte berühmt zu machen, ist heute ein Museum im Schloss gewidmet.

UCKERMARK

Die Landschaft zu beiden Seiten der Uecker, zwischen oberer Havel und unterer Oder (Zentrum Prenzlau) ist im Norden fruchtbares Ackerland, den Süden nehmen weite Wälder ein (Schorfheide). Richtung Nordwesten geht die Uckermark in die Mecklenburgische Seenplatte über. Im Mittelalter wurden hier Slawen, die Ukraner, zum Christentum bekehrt, meist durch Zisterzienser; Chorin im heutigen Landkreis Barnim gehörte zu ihren bedeutendsten Klöstern. Im 13. Jahrhundert kam die Region zur Markgrafschaft Brandenburg. Dort bewirtschafteten dann preußische Junker ihre Güter. Heute bestimmen immer wieder Windparks das Bild. In die Seen- und Waldgebiete zog es seit jeher die Berliner zur »Sommerfrische«. Templin mit seiner fast vollständig erhaltenen Stadtmauer am Rand des Naturparks Uckermärkische Seen ist Ausgangsort für Boots- oder Wanderausflüge.

Norddeutsche Backsteingotik in höchster Vollendung: das Kloster Chorin ist eine ehemalige Zisterzienserabtei im Landkreis Barnim. Im frühen 19. Jahrhundert war der Bau in ruinösem Zustand und wurde daraufhin grundlegend zum Erhalt renoviert.

NATIONALPARK UNTERES ODERTAL

Wo regelmäßig Auwälder überflutet werden, Reiher und Kraniche über Feuchtwiesen staken, Adler ungestört ihre Kreise ziehen, Singvögel an Uferhängen und in einsamen Laubmischwäldern brüten, Biber ihre Burgen bauen und der Stör wieder heimisch wird – dort ist Besonderes zu Hause. Das Untere Odertal im Nordosten von Brandenburg bildet ein Refugium für Pflanzen- und Tierarten, die in der Kulturlandschaft kaum mehr Platz finden. Der Bereich längs des Grenzflusses zu Polen zwischen Hohensaaten im Süden und Mescherin im Norden ist seit 1995 als Nationalpark ausgewiesen, der sich auf polnischer Seite als Landschaftsschutzgebiet bis Stettin fortsetzt. Bis zum Papenwasser teilt sich die Oder in zwei Hauptarme, die an wenigen Stellen durch »Querfahrten« miteinander verbunden sind. Dazwischen breitet sich an zahlreichen Flusstalarmen ein Überschwemmungsgebiet aus.

Wenn Wasser und Land miteinander eng verbunden sind, entstehen einzigartige Landschaftsbilder. Die Erde ist besonders lehm- und tonhaltig und begünstigt das Wachstum vieler Pflanzenarten. Das Kommen und Gehen des Wassers bestimmt hier das Land.

SCHORFHEIDE

Die Schorfheide bildet den südlichen Teil der historischen Uckermark. »Heide« als Bezeichnung für eine menschengemachte offene Strauchlandschaft führt ein wenig in die Irre, weil das Gebiet zwischen Eberswalde und »Templiner Seenkreuz« auch von ausgewachsenen Wäldern eingenommen wird. Sie sind Teil des Biosphärenreservats Schorfheide-Chorin, das weitere Gebiete im Norden und Osten umfasst; die uralten Buchenwälder des Grumsiner Forsts gehören zum UNESCO-Welterbe. In einem Biosphärenreservat sollen Mensch und Natur gleichermaßen zu ihrem Recht kommen. Früher stand die Nutzung durch den Menschen im Vordergrund: die Beweidung durch Haustiere, die Holzgewinnung, die militärische Nutzung und die Jagd – Nazi- und SED-Größen gingen in der Schorfheide ungestört auf die Pirsch, schützten sie aber dadurch auch vor größeren Eingriffen.

In der Schorfheide gelten noch die Regeln der guten alten Zeit, und alles dreht sich um die Natur. Viele Wege sind für Autos gesperrt, man trifft auf Pferdefuhrwerke und Wanderer, und die Gemeinde Schorfheide bietet zahlreiche Erlebnisführungen an.

NATIONALPARK UNTERES ODERTAL

POTSDAM

Die ehemalige Residenzstadt der Hohenzollern am westlichen Rande Berlins verkörpert, zumindest was die bildende Kunst betrifft, die heitere Seite der preußischen Herrscher. Allein die Altstadt besitzt etliche Zeugnisse einstigen Glanzes. Hauptattraktionen sind freilich die Potsdamer Schlösser, die beiderseits der Havel in den ausgedehnten Grünanlagen stehen. Als große Sehenswürdigkeit gilt auch die Sacrower Heilandskirche. Sie spiegelt sich nach dem Wunsch Peter Joseph Lennés, des seinerzeit obersten Gartenarchitekten, malerisch im Flusswasser. Auf tragische Weise weltberühmt wurde der Bau zur Zeit der deutschen Teilung, denn direkt zu seinen Füßen verlief die Mauer. Zu Weihnachten 1961 feierte man hier den letzten Gottesdienst. Und erst 28 Jahre später, nach Beseitigung des Todesstreifens, erhielt die Kirche wieder ihre ursprüngliche Funktion.

POTSDAM

Zu den ältesten Teilen Potsdams gehört der Alte Markt, auf dem heute die Nikolaikirche und das Alte Rathaus stehen (kleines Bild links). Einen modernen Gebäudekontrast bildet dagegen das Hans Otto Theater in der Schiffbauergasse (kleines Bild rechts). Im Holländischen Viertel dominiert die Probsteikirche St. Peter und Paul (großes Bild und oben). Ein weiteres Wahrzeichen der Stadt ist die Glienicker Brücke (unten).

SCHLOSS UND PARK SANSSOUCI

»Sanssouci«, ohne Sorge, wollte Friedrich der Große in seiner Sommerresidenz in Potsdam leben und ließ das zierliche Sommerrefugium in den Jahren 1745 bis 1747 teils nach eigenen Entwürfen durch Georg Wenzeslaus von Knobelsdorff auf den Weinbergterrassen bei Potsdam als eingeschossigen Bau anlegen. Mit seinem plastischen Schmuck und der reichen Ausstattung gilt es als ein Hauptwerk des deutschen Rokoko und als touristischer Hauptmagnet Potsdams. Zudem zeugt es von den ausgeprägten musischen Interessen seines Bewohners: Im Musikzimmer pflegte der König Flöte zu spielen. Und in der Prachtbibliothek führte er mit dem großen Aufklärer Voltaire Streitgespräche. Weitere Bauwerke kamen hinzu, wie die Neuen Kammern, das Neue Palais und unter Friedrichs Nachfolgern schließlich die Orangerie und Schloss Charlottenhof.

SCHLOSS UND PARK SANSSOUCI

Der Gartenbaumeister Peter Joseph Lenné begann ab 1816 mit der Umgestaltung der umfangreichen Parkanlagen, die sich bis auf die Pfaueninsel und zu den Parks in Glienicke und Babelsberg ausdehnen (großes Bild). Der Baumeister Johann Gottfried Büring wurde mit der Errichtung des Chinesischen Teehauses, einem Gartenpavillon, betraut. Goldene Figuren schmücken die Fassade (kleines Bild).

SCHLÖSSER UND PARKS VON POTSDAM UND BERLIN

Seit Friedrich II. ließen sich die preußischen Herrscher um Potsdam (Sanssouci, Pfingstberg, Heiliger See) sowie an der seenartigen Havel (Tiefer See, Jungfernsee) und am Glienicker See Lustschlösser und Sommerresidenzen erbauen sowie Parks anlegen mit Wasserspielen, exotischen Pavillons, antiken Tempeln, künstlichen Ruinen, Kirchen wie die Friedenskirche oder Sacrower Heilandskirche, mit Lauben, in denen Bücher und Kunst auf ihre Entdeckung warteten, und mit Technik in historischem Mantel ausgestattet wurden. Sie stillten das Bedürfnis nach Privatheit und erfüllten romantische Sehnsüchte. Die Schlösser, heute samt Parks Weltkulturerbe, spiegeln den Stil der Zeit und den Geschmack ihrer Besitzer wider, etwa Rokoko (Sanssouci), Klassizismus (Marmorpalais, Glienicke), Neugotik (Babelsberg) oder englischer Landhausstil (Cecilienhof).

SCHLÖSSER UND PARKS VON POTSDAM UND BERLIN

Die Gotische Bibliothek im Potsdamer Stadtteil Nauener Vorstadt befindet sich im Neuen Garten (großes Bild). Skulpturen und Pagoden zieren den Glienicker Park, eine Christusfigur bewacht den Eingang der Friedenskirche in Sanssouci (oben von links). Rechte Bildreihe von oben: Der Marmorpalais thront über dem Heiligem See, die Heilandskriche am Port von Sacrow ist ein Kleinod an der Havel, Schloss Babelsberg.

BRANDENBURG

KLOSTER NEUZELLE

Das Kloster von Neuzelle bei Frankfurt an der Oder ähnelt mehr einer barocken Fürstenresidenz als einer Zisterzienserabtei. Im 17. und 18. Jahrhundert haben italienische und böhmische Künstler der Stiftskirche St. Marien ihren Stempel aufgedrückt und das »Barockwunder Brandenburgs« geschaffen. Trotz der barocken Dekoration weist die Raumstruktur der dreischiffigen Hallenkirche mit ihren eng gesetzten Pfeilern und den schmalen Seitenschiffen auf die Zeit um 1300 zurück, als das vom Markgrafen Heinrich von Meißen in der Niederlausitz gestiftete Kloster erbaut wurde. Im Zuge der Barockisierung des gotischen Baus kamen die Josephskapelle, ein verlängerter Chor und ein neuer Hochaltar hinzu, innen wurde die Kirche mit einer Fülle an barocken Elementen ausgestaltet. Seit Auflösung der Ordensniederlassung 1817 dient St. Marien als katholische Pfarrkirche.

Gleich zwei Umbauphasen (um 1650, 1727–1741) nahm die Barockisierung von St. Marien in Anspruch. Italienische und böhmische Meister schufen die Deckenfresken und Stuckaturen und verwendeten viel Marmor.

SPREEWALD

Das beliebteste Ausflugsziel der Berliner liegt keine Autostunde südöstlich der Stadt auf dem Weg Richtung Cottbus und ist nicht nur für seine sauren Gurken bekannt: Der Spreewald wird von einem 1000 Kilometer langen Netz aus rund 300 Wasserläufen, sogenannten Fließen, durchzogen. 1991 wurde das Gebiet von der UNESCO zum Biosphärenreservat erklärt, um den Lebensraum für rund 18000 Pflanzen- und Tierarten zu schützen. 600 professionelle Fährleute warten in diesem größten Erlen-Auwald Europas darauf, erholungssuchenden Städtern in ihren Holzkähnen stakend ein Stück unversehrter Natur näherzubringen. Nur etwa die Hälfte des insgesamt 75 Kilometer langen und bis zu 16 Kilometer breiten Niederungsgebiets wird von den ansässigen Sorben – selbstredend mit der von Ökologen geforderten Nachhaltigkeit – landwirtschaftlich genutzt.

Das Wasserschloss von Fürstlich Drehna in Luckau dient heute als Hotel und Schlossschänke (Bild links). Auch das Vetschauer Wasserschloss ist heute einem neuen Zweck gewidmet, hier sitzt die Stadtverwaltung (Bild rechts).

KLOSTER NEUZELLE

SPREEWALD

BERLIN

Berlin hat viele faszinierende Gesichter: Berlin als neue alte Hauptstadt mit dem Sitz von Bundestag und Bundesregierung politisches Entscheidungszentrum Deutschlands, Berlin der Künstler und Intellektuellen, der großen Bühnen und Museen, Multi-Kulti-Berlin, ein Schmelztiegel verschiedenster Kulturen, Berlin der kleinen Leute mit ihrem schnellen Witz. Und nicht zu vergessen: Berlin der Freiheit, in dem die Welt erleben kann, wie zwei völlig unterschiedliche Staaten (BRD und DDR) unter teilweise großen Reibungsverlusten zusammenwachsen.

Von der ursprünglichen, im Zweiten Weltkrieg zerstörten Quadriga blieb nur ein Pferdekopf übrig, der im Märkischen Museum aufbewahrt wird. Nach dem Mauerfall musste auch die Kopie restauriert werden – Übermütige hatten in der Silvesternacht 1989 das Zaumzeug gestohlen.

BRANDENBURGER TOR

Carl Gotthard Langhans errichtete in den Jahren 1788 bis 1791 das Brandenburger Tor und damit ein Denkmal. Viel mehr nur als ein Entrée zur Stadt, stand es symbolisch für die Stärke Preußens. Das Vorbild waren die Propyläen der Akropolis von Athen. Ein 26 Meter hoher und 65,5 Meter breiter, wuchtiger Sandsteinbau ist es geworden. Zwölf dorische Säulen teilen den doppelten Portikus in fünf Durchgänge. Der mittlere war einst mit seinen 5,5 Metern Breite den königlichen Equipagen vorbehalten, die schmaleren Seitengänge nutzte das Fußvolk. Das Relief auf der Attika zeigt den Einzug der Götter des Friedens in die Stadt, der Bildschmuck in der Durchfahrt kündet von den Taten des Herkules, in den Seitenhallen wachen die Göttergestalten Mars und Minerva. Die das Tor krönende Quadriga wurde 1791 nach Entwürfen von Johann Gottfried Schadow vollendet.

BRANDENBURGER TOR

Am 9. November 1989 fiel die Mauer, doch das Brandenburger Tor blieb bis zum 22. Dezember geschlossen. Als dann nach 28 Jahren endlich wieder jeder von Ost nach West und von West nach Ost hindurchgehen konnte, sich zur Silvesterfeier 1989/1990 Tausende zum Feuerwerk versammelten, begann eine neue Zeit. Das Stadttor von 1791 wurde zum Symbol der überwundenen Teilung.

GENDARMENMARKT

GENDARMENMARKT

Mit dem Ensemble aus Schauspielhaus, Deutschem und Französischem Dom sowie der Marmorstatue Schillers gilt der Gendarmenmarkt als einer der schönsten Plätze Berlins und Inbegriff des romantischen Klassizismus. Friedrich II. schon hatte auf dem nach den Gens d'Armes, einem Kürassierregiment, benannten Platz ein Komödienhaus errichten lassen. Die Kirchen haben ihre landläufige Bezeichnung nach den Kuppeln ihrer identischen Türme, dem französischen »dôme« erhalten. Friedrich II. hatte Carl von Gontard beauftragt, den zu Beginn des 18. Jahrhunderts schon bestehenden Kirchen die repräsentativen Kuppeltürme aufzusetzen. Die Schiller-Statue von Reinhold Begas vor der Freitreppe war 1935 von den Nazis entfernt worden. Im Jahr 1987 zur 750-Jahrfeier der Stadt kehrte sie wieder zurück an ihren Platz.

GENDARMENMARKT

Schauspielhaus, Nationaltheater, Konzerthaus – das Gebäude am Gendarmenmarkt hatte schon viele Funktionen und Regeln. So war die Freitreppe zur Vorhalle mit ionischen Säulen früher ausschließlich dem königlichen Hofstaat vorbehalten. Die Schillerstatue davor wird umringt von den als Frauengestalten personifizierte Künsten: Lyrik, Dramatik, Philosophie und Geschichte.

GENDARMENMARKT

MUSEUMSINSEL

Die Museumsinsel mit ihren fünf »Kunsttempeln« brauchte zu ihrer Vollendung ein Jahrhundert (1830–1930). Mehr als sechs Jahrzehnte vergingen, bis alle Kriegsschäden beseitigt waren und das 1999 zum UNESCO-Welterbe erhobene Ensemble aus Altem und Neuem Museum, Alter Nationalgalerie, Bode-Museum und Pergamonmuseum seine Sammlungen wieder vollständig präsentieren konnte. Die Büste der Nofretete, der Pergamonaltar, die Prinzessinnen-Gruppe von Schadow, Schlüters Reiterstandbild des Großen Kurfürsten, die Malerei französischer Impressionisten und das Münzkabinett sind Glanzlichter. Ihre volle Wirkung entfalten sie durch ein ihnen angemessenes Ambiente, das den besonderen Reiz der Museumsinsel ausmacht. Hohe Kuppeln, Säulenhallen, repräsentative Treppenhäuser geben den Sammlungen einen würdigen Rahmen.

MUSEUMSINSEL

Das klassizistische Alte Museum, Schinkels Meisterwerk, schließt den Lustgarten an der Nordseite ab (großes Bild). Bildreihe von oben: Ein Reiterstandbild von Friedrich Wilhelm I. ziert das Bode-Museum; Moderne Ausstellungsästhetik trifft im Neuen Museum auf historische Architekturelemente; Skulpturen in der Alten Nationalgalerie. Oben: Die lange Nacht der Museen im Pergamonmuseum.

REICHSTAG

Verkehrsschilder weisen den Weg zum Bundestag und zum Reichstagsgebäude, vor dem jeden Tag Hunderte Besucher Schlange stehen. Als es von 1884 bis 1894 nach Plänen von Paul Wallot entstand, sollte es Größe und Stärke des Parlaments symbolisieren. Kaiser Wilhelm II. hielt den Bau der Volksvertreter für den »Gipfel der Geschmacklosigkeit«. Im Zweiten Weltkrieg beschädigt, richtete man das Gebäude von 1954 bis 1961 unter Leitung Paul Baumgartens wieder als Tagungsort her. Aber erst Christos kunstvolle Verhüllung des Reichstags konnte 1995 die Gespenster der Vergangenheit bannen. Nach Plänen des englischen Architekten Sir Norman Foster entstand bald hinter der historischen Fassade des alten Gemäuers ein moderner, ökologisch korrekt realisierter Parlamentsbau. Umstritten, wie beim Wallot-Bau vor mehr als 100 Jahren, war wieder die Glaskuppel.

REICHSTAG

Seit 1999 ist das Reichstagsgebäude Sitz des Deutschen Bundestags. Hier tritt auch die Bundesversammlung zur Wahl des Bundespräsidenten zusammen. Doch für alle, die hier nicht Arbeit leisten, ist der Bau eine faszinierende Aussichtsplattform. Mit seiner gläsernen, begehbaren Kuppel wurde das grundlegend umgestaltete Bauwerk rasch zu einer Hauptattraktion Berlins.

NEUES REGIERUNGSVIERTEL

Als Hauptstadt des wiedervereinigten Deutschland verlangte Berlin nach Bauten, die sich dieser Funktion als würdig erweisen. So entstand am Spreebogen ein neues Regierungsviertel, das die Symbole der deutschen Geschichte Brandenburger Tor und Reichstagsgebäude mit modernen »Dienstleistungsbauten« für Exekutive und Legislative verband: eine Architektur der großen Geste aus Beton und Glas, Terrassen, Foyers und Hallen, Brücken und ausladenden Dächern. Der innen neu gestaltete Reichstag erhielt eine begehbare Glaskuppel. Acht Rotunden für die Bundestagsausschüsse charakterisieren das Paul-Löbe-Haus, das optisch ein Gegengewicht zum Kanzleramt auf derselben Achse bildet. Der Komplex des Jakob-Kaiser-Hauses mit seinen Sitzungssälen und Büros für 2000 Menschen bezieht auch alte Bausubstanz wie das Reichspräsidentenpalais ein.

NEUES REGIERUNGSVIERTEL

Wie ein Blick aus dem Bullauge zeigt sich die Perspektive vom Parlamentsneubau Marie-Elisabeth-Lüders-Haus auf den Reichstag und das Paul-Löbe-Haus (großes Bild). Der Entwurf der Berliner Architekten Axel Schultes und Charlotte Frank überzeugte 2001 für das Bundeskanzleramt mit dem »Band des Bundes«, das die Spreeufer verbindet und so die Berliner Wiedervereinigung symbolisiert (oben).

BERLIN 173

DIE MAUER

In der Nacht zum 13. August 1961 begannen DDR-Grenztruppen mit dem Bau des »antifaschistischen Schutzwalls«, der die Flucht der Menschen aus dem Ostteil der Stadt verhindern sollte. 28 Jahre lang teilte die Mauer nicht nur Familien, sondern auch die Welt. In der Euphorie nach dem Mauerfall wurde abgeklopft, abgerissen, zerteilt, verkauft, verschenkt und schließlich für den Straßenbau geschreddert, was an die Teilung der Stadt erinnerte, bis nicht nur Besucher, sondern auch Berliner fragten, wo denn nun die Mauer gestanden habe. Nun führt ein Mauer-Radweg die 155 Kilometer durch die Stadt und um sie herum; im Zentrum erkennt man ihren Verlauf an einem gepflasterten Streifen im Asphalt. Erst 2006 nahm das Bedürfnis, an originalen Orten Gedächtnisstätten zu bewahren, so konkrete Formen an, dass sich der Berliner Senat damit befasste. Das mit der Mauer verbundene Gefühl der alltäglichen Gewalt ist verloren gegangen, lebt aber im Gedächtnis einzelner Menschen fort. Eine Betonmauer durch die Stadt, ein immer ausgeleuchteter Todesstreifen, 293 Beobachtungstürme, Hundelaufanlagen, Patrouillenwege, Selbstschussanlagen, Panzersperren und eine 100 Meter breite Sperrzone sind kaum noch vorstellbar. 136 Menschen kostete der Fluchtversuch in Berlin das Leben.

DIE MAUER

Blick durch einen Mauerspalt an der Bernauer Straße, wo die Gedenkstätte Berliner Mauer an die Zeit der Teilung erinnert (großes Bild). Bildleiste von oben: Panzer am Checkpoint Charlie; der Grenzsoldat Conrad Schumann springt am 15. August 1961 als Erster über den Stacheldraht; ein Blick nach »drüben«; Maueropfer Peter Fechter. Oben: Kerzen zum Gedenken an die Maueropfer.

POTSDAMER PLATZ

Ein Platz ist das, was so genannt wird, längst nicht mehr, eher ein nagelneues Stadtviertel zwischen Ost- und West-Berlin auf ehemaligem Grenzgelände mit luxuriösen Wohnungen, Büros, Hotels, Kinos, Restaurants. Wo jahrelang Europas größte innerstädtische Baustelle Schaulustige aus aller Welt faszinierte, wuchsen die Entwürfe international renommierter Architekten in den Himmel. Renzo Piano, Richard Rogers, Arata Isozaki, Hans Kollhoff, Helmut Jahn und Giorgio Grassi schufen, was als Stadt des 21. Jahrhunderts gleichermaßen bewundert wie kritisiert wird. Im Oktober 1994 wurde der Grundstein gelegt, zum Richtfest 1996 dirigierte Daniel Barenboim tanzende Kräne, und 1998 wurde das Daimler-Benz-Areal (heute: Quartier Potsdamer Platz) eröffnet. Und im Dezember 2000 wurde endlich die rote Infobox, von der aus Millionen in die Baustelle sahen, stückweise versteigert.

POTSDAMER PLATZ

Hinter der Philharmonie (im kleinen Bild vorne links) und der Matthäus-Kirche (vorne rechts) erheben sich das Segeldach des Sony Centers (Mitte) und der alles überragende Fernsehturm. Nach dem Berliner Architekten Hans Kollhoff benannt wurde der 103 Meter hohe Kollhoff-Tower (großes Bild links), der neben dem erleuchteten Bahntower (großes Bild rechts) den Potsdamer Platz prägt.

BERLIN – STADT DER KÜNSTE

Kunst spielt in Berlin seit jeher eine große Rolle. Zunächst als Kunst der preußischen Herrscher, die mit ihre Sammlungen prunkten. Friedrich Wilhelm III. ließ 1830 erstmals die Bürger hinein (Altes Museum). Heute wird aktuelle Kunst von unzähligen Galerien immer neu in Szene gesetzt. Die gewachsenen staatlichen Sammlungen, als Preußischer Kulturbesitz auf 20 Ausstellungsstätten verteilt, vereinten sich nach der deutschen Vereinigung wieder oder werden, wie auf der Museumsinsel, in neuen Zusammenhängen gezeigt. Wegweisendes der bildenden Kunst stellen die Alte und die Neue Nationalgalerie sowie die Gemäldegalerie aus. Der Museumskomplex Dahlem brilliert mit asiatischer Kunst. Einzelne Künstler und Richtungen bekommen viel Raum, wie Picasso im Museum Berggruen, Expressionismus im Brücke-Museum oder Helmut Newton im Museum für Fotografie.

Mit Stahl und Glas quadratisch auf einem Sockelbau präsentiert sich die Neue Nationalgalerie (großes Bild). Die Fresken der Casa Bartholdy und der Flügel des Wurzacher Altars sind in den Galerien ausgestellt (von links).

EAST SIDE GALLERY

Springt dem Zeitzeugen an der Gedenkstätte Bernauer Straße noch einmal die Brutalität der Berliner Mauer an, hat sie mit der East Side Gallery ihren Schrecken verloren. Die 1300 Meter lange ehemalige Sperranlage zwischen Ostbahnhof und Warschauer Straße/Oberbaumbrücke ist im Unterschied zur Bernauer Straße original, allerdings nicht im Zustand »vor 1989«, sondern »von 1990«. Damals haben nicht Mauerspechte nackten Beton aufgemeißelt, sondern sich Künstler verewigt. Auf der Ostseite der Mauer entlang der Mühlenstraße schufen sie Bilder, die zu beliebten Fotomotiven wurden. Das bekannteste ist sicherlich der ironisch kommentierte sozialistische Bruderkuss der beiden KP-Generalsekretäre Leonid Breschnew und Erich Honecker von Dmitrij Vrubel. Für den langfristigen Erhalt der bis 2009 sanierten 100 Kunstwerke setzt sich eine private Künstlerinitiative ein.

Was kann es Schöneres geben, als dass aus einstigen Gefängnismauern neue Kunstwerke entstehen. Dabei geht es nicht immer darum perfekte Bilder zu präsentieren, das kaputte Mauerwerk ist Teil des einmaligen Projekts.

BERLIN – STADT DER KÜNSTE

EAST SIDE GALLERY

KURFÜRSTENDAMM

Einen eindrucksvollen Boulevard nach dem Vorbild der Champs-Elysées sollte die Kapitale des Kaiserreiches erhalten: Reichskanzler Otto von Bismarck hatte das angeregt, als er nach dem Deutsch-Französischen Krieg aus Paris zurückgekehrt war. Und so wurde aus dem ehemaligen Knüppeldamm zum Jagdschloss im Grunewald eine 3,5 Kilometer lange und 53 Meter breite Prachtstraße, an der sich ansiedelte, wer sich das leisten konnte. Die Augen der Passanten kleben an den Auslagen, schweifen über feine Stoffe und Preisschilder. Läden wechseln mit den Moden, wetteifern in Konkurrenz mit der noch so neuen alten Mitte, die ihnen zwar die Touristenströme entzieht, aber nicht die Käuferscharen. Auch wenn sich immer wieder vieles wandelt, als Einkaufsstraße ist der Kurfürstendamm ganz klar bis heute die Nummer eins in Berlin geblieben.

Der Wandel der Zeit hält an manchen Orten Berlins auch mal inne. Das Europa-Center (links) und die Kaiser-Wilhelm-Gedächtniskirche (rechts) bilden seit jeher unverändert zwei berühmte Fixgrößen am östlichen Ende des Kurfürstendamms.

GEDÄCHTNISKIRCHE

»Alles vergehet«, so lautete das Thema der Predigt am 22. November 1943 in der Kaiser-Wilhelm-Gedächtniskirche. Es war Totensonntag. Wenig später hinterließen die Bomben die nun berühmte Ruine. Der lädierte Westturm, von 113 auf 63 Meter reduziert, wurde im Berliner Jargon zum »hohlen Zahn«. Wilhelm II. hatte das Gotteshaus 1891 bis 1895 zu Ehren seines Großvaters und als Glanzpunkt im Neuen Westen errichten lassen. Er erhoffte sich einen Blickfang für die vornehme Wohn- und Geschäftsstraße Kurfürstendamm. 1957 sollten die Reste der ursprünglich von Franz Heinrich Schwechten im neoromanischen Stil erbauten Kirche abgerissen werden. Dagegen protestierten die Berliner, und so einigte man sich auf einen Kompromiss, bei dem die Turmruine der alten Kirche als Mahnmal erhalten, aber um Neubauten ergänzt wurde.

Das Licht von draußen hereinlassen: Für die in den Jahren 1959 bis 1961 entstandenen Neubauten entwarf der Architekt Egon Eiermann einen Kirchenraum in Form eines blau verglasten Oktogons mit Flachdach und einen 53 Meter hohen, sechseckigen Turm.

KURFÜRSTENDAMM

GEDÄCHTNISKIRCHE

THEATERSTADT BERLIN

Wie viele Theater gibt es in Berlin? So genau weiß es keiner. Viele entstehen und lösen sich wieder auf, schaffen sich einen Ort, den es morgen nicht mehr gibt wie die asbestbefreite Ruine des Palastes der Republik. Ein wesentlicher Teil der deutschen Theatergeschichte wurde und wird immer noch in Berlin geschrieben. Gerhart Hauptmann, August Strindberg, Henrik Ibsen und Bertolt Brecht erlebten hier ihren Durchbruch, Regisseure wie Max Reinhardt, Erwin Piscator und Gustaf Gründgens sind unvergessen, und Peter Stein macht mit seinen Projekten nach wie vor Furore. Deutsche Klassik und klassische Moderne, Zeitgenössisches US-amerikanischer, britischer, russischer und französischer Autoren, Experimentelles, Kriminal- und Tanztheater hat seinen Platz wie die Komödie und das Volkstheater. Das Theaterprogramm ist so bunt wie die Stadt berlin selbst.

THEATERSTADT BERLIN

Bildreihe von oben: Das ehemalige Schauspielhaus am Gendarmenmarkt dient heute als Konzerthaus, das Rad der Wegelagerer vor der Volksbühne, das Hebbel-Theater, die Schaubühne am Lehniner Platz und das Maxim Gorki Theater. Im Hebbel am Ufer thematisierte »Schwarze Jungfrauen« die Migration (oben). Im Deutschen Theater treten manchmal auch Musiker auf (großes Bild).

SCHLOSS CHARLOTTENBURG

Das größte und schönste Berliner Barockschloss geht zurück auf eine ab 1695 vom kurfürstlich-brandenburgischen Oberbaudirektor Johann Arnold Nering in damals noch ländlicher Umgebung errichtete Sommerresidenz, die der Kurfürst Friedrich III. seiner Frau Sophie Charlotte schenkte. Ursprünglich nach dem nahe gelegenen Dorf Lietzow »Lietzenburg« benannt, wurde die Residenz erst später, nach dem Tod von Sophie Charlotte (1705) in »Charlottenburg« umbenannt. Als Friedrich III. sich 1701 selbst zum König Friedrich I. von Preußen krönte, genügte das Sommerschlösschen seinen Repräsentationsbedürfnissen nicht länger. So wurde das Schloss immer weiter ausgebaut – insgesamt dauerte es rund 100 Jahre, bis es in seiner heutigen Pracht und Ausdehnung vollendet war. Nun beeindruckt es nicht nur als Museum, sondern auch durch seine schönen Parkanlagen.

SCHLOSS CHARLOTTENBURG

Zwei Fechter bilden das Entree zum Ehrenhof von Schloss Charlottenburg mit Andreas Schlüters Reiterstandbild des Großen Kurfürsten Friedrich Wilhelm (großes Bild). Umgeben ist die majästetische Schlossanlage von einem traumhaften Barockgarten, der in einen Landschaftspark mündet und durch filigrane Figuren und architektonische Finessen geschmückt wird.

SACHSEN-ANHALT

Der Harz mit seinen einsamen Wäldern, seiner nostalgischen Schmalspurbahn, seinen romantischen Fachwerkstädten und gemütlichen Kurorten ist seit alters ein klassisches Reiseziel. Nicht zu vergessen der Harz als beliebtes Naherholungsgebiet. Der große »Rest« von Sachsen-Anhalt, ist dagegen für all jene, die den Wurzeln deutscher Kultur nachspüren wollen. Die romanischen Kirchen und altehrwürdigen Klöster sind in keinem zweiten Bundesland so zahlreich und stilrein wie hier, von wo auch die Reformation Martin Luthers ihren Ausgang nahm.

Das mittelalterliche Städtchen Stolberg liegt an der Deutschen Fachwerkstraße und gilt als Geburtsort des Theologen und Reformators Thomas Müntzer. In der Altstadt liegt auch die Burg Stolberg, die den Grundstein für die Ortsentstehung bildet.

MAGDEBURG

Magdeburg, die ehemalige Hanse- und heutige Hauptstadt Sachsen-Anhalts ist nicht zuletzt dank ihres Elbhafens seit dem Mittelalter ein bedeutender Verkehrsknotenpunkt. Auch als Industriezentrum und Forschungsstandort hat sie – man denke an das berühmte Experiment von Otto von Guericke zur Demonstration von Luftdruck und Vakuum mit den »Magdeburger Halbkugeln« – einen guten Namen. Überragend ist freilich ihre historische Bedeutung: Schon Mitte des 10. Jahrhunderts wählte Kaiser Otto I. den bereits in karolingischer Zeit erwähnten Handelsplatz zu seiner Hauptresidenz. Indem er die Stadt 968 zusätzlich zum Sitz eines Erzbischofs erkor, machte er sie, deren Verfassung übrigens als »Magdeburger Recht« beispielgebend für viele weitere Stadtgründungen war, zum Ausgangspunkt für die Slawenmission und Ostkolonisation.

MAGDEBURG

Magdeburg liegt am Ostrand der fruchtbaren Magdeburger Börde an der mittleren Elbe. Blickfang des vom Fluss umrahmten Stadtpanoramas ist der St.-Mauritius-Dom (großes Bild). Der Magdeburger Dom gilt als das älteste gotische Bauwerk in Deutschland. Das thronende Herrscherpaar in einer Kapelle des Doms stellt vermutlich Kaiser Otto I. und seine Gemahlin Editha dar (kleines Bild).

HARZ UND HARZVORLAND

Der Nebel, der den 1141 Meter hohen Brocken häufig verhüllt, trug sicher dazu bei, ihn zum geheimnisumwitterten Blocksberg zu machen, auf dem sich die Hexen zur Walpurgisnacht versammeln. Der höchste Berg des nördlichsten deutschen Mittelgebirges ist eingebettet in einen Nationalpark, der neben Fichten- und Laubmischwald auch subalpine Vegetation und Granitklippen umfasst. Erschlossen wird er durch den Fernwanderweg »Harzer Hexen-Stieg«. Nach Norden fällt der Harz steil ab. An der »Kante« liegen der Kurort Blankenburg und Thale; die beiden Städte verbindet die Felsklippe der »Teufelsmauer«. Nicht weit davon entfernt das Plateau »Hexentanzplatz«, Tropfsteinhöhlen (Rübeland) und das malerische Bodetal. Kostbarkeiten des Mittelalters entfalten sich in Gernrode (Heiliges Grab) und, im nördlichen Harzvorland, in Halberstadt (Domschatz).

HARZ UND HARZVORLAND

Schroffer Granit im Morgendunst schafft eine Atmosphäre, die den Glauben an Geister und Sagengestalten beflügelt: Teufelsmauer (großes Bild), Hexentanzplatz und das Bodetal (Bilder rechts). Die Stiftskirche St. Cyriakus von Gernrode (10.–12. Jh.) nennt die älteste Nachbildung des Grabes Christi in Deutschland ihr Eigen (oben links). Ein Juwel der Gotik ist der Stephansdom von Halberstadt (rechts).

SACHSEN-ANHALT

WERNINGERODE

Schmuckstück und unverwechselbares Wahrzeichen der »bunten Stadt am Harz« Wernigerode ist ihr über 500 Jahre altes Rathaus mit den zwei schlanken aus der Schaufront hervorspringenden Erkern mit spitzen Schieferhelmen und der Prunkfassade. Neben der gelungenen Fachwerkkonstruktion fällt an dem Gebäude besonders der figürliche Schmuck auf. Die Holzfiguren stellen vorwiegend Heilige, Handwerker und Narren dar. Romantische Gassen und Fachwerkhäuser aus dem 16. bis 19. Jahrhundert bestimmen das gesamte Ortsbild. Eines der bekanntesten Fachwerkhäuser, das Krummelsche Haus (1674) mit fein geschnitzter Barockfassade, steht in der Breiten Straße. Blickfang ist das Schloss Wernigerode mit den bizarren Türmen und Erkern über der Stadt, das man im 17. Jahrhundert zum Barockschloss umfunktionierte.

WERNINGERODE

Das farbenfrohe Rathaus von Wernigerode, das 1277 erstmalig erwähnt wurde, ist ein Aushängeschild der Fachwerkarchitektur im Harz (großes Bild). Die heutige Schlosskirche entstand während des letzten großen Umbaus (1863–1885) im Auftrag des Grafen Otto zu Stolberg-Wernigerode und ersetzte damit den barocken Vorgängerbau unter Leitung des Baumeister Carl Frühling (oben).

QUEDLINBURG

Das über 1000-jährige Quedlinburg im nördlichen Harzvorland, dessen Altstadt seit 1994 UNESCO-Weltkulturerbe ist, stellt einen städtebaulichen Schatz von seltener Kostbarkeit dar. Bereits im frühen 10. Jahrhundert waren hier im Schutze der Reichspfalz Heinrichs I., des Sachsenherzogs und ersten deutschen Königs, zwei Siedlungen entstanden, die alsbald zu einer Stadt verschmolzen. Die Gründung eines Stifts samt Verleihung der Markt-, Münz- und Zollfreiheit beschleunigte die Entwicklung »Quitilingaburgs« zu einem Zentrum des Handels und Geisteslebens, das 1426 sogar der Hanse beitrat und sich sein mittelalterliches Gepräge bis heute erhalten hat. In der Altstadt Quedlinburgs, die von einer mächtigen Stadtmauer umfriedet wird, scheinen zahlreiche Fachwerkbauten aus sechs Jahrhunderten und verwinkelte Straßen das Mittelalter wieder zum Leben zu erwecken.

QUEDLINBURG

Fachwerkimpressionen aus Quedlinburg (oben). Die Altstadt wird von St. Servatius und dem Renaissanceschloss überragt (großes Bild). 1129 wurde die Kirche des 936 auf dem Schlossberg gegründeten Stiftes dem heiligen Servatius geweiht. Ein gotisches Säulenportal schmückt den Eingang zu der mit romanischen Fresken geschmückten Krypta, in der sich die Grabmäler König Heinrichs I. und seiner Gemahlin befinden.

LUTHERSTADT EISLEBEN

Mit Recht schmückt sich Eisleben mit dem Beinamen Lutherstadt, ist der Reformator doch in der alten Bergbaustadt (Kupferschiefer) geboren und, von Wittenberg kommend, um in einem Streit zwischen den Mansfelder Grafen zu schlichten, auch gestorben. Sein Geburtshaus (Seminarstr. 16) und Sterbehaus (Andreaskirchplatz 7) gehören zum Weltkulturerbe »Luthergedenkstätten«. Beide sind keine Originalschauplätze, doch wurden die Räume orginalgetreu ausgestattet, etwa das Schlafzimmer Luthers. Das Geburtshaus wurde 1693 nach einem Brand als Gedächtnisstätte neu errichtet, das Sterbehaus wurde 2013 um einen Museumsneubau erweitert. Aus der Lutherzeit stammen die Stadtwaage und das Altstädter Rathaus am Marktplatz. Gleich drei spätgotische Kirchen aus der Blütezeit Eislebens im 15. Jahrhundert sind erhalten: St. Nikolai, St. Peter und Paul und St. Andreas.

LUTHERSTADT EISLEBEN

Wie Wittenberg hat auch Eisleben Martin Luther an zentraler Stelle ein Denkmal gesetzt: Das Monument auf dem Marktplatz (großes Bild) wurde zum 400. Geburtstag des Reformators (1883) aufgestellt, dahinter das Altstädter Rathaus (1530) und die Andreaskirche. Das Geburts- und das Sterbehaus Luthers (mit Museumsneubauten) wurden restauriert und im Stil der Lutherzeit eingerichtet (kleines Bild).

BAUHAUS

Walter Gropius (1883–1969) trat 1907 in das Büro von Peter Behrens in Berlin ein, wo er einige bedeutende Architekten kennenlernte, darunter Le Corbusier und Mies van der Rohe. 1910 machte er sich als Architekt und Industriedesigner selbstständig. Gleich sein erster großer Auftrag geriet zu einem Meilenstein der deutschen Industriearchitektur: das Fagus-Werk in Alfeld an der Leine, das er ab 1911 mit Adolf Meyer baute. Mehrere Gestaltungselemente, die Gropius und Meyer hier entwickelten, setzten sich rasch weltweit durch: die Glasfassade, die kubischen Formen sowie die Skelettbauweise der Stahlträger, die das Gebäude so leicht wirken lassen. 1919 wurde Gropius zum Direktor der großherzoglich-sächsischen Hochschule für Bildende Kunst in Weimar ernannt, die er in »Staatliches Bauhaus« umbenannnte und in den 20er-Jahren zu Weltgeltung führte. 1934 floh er vor den Nationalsozialisten nach England und weiter in die USA, wo er Professor für Architektur in Harvard wurde. Nach dem Krieg verwirklichte Gropius wieder einige Projekte in Deutschland, so ein Hochhaus im Berliner Hansaviertel. Gropius spielt auch in der Musikgeschichte eine gewisse Rolle: 1910 lernte er seine spätere Frau Alma Mahler, die Gattin des Komponisten Gustav Mahler, kennen.

BAUHAUS

Das Bauhausgebäude entstand 1925 bis 1926 nach Plänen von Walter Gropius als Schulgebäude für die Kunst-, Design- und Architekturschule Bauhaus. Bild oben und links: Treppengang und Fassade der Architekturschule Dessau. Der Bau wurde im Krieg stark beschädigt und verlangte mehrfach Restaurierungsmaßnahmen mit originalgetreuen Elementen. Großes Foto rechts: Director's Room mit Schreibtisch nach Gropius.

WÖRLITZ

Auf halbem Weg zwischen Dessau und Wittenberg liegt das größte und meistbesuchte Ausflugsziel der Region: das weltberühmte Gartenreich Dessau-Wörlitz. 1765 hatte »Vater Franz«, wie der Volksmund Leopold Friedrich Franz von Anhalt-Dessau liebevoll nannte, den Auftrag erteilt, am gleichnamigen See nach englischem Muster Deutschlands ersten Landschaftspark anzulegen. Wenig später entstand am Ufer des Wörlitzer Sees des Fürsten Sommerresidenz, eine Schöpfung des Architekten Wilhelm von Erdmannsdorff und erster großer klassizistischer Bau im Land. Als Museum öffentlich zugänglich, präsentiert dieses Schloss heute die Kunstsammlung seines Erbauers und vermittelt durch seine noch erhaltene Innenausstattung eine authentische Vorstellung der fürstlichen Wohnkultur. Das Gartenreich steht seit 2000 auf der Welterbeliste der UNESCO.

WÖRLITZ

Im Jahr 1800, nach insgesamt 35 Jahren Arbeit, waren die Wörlitzer Anlagen vollendet. Über das 112 Hektar große Reich aus exotischen Blumen, Büschen und Bäumen finden sich bis heute zahlreiche Kulissenbauten verstreut, so auch das herrlich gelegene Schloss Wörlitz (großes Bild und oben rechts). Sie sollen, dem damaligen romantischen Geist gemäß, an die Reisen des Fürsten nach Italien und England erinnern.

LUTHERSTADT WITTENBERG

Die Stadt Wittenberg ist, wie ihr offizieller Beiname Lutherstadt augenscheinlich belegt, untrennbar mit dem Wirken des großen Reformators verbunden. Er war 1508 als Augustinermönch in die Stadt gekommen und lehrte ab 1512 an der örtlichen, zehn Jahre zuvor von Kurfürst Friedrich dem Weisen gegründeten Universität Theologie und Philosophie. Indem er im Oktober 1517 seine berühmten 95 gegen die klerikale Misswirtschaft gerichteten Thesen an die Tür der örtlichen Schlosskirche schlug, leitete er die Reformation ein. In Eisleben wurde Luther am 10. November 1483 geboren und verstarb dort am 18. Februar 1546 während einer Reise. Sein Geburts- und Sterbehaus sind vorbildlich restauriert und beherbergen heute Gedenkstätten. Zahlreiche mit ihm in Zusammenhang stehende Sehenswürdigkeiten der Städte sind 1996 zum UNESCO-Weltkulturerbe erklärt worden.

LUTHERSTADT WITTENBERG

Rathaus und St.-Marien-Kirche beherrschen den Marktplatz mit dem Standbild Luthers (großes Bild und oben). »Ein feste Burg ist unser Gott«. Diese Textzeile des Psalms und Kirchenlieds prangt in großen Lettern auf dem Kirchturm dieses eindrucksvollen Wittenberger Gotteshauses, der Schlosskirche Wittenberg (Bildreihe rechts). Bildreihe, ganz unten: Einblick in das Museum Lutherhaus.

SACHSEN-ANHALT

HALLE AN DER SAALE

Der Marktplatz ist das Zentrum des historischen Halle: Im Stadthaus (1894) tagt der Rat, das Rathaus ist der Amtssitz des Oberbürgermeisters. Der Rote Turm, ein mächtiger frei stehender Glockenturm, und die vier Türme der 1529–54 aus zwei Vorgängerbauten »zusammengesetzten« Marktkirche Unser Lieben Frauen bildet das Wahrzeichen des einstigen Hansemitglieds (»Fünf-Türme-Stadt«). Ihr Reichtum gründete im Salz, genauer der salzhaltigen Sole unter der Stadt, welche die Salzsieder am Hallmarkt in ihren Pfannen zum Kochen brachten. Die Saline arbeitete bis 1964, an sie und die Salzwirker-Brüderschaft (Halloren) erinnert ein eigenes Museum. Für Halle als Zentrum hohen (protestantischen) Geistes stehen der pietistische Theologe August Hermann Francke und der Philosoph Christian Wolff. Berühmtester Sohn der Stadt ist der Komponist Georg Friedrich Händel.

HALLE AN DER SAALE

Auf dem Marktplatz schlägt das Herz von Halle (großes Bild). Georg Friedrich Händel (1685 bis 1759) verließ seine Heimatstadt als 18-Jähriger, Ruhm erwarb er sich in Großbritannien. Sein Geburtshaus ist ganz der Musik gewidmet: Neben dem Werk des Komponisten stehen Musikinstrumente im Mittelpunkt (kleines Bild rechts). Seit mehr als 50 Jahren werden im Juni die Händel-Festspiele veranstaltet (links).

NAUMBURG AN DER SAALE

Naumburg an der Mündung der Unstrut in die Saale war fast 600 Jahre bis zur Säkularisierung (1615) geistlicher Mittelpunkt des Bistums Naumburg-Zeitz. Der Dom mit seinen beiden markanten Doppeltürmen wurde 1330 vollendet. Er birgt einen Schatz: das Werk des Naumburger Meisters aus der Zeit der Frühgotik. Der Bildhauer gestaltete den Westchor und schuf darin ab etwa 1250 die zwölf weltberühmten Naumburger Stifterfiguren, lebensgroße und sehr lebhaft wirkende Sandsteinplastiken. Keine weltabgewandten Heiligen, sondern Menschen aus Fleisch und Blut. Ebenfalls von großer künstlerischen Güte sind die Passionsreliefs und die Kreuzigungsgruppe des Meisters am Westlettner. Die Altstadt strahlt mit ihren Bürgerhäusern, dem Renaissancerathaus und der Stadtkirche St. Wenzel historisches Selbstbewusstsein jenseits der »Domherrlichkeit« aus.

NAUMBURG AN DER SAALE

Die beiden Osttürme des Naumburger Doms erhielten später Hauben im Barockstil (großes Bild). Von den Stifterfiguren sind die des Markgrafen Ekkehards II. von Meißen und seiner Frau Uta von Ballenstedt die bekanntesten (Bild rechts). Der Westchor, in dem Priester und Stiftsangehörige Gottesdienst feierten, wurde durch einen Lettner vom Kirchenraum für das »Fußvolk« getrennt (kleines Bild).

NORDRHEIN-WESTFALEN

Das einwohnerstärkste Bundesland beeindruckt durch ganz unterschiedliche Landschaften. Die Wege durchs Münsterland und den Teutoburger Wald führen an satten Weiden, romantischen Windmühlen und trutzigen Wasserschlössern vorbei. Völlig anders als Westfalen dagegen ist das nördliche Rheinland, wo in Köln oder Düsseldorf das urbane Leben tobt. Das Ruhrgebiet, einst Synonym für Kohle- und Stahlindustrie, hat heute längst einen Strukturwandel durchlaufen. Industrierelikte wurden zu Denkmälern und die Umgebung birgt ungeahnte landschaftliche Schönheit.

Und wieder stand Versailles als Vorbild: Schloss Nordkirchen im Münsterland wurde von dem Fürstbischof Friedrich Christian von Plettenberg in Auftrag gegeben. Gottfried Laurenz Pictorius begann den Bau, Johann Conrad Schlaun vollendete ihn nach 30 Jahren.

MÜNSTERLAND

Wehrburgen und Wasserschlösser, malerische Fachwerkstädtchen und stolze Kirchen setzen im Münsterland die Akzente. Die ebene bis sanft wellige Region zwischen Teutoburger Wald und der deutsch-niederländischen Grenze wird nur vereinzelt von kleinen Hügeln unterbrochen, Wäldchen und Wallhecken prägen die Landschaft und verleihen ihr im Zusammenspiel mit den vielen Schlössern einen parkähnlichen Charakter. Die Region ist landwirtschaftlich sowie durch die Pferdezucht geprägt. Zentrum und Namensgeber des Münsterlandes ist die altehrwürdige Universitätsstadt Münster. Sie wartet mit einem geschlossenen historischen Altstadtensemble auf, dessen Höhepunkte der romanisch-gotische St.-Paulus-Dom, die Lambertikirche aus dem 14.–15. Jahrhundert, das barocke Stadtschloss und die Laubengänge sowie Dreistaffelgiebelhäuser sind.

In Warendorf treten bei der Hengstparade Reiter und Gespanne auf (kleines Bild). Ein spätbarockes Kleinod findet man in Münster: Das Haus Rüschhaus diente als Wohn- und Arbeitsstätte von Annette von Droste-Hülshoff (großes Bild).

MÜNSTER

Die knapp 300 000 Einwohner starke westfälische Stadt Münster, die laut einer Studie zu den »lebenswertesten Städten« der Welt gehört, kann nicht mit beeindruckenden Wolkenkratzern punkten, dafür aber mit einer gelungenen Architektur, die neu und alt perfekt verbindet. Auf die ruhmreiche Zeit als spätmittelalterliche Hansestadt verweist der Prinzipalmarkt. Die historische Kaufmannsstraße im Stadtkern dokumentiert mit ihren gereihten Giebelhäusern und prächtigen Bogengängen die einstige Bedeutung der Stadt als wirtschaftliches und politisches Zentrum. Im gotischen Rathaus wurde 1648 im Rahmen der Verhandlungen zum Westfälischen Frieden der Friede von Münster geschlossen. Die noch heute am Turm der Lambertikirche angebrachten Körbe der sogenannten Wiedertäufer verweisen auf das Täuferreich von Münster Anfang des 16. Jahrhunderts.

Die Lambertikirche taucht zwischen den Häusern am Prinzipalmarkt auf (links). Das Historische Rathaus war Zentrum zur Verhandlung des Westfälischen Friedens (Mitte). Unter den Arkaden residieren die Geschäfte (rechts).

MÜNSTERLAND

MÜNSTER

MÜNSTERLAND, WASSERSCHLÖSSER

Wohl nirgendwo in Deutschland konzentrieren sich so viele Herren- und Adelssitze auf so kleinem Raum wie im Münsterland. Mehr als 3000 davon soll es hier einmal gegeben haben, die ältesten stammen aus dem 13. Jahrhundert. Die dominierende Form der Anlage war die Wasserburg: Für Höhenburgen ist das Land zu flach, also wurden die Burgen und Höfe in der Mitte eines Gewässers errichtet oder mit Gräften, künstlich angelegten Gräben, gesichert. Oft liegen die Anlagen auch ein wenig versteckt. Viele Burgen wurden im Laufe der Jahrhunderte mehrmals umgestaltet und weisen deshalb heute die Merkmale unterschiedlicher Stilepochen auf. Vorherrschend sind jedoch barockisierte Anlagen, oft im Stil des niederländischen Barock. Auch heute lassen sich noch über 100 Wasserburgen bewundern. Die größte und bedeutendste Anlage ist Schloss Nordkirchen, das »Versailles von Westfalen«. Das Schloss erhebt sich auf einer Insel, die von Prachtgärten nach französischem Vorbild gerahmt wird. Ebenfalls ein prächtiges Ensemble stellt das barocke Schloss Anholt dar. Auf Burg Hülshoff in Havixbeck bei Münster wurde Deutschlands berühmteste Dichterin, Annette von Droste-Hülshoff, geboren, die die Landschaft der münsterländischen Wasserschlösser und -burgen literarisch verewigte.

MÜNSTERLAND, WASSERSCHLÖSSER

Wehrhaft thront Burg Vischering in Lüdinghausen auf einem Wasserfundament. Erst spätere Umbauten zur Verbesserung der Wohnqualität sahen so viele Fenster vor, das Original war noch mehr auf Abwehr ausgerichtet. Das Barockschloss Lembeck liegt idyllisch im Naturpark Hohe Mark (oben links), Schloss Raesfeld im Kreis Borken dient heute verschiedenen Kunstveranstaltungen (rechts).

RUHRGEBIET

Im Westen Xanten und Duisburg und im Osten Hamm, Dortmund und Hagen – zwischen diesen Orientierungspunkten erstreckt sich das Ruhrgebiet, mit seinen rund fünf Millionen Einwohnern das größte Ballungsgebiet Deutschlands. Im Zuge der Industrialisierung, die Kohle und Stahl zu den beherrschenden Größen machte, wurde aus der einst ländlich geprägten Region innerhalb weniger Jahrzehnte das größte Industriegebiet Europas. Kohle- und Stahlkrisen setzten der Glanzzeit des »Kohlenpotts« ein Ende und zwangen zum Wandel von der Industrie- zur Dienstleistungsgesellschaft. Heute präsentiert sich das Ruhrgebiet als lebendige und überraschend grüne Metropole mit vielfältiger Kultur-, Bildungs- und Erlebnislandschaft. Von der alten Zeit des »schwarzen Goldes« geblieben sind beeindruckende Industrierelikte sowie das Schnörkellose und Herzliche der Menschen.

RUHRGEBIET

Auch wenn die Schlote, Kühltürme und Fördertürme der Zechen, Kokereien und Eisenhütten noch mancherorts im Ruhrgebiet die Silhouette bestimmen, sind viele dieser Anlagen heute stillgelegt. Statt die Industriebrachen abzubauen, besann man sich auf eine neue Nutzung und wandelte die zum Teil flächenmäßig gigantischen Areale zu modernen Industriemuseen oder zu Kulturzentren um.

DORTMUND

Kohle, Stahl und Bier gaben in Dortmund mehr als ein Jahrhundert lang den Ton an. Das Schicksal der Westfalenmetropole war lange Zeit mit dem Unternehmen Hoesch verbunden, das hier 1871 ein Eisen- und Stahlwerk errichtete. Aus Hoesch wurde 1991 Krupp und schließlich ThyssenKrupp. Hochöfen, Kokereien, Gießereien, Stahl- und Walzwerke haben Dortmund mittlerweile fast vollständig verlassen. Auf der riesigen Brache von Phoenix-Ost in Hörde entsteht auf 24 Hektar der Phoenix-See. In der City innerhalb des Wallrings, der die einstige Stadtmauer nachzeichnet, dominieren, in zeitgenössische Architektur verpackt, Verwaltung, Einzelhandel, Energiewirtschaft, Banken, Versicherungen und Kultur. Die großen Ausrufezeichen in der Skyline setzen aber immer noch die Türme der mittelalterlichen Stadtkirchen St. Marien, Reinoldi und Petri.

DORTMUND

Mit dem 2002 eröffneten Konzerthaus erhielt das Brückstraßenviertel nördlich der Reinoldikirche ein neues Gesicht (kleines Bild rechts). Den Stil der 1980er-Jahre repräsentieren dagegen die Ladenzeile zwischen Hansaplatz und Propsteikirche (kleines Bild links). Die Maschinenhalle der Zeche Zollern in Dortmund-Bövinghausen betritt man durch ein Jugendstilportal (großes Bild). Sie steht heute unter Denkmalschutz.

RUHRGEBIET, INDUSTRIEDENKMÄLER

Auf 150 Jahre Bergbau und Industrie kann das zwischen den Flüssen Lippe und Ruhr gelegene Revier zurückblicken. Wo sich die Kohle über Tage zeigte, wurde sie bereits im Mittelalter abgebaut. Erst die Erfindung der Dampfmaschine ermöglichte die Kohleförderung aus tieferen Erdschichten. Damit war die Voraussetzung für den Einzug der Schwerindustrie geschaffen, die das Ruhrgebiet in kürzester Zeit radikal veränderte. Fördertürme, Hochöfen und rauchende Schlote waren für viele Generationen die Symbole wirtschaftlicher Stärke. Um 1970 setzte ein radikaler Strukturwandel ein, weg von der Schwerindustrie hin zum Dienstleistungssektor. Heute sind die Industriebauten, soweit noch erhalten, museale Erinnerungsstücke in einer weitläufigen Erlebnis- und Erholungslandschaft. Die eisernen »Industriekathedralen« bilden eine Kulturlandschaft, die die alte Zeit wieder spürbar werden lässt. Da sind stillgelegte Zechen mit Fördertürmen, etwa die berühmte »Zeche Zollverein« bei Essen. Diese Meisterleistung moderner Industriearchitektur galt seinerzeit als die »schönste Zeche des Ruhrgebiets«. Oder ehemalige Stahlwerke mit Hochöfen, wie der »Landschaftspark Duisburg-Nord«. Oder das Gasometer bei Oberhausen, der mit seinen 116 Metern Höhe heute ein Aussichtsturm mit großartigem Panoramablick ist.

RUHRGEBIET, INDUSTRIEDENKMÄLER

Großes Bilder im Uhrzeigersinn: Die Totems der Halde Hanel in Bottrop, das Wassermuseum Aquarius in Mülheim an der Ruhr, Lichtinstallationen an der Jahrhunderthalle in Bochum, das Kultur- und Stadthistorische Museum Duisburg, die August-Thyssen-Hütte in Bruckhausen und das Bergbaumuseum in Bochum. Sehr bekannt ist auch das Wahrzeichen Oberhausens, das Gasometer (kleines Bild).

NORDRHEIN-WESTFALEN

DUISBURG

Nach dem wirtschaftlichen Niedergang in den 1960er-Jahren lag der Innenhafen mit seinen Speichergebäuden zunächst brach, bis das Areal in den 1990er-Jahren nach den Plänen des Stararchitekten Norman Foster saniert wurde. Heute finden sich altehrwürdige Kornspeicher neben moderner Architektur, in die alten Mühlen und Gebäude sind moderne Museen, Gastronomie- und Dienstleistungsunternehmen eingezogen. Jenseits des Hafendamms entstand 1999 der »Garten der Erinnerung«. Entworfen vom Künstler Dani Karavan, vereinigt er auf spielerische Weise Grünflächen, Geländemodulationen und »künstliche Ruinen« zu einer offenen Parkskulptur. In dieses Ensemble einbezogen ist das ebenfalls 1999 errichtete Jüdische Gemeindezentrum mit Synagoge, das der Jüdischen Gemeinde von Duisburg, Mülheim an der Ruhr und Oberhausen ein Zuhause bietet.

Bei Nacht wirkt die Hafensilhouette wie ein einziges Kunstwerk. Das Museum Küppersmühle für Moderne Kunst ist eines der größten deutschen Privatmuseen und ist im Duisburger Innenhafen angesiedelt (großes Bild).

ESSEN

Mit etwa 580 000 Einwohnern gehört Essen zu den größten deutschen Städten. Zentral im Ruhrgebiet gelegen, wird es im Süden von der Ruhr durchflossen und grenzt im Norden an die Hellwegebene. Die durch Kohleförderung und Eisenerzeugung groß gewordene ehemalige »Waffenschmiede des Reiches« hat sich inzwischen zum erfolgreichen Dienstleistungs- und Handelszentrum gewandelt. Essen ist Sitz zahlreicher Wirtschaftsverbände und führender Unternehmen sowie Zentrum der deutschen Energiewirtschaft. Ferner hat Essen eine Universität, die Folkwang-Hochschule für Musik, Theater und Tanz, eine Verwaltungs- und Wirtschaftsakademie und zahlreiche weitere Bildungs- und Forschungseinrichtungen. Zu den Kulturhighlights gehören das Museum Folkwang mit einer Sammlung hochkarätiger Kunst und das Aalto-Theater als moderner Operntempel.

In dieser 1932 in Betrieb genommenen und 1986 stillgelegten »Kathedrale der Arbeit« wurden rund 220 Millionen Tonnen Steinkohle gefördert. Heute bietet die Zeche Zollverein interessante Einblicke in die Industriegeschichte (rechts).

DUISBURG

ESSEN

NIEDERRHEIN

Wer schon heute sehen kann, wer morgen zum Kaffee kommt, der lebt vielleicht am Niederrhein – so legt es zumindest die regionale Redensart nahe. Das flache Land zwischen Rhein und Maas, das als westlichster Teil Nordrhein-Westfalens direkt an die Niederlande angrenzt, erlaubt weite Blicke bis zum Horizont. Der Niederrhein mit den Kreisen Kleve, Wesel, Viersen und Neuss und den Großstädten Düsseldorf, Krefeld, Duisburg und Mönchengladbach hat neben seiner Naturvielfalt auch eine bewegte Vergangenheit zu bieten: Hier am Rhein haben bereits Kelten und Römer ihre Spuren hinterlassen wie das Römermuseum in Xanten oder das Museum Burg Linn in Krefeld zeigen. Mit ihren denkmalgeschützten Altstädten stehen Städte wie Kempen für die Zeit des Mittelalters, während zahlreiche Industriemuseen auf die große Zeit von Kohle, Stahl und Textilfertigung verweisen.

Die im Norden und Westen dünn besiedelte Region des Niederrheins bietet Natur in Hülle und Fülle: verträumte Flusslandschaften, knorrige Bäume und kilometerlange Wege, die zum Radeln, Bootstouren oder zum Spazierengehen einladen.

KEVELAER

Die Entstehung der Kevelaer Wallfahrt geht auf ein 1641 verbürgtes Erlebnis eines Händlers namens Hendrick Busmann zurück, der einer Anrufung folgend eine Kapelle errichten ließ. Die niederrheinische Kleinstadt, in deren Zentrum die Kerzen-, die Beicht- und die Gnadenkapelle liegen, entwickelte sich zu Nordwesteuropas größtem Wallfahrtsort, der von den jährlich bis zu einer Million Pilgern lebt. Die großen Wallfahrtsgottesdienste finden zwar in der neugotischen Marienbasilika (1858 bis 1864) statt, das eigentliche Ziel ist allerdings das Gnadenbild – ein Kupferstich mit dem lateinischen Spruchband »Trösterin der Betrübten, bitte für uns« –, das Busmanns Eingebung folgend 1642 auf einem Bildstock installiert wurde, um den herum 1654 ein sechseckiger Kuppelbau errichtet wurde mit einer portalartigen Fensteröffnung. Die Ausstattung stammt aus dem 19. Jahrhundert.

Die Marienbasilika (beide Bilder) überragt mit ihrem 90 Meter hohen Turm schon von außen den nahe gelegenen kleinen Zentralbau der Gnadenkapelle. Ihr Inneres gilt als einer der farbenprächtigsten und größten Kirchenräume des gesamten Rheinlands.

NIEDERRHEIN

KEVELAER

DÜSSELDORF

Die Hauptstadt Nordrhein-Westfalens ist eine Stadt der Mode und Kultur, ein bedeutendes Finanzzentrum und ein internationaler Messestandort. Richtig mondän geht es auf der Königsallee, der »Kö«, mit ihren exklusiven Modeboutiquen zu. Rheinische Ausgelassenheit lässt sich in den Kneipen und Brauhäusern der Altstadt bei einem Glas Altbier erleben. Daneben hat Düsseldorf auch einen Ruf als bedeutende Kunst- und Kulturstadt. Viele Kunstgalerien und Museen zeugen davon, Heinrich Heine und Joseph Beuys begannen hier ihre Karriere. Und dann ist da natürlich der Rhein, der Düsseldorf das Flair einer Flussstadt verleiht. Ab Bonn wird er stromabwärts als Niederrhein bezeichnet. Breit und mächtig fließt er, gesäumt von flachen Ufern, über Köln, Düsseldorf, Wesel und Xanten Richtung Nordwesten und passiert bei Emmerich die deutsch-niederländische Grenze.

DÜSSELDORF

Eines der spektakulärsten Bauwerke Düsseldorfs ist der von Frank O. Gehry erbaute Zollhof mit den heraustretenden Zargenfenstern (großes Bild). Weitere Höhepunkte sind der Funkturm (oben), das alte Rathaus am Marktplatz, die Einkaufspassagen und -zentren an der Königsallee oder auch einfach ein gemütlicher Abend in den Lokalen der Altstadt (rechte Bildleiste, von oben).

NORDRHEIN-WESTFALEN

KÖLN

KÖLN

Eine Tour durch die Altstadt beginnt am Alter Markt – den die Kölner so und nicht etwa »Alten Markt« nennen. Häuser aus dem 16. Jahrhundert erfreuen das Auge genauso wie der Jan-von-Werth-Brunnen in der Mitte. Von zentraler Bedeutung ist der Platz am 11.11. um 11 Uhr 11, wenn dort der Beginn des Karnevals gefeiert wird. In den Gassen der Altstadt lässt sich vergessen, dass die Zentren der römischen und der mittelalterlichen Stadt woanders lagen. Hier laden Gaststätten, Souvenirläden und Flohmärkte zum Flanieren ein. Mit wenigen Schritten sind der Rhein oder Groß St. Martin erreicht. Alles andere als verwunschen wirkt der Heumarkt im Süden, der nur wenig von seiner Ursprünglichkeit behalten hat. Ein moderner Hotelbau dominiert die historischen Reste und die benachbarte Deutzer Brücke macht klar, dass das Auto regiert.

KÖLNER DOM

Der Kölner Dom gehört zu den größten Kirchen im gotischen Baustil. Das Gotteshaus wurde nach dem Vorbild französischer Kathedralen entworfen, Umgänge und Raummaße jedoch auf die große Zahl der Pilger ausgerichtet, die die Reliquien der Heiligen Drei Könige aufsuchen. Die Pläne für die monumentale Westfassade stammen von 1310. Seine heutige Gestalt erhielt der Dom zwischen 1842 und 1880. Einschließlich Umgangschor und Kapellenkranz misst der Innenraum der fünfschiffigen Basilika 6000 Quadratmeter. Mit dem Dreikönigsschrein von Nikolaus von Verdun beherbergt der Kölner Dom ein Meisterwerk der rheinischen Goldschmiedekunst. Der Chorumgang birgt das berühmte Dombild von Stephan Lochner (1440) und das romanische Gerokreuz aus dem 10. Jahrhundert. Der Dom besitzt eine der reichsten Schatzkammern Deutschlands.

KÖLN

KÖLN

Die Königin der Kölner Brücken ist die Hohenzollernbrücke. Die Eisenbahnbrücke ist auf den Dom ausgerichtet und beschert Zugreisenden einen einmaligen Blick (großes Bild links und Panorama). Das berühmte Gemälde »Die Muttergottes in der Rosenlaube« von Stefan Lochner ist als »Kölns Mona Lisa« im Wallraf-Richartz-Museum zu bewundern (großes Bild rechts).

KÖLNER DOM

Die mächtigen Doppeltürme des Kölner Doms dominieren die Silhouette der Altstadt (unten links). Mitte: Blick ins Kirchenschiff mit den hohen Gewölben, die von filigranen Strebepfeilern und Bogen getragen werden. Unten rechts: Die St. Petersglocke ist die Hauptglocke des Doms, wiegt 24 Tonnen und ist damit die größte freischwingende Glocke der Welt. Innen strahlt der Dreikönigsalter (oben).

NORDRHEIN-WESTFALEN

KÖLN, ROMANISCHE KIRCHEN

Der Begriff »Romanik« setzte sich im 19. Jahrhundert durch – die Epoche selbst war zu der Zeit bereits seit rund sieben Jahrhunderten vorüber. Die auffälligsten Hinterlassenschaften der Romanik sind ihre Kirchen, deren einheitlicher Baustil sich seit dem 11. Jahrhundert von Frankreich aus über Europa verbreitete. Allein in Köln finden sich zwölf herausragende Beispiele. Die romanische Baukunst greift auf das römische Erbe zurück. Ihr prägendes Element ist der Rundbogen, der am deutlichsten an den Fenstern zu sehen ist. Die Kirchen bestehen nicht mehr nur aus einem Raum, wie die Basiliken der Antike. Sie sind gegliedert, in Schiff, Querhaus und Chor. Die Wände und Fassaden erhalten durch Halbsäulen und Portale eine Struktur. Pfeiler nehmen die Last der hohen und gewölbten Decken auf. Gekrönt werden die Kirchen von Türmen, die für jeden sichtbar die Stärke Gottes repräsentieren sollten. Dass der Baustil schnell und über große Strecken seinen Weg gemacht hat, ist zwei Umständen zu verdanken: Die Geistlichen waren damals von Abtei zu Abtei unterwegs und nahmen Ideen mit in andere Regionen. Auch Steinmetze mussten mobil sein und trugen ihre Kunstfertigkeit von Baustelle zu Baustelle. Verständigungsprobleme gab es dabei nicht, denn die architektonischen Formen sprachen für sich.

KÖLN, ROMANISCHE KIRCHEN

Bilder von links: St. Aposteln ist eine von zwölf großen romanischen Basiliken der Stadt Köln; der Name St. Maria im Kapitol lässt eine ehemalige römische Tempelanlage vor Ort vermuten; die Benediktinerkirche St. Martin steht auf falschen Grundmauern, die Fundamente beherbergten einst eine Sport- und Schwimmanlage für römische Soldaten; mächtige Kuppeln schmücken St. Gereon.

KÖLN, MUSEEN

Ob römische Glaskunst, mittelalterliche Tafelmalerei, Pop-Art-Siebdrucke oder Schokolade und Sport – die Stadt Köln zieht mit ihrer Vielfalt an Museen Besucher aus aller Welt an. Hinter dem Dom erhebt sich der markante Ziegelsteinbau des Museum Ludwig, das sich ganz der modernen Kunst des 20. und 21. Jahrhunderts verschrieben hat. Das zweite große Kunstmuseum, das Wallraf-Richartz-Museum, präsentiert dagegen Malerei, Skulptur und Grafik vom Mittelalter bis ins 19. Jahrhundert. Ebenfalls direkt am Dom führt das Römisch-Germanische Museum ins Köln der Römerzeit und präsentiert dabei die weltweit größte antike Glassammlung. Das Zeughaus, die ehemalige städtische Waffenkammer, beherbergt heute das Kölnische Stadtmuseum zur Geschichte der Stadt vom Mittelalter bis in die Gegenwart. In einem Neubau auf den Ruinen der alten Pfarrkirche St. Kolumba untergebracht, zeigt das gleichnamige Kunstmuseum des Erzbistums Köln die ganze Bandbreite christlicher Kunst. Einen völkerkundlichen Schwerpunkt setzt dagegen das Rautenstrauch-Joest-Museum. Am Rhein lockt das weltweit einzigartige Schokoladenmuseum mit süßem Wissen, und direkt daneben kümmert sich das Sport- und Olympiamuseum um die Geschichte der Körperertüchtigung mit praktischer Umsetzung.

KÖLN, MUSEEN

Seit 1986 ist das Museum Ludwig in dem repräsentativen Gebäude zwischen Rhein, Dom und Hauptbahnhof untergebracht (großes Bild). Pop-Art, russische Avantgarde und deutscher Expressionismus sind zu sehen. Mit seinen Exponaten wie dem Grabmal des Legionsveteranen Poblicius bietet das Römisch-Germanische Museum (kleines Bild) eine Reise in die römisch geprägte Vergangenheit.

BRÜHL

Seit 1984 schaut die kulturinteressierte Welt auf Brühl, eine Kleinstadt zwischen Köln und Bonn. In dem Jahr entschied die UNESCO, das dortige Schloss Augustusburg zum Weltkulturerbe zu erklären. Der Prachtbau gilt in Deutschland als einer der architektonischen Höhepunkte aus dem Rokoko. Der Baubeginn der Sommerresidenz von Kurfürst Clemens August war 1725, rund vier Jahrzehnte später waren die Arbeiten abgeschlossen. Architekten und Künstler aus Deutschland, Frankreich und Italien haben ein Ensemble geschaffen, aus dem das von Balthasar Neumann entworfene Treppenhaus herausragt. An der Decke über dem Prunk aus Marmorsäulen und Stuck kann das Fresko »Großmut und Großherzigkeit des Clemens August« bewundert werden. Die Parkanlage des Schlosses ist – typisch für das 18. Jahrhundert – streng geometrisch angelegt.

Allein die Rückseite zur Gartenanlage von Schloss Augustusburg weist 48 Fenster und Türen auf. Dabei war das prächtige Gebäude ursprünglich nur als Sommerresidenz erbaut worden (beide Bilder).

BONN

Über 40 Jahre war Bonn Hauptstadt der Bundesrepublik Deutschland. Aus barocken Zeiten stammen noch die kurfürstliche Residenz und das Poppelsdorfer Schloss. Eine heitere Rokokoschönheit ist das 1738 erbaute Bonner Rathaus. Berühmt ist Bonns Museumsmeile entlang der Adenauer- und Friedrich-Ebert-Allee mit der Bundeskunsthalle, dem Kunstmuseum, dem Haus der Geschichte (mit dem Bonn auch seiner eigenen Geschichte ein Denkmal gesetzt hat) und dem Museum Alexander Koenig. Ein wenig Kanzlernostalgie lässt sich im einstigen Regierungsviertel mit dem Bundeshaus, dem »Langem Eugen«, der Villa Hammerschmidt und dem Palais Schaumburg beschwören. Das Münster im Zentrum der Stadt ist ein markanter Bau der Romanik, ein barockes Kleinod dagegen die Heilige Stiege an der Kreuzbergkirche. Viele Besucher lockt es in Beethovens Geburtshaus.

Bilder von links: Plenarsaal des Regierungsgebäudes, das Konrad-Adenauer-Denkmal im Detail vor dem ehemaligen Bundeskanzleramt, das Monument für Beethoven und Skulpturen und Eingangshalle des Kunstmuseums.

BRÜHL

BONN

BRAUNES GOLD – BRAUNKOHLENTAGEBAU IN DER VILLE

Wo heute die Kölner in einer waldreichen Seenlandschaft Erholung suchen, waren bis Mitte der 1960er-Jahre Gruben und Abraumhalden zu finden. Fast 100 Jahre lange wurde im Höhenzug der Ville Braunkohle gefördert. Dort lagerten die Kohlenflöze fast an der Oberfläche und mussten nur noch ausgegraben werden. Im weiter nördlich gelegenen Tagebau Hambach müssen sich riesige Schaufelradbagger durch Hunderte Meter Sand, Kies und Löss graben, um zum begehrten Rohstoff zu gelangen. Seit 1978 wird im größten Tagebau Deutschlands gebuddelt. Pro Jahr werden rund 250 Millionen Kubikmeter Material zur Seite geräumt, um 40 Millionen Tonnen Kohle zu fördern. 85 Quadratkilometer soll der Tagebau einmal bedecken, bisher ist weniger als die Hälfte erschlossen. Damit weitergegraben werden kann, mussten mehrere Dörfer umgesiedelt werden. Von der benachbarten Sophienhöhe aus lässt sich ein Blick in das heute rund 350 Meter tiefe Loch werfen. Der 200 Meter über die Landschaft ragende Berg ist aus dem Abraum des benachbarten Tagebaus entstanden und ein beliebtes Ausflugsziel. Wer weitere Einblicke in den rheinischen Braunkohletagebau gewinnen möchte, sollte die »Straße der Energie« befahren, die in verschiedenen Etappen über die Energiegewinnung aus Braunkohle informiert.

BRAUNES GOLD – BRAUNKOHLENTAGEBAU IN DER VILLE

Im Größenvergleich zwischen Schaufelrad und Mensch wird deutlich, welche Mengen des braunen Goldes täglich gefördert werden (großes Bild). Im Vergleich zu den anderen rheinischen Kraftwerksstandorten ist das Kraftwerk Neurath bei Grevenbroich vergleichsweise jung: Der erste Kraftwerksblock ging dort erst 1972 ans Netz (oben), seit 2012 sind zwei weitere Blöcke in Betrieb.

AACHEN, DOM

Den Grundstein für den Dom (Weltkulturerbe der UNESCO) legte Kaiser Karl der Große mit dem Bau der im Jahr 800 geweihten Pfalzkapelle. Sie wurde nach Plänen von Odo von Metz auf oktogonalem Grundriss erbaut. Unter der später mit Mosaiken versehenen Kuppel zieht sich ein zweigeschossiger Umgang um den Innenraum. Die Ausgestaltung des Doms orientierte sich an römischen ebenso wie an byzantinischen Vorbildern und ist Ausdruck des umfassenden Machtanspruchs Kaiser Karls des Großen. In den folgenden Jahrhunderten wurden Umbauten nötig, um Platz für die Krönungszeremonien wie für die Pilger zu schaffen, die zum Grab Karls des Großen drängten. Beeindruckend sind die Fenster des gotischen Hallenchors. In der Mitte des Chorraums steht der von 1200 bis 1215 entstandene Karlsschrein. Der Domschatz birgt das wertvollste Reliquiar nördlich der Alpen.

AACHEN, DOM

Der Aachener Dom ist nicht nur ein bedeutendes Denkmal karolingischer Baukunst, sondern auch Symbol deutscher Geschichte, dessen Entstehung eng mit Karl dem Großen verknüpft ist. Das byzantinisch beeinflusste Oktogon (großes Bild und oben) ist auch von der Innenausstattung her ein einzigartiges Kunstschatzensemble, insbesondere die Glasfenster im Hochchor und der Karlsschrein (Bildreihe rechts).

NORDRHEIN-WESTFALEN

BERGISCHES LAND

Die Wuppertaler Schwebebahn als weltweit älteste Hängebahn, die Müngstener Brücke über die Wupper zwischen Solingen und Remscheid als höchste Eisenbahnbrücke Europas und Schloss Burg in Solingen als größte restaurierte Burganlage Nordrhein-Westfalens gehören zu den rekordverdächtigen Attraktionen, die das Bergische Land zu bieten hat. Die schon früh vom Menschen geprägte hügelige Kulturlandschaft, die sich nach Westen hin dem Sauerland angrenzt, ist wasserreich und grün. Eingebettet zwischen Wälder und Wiesen, liegen kleine Dörfer mit hübschen Fachwerk- und Schieferhäusern. Die Großstädte Remscheid, Solingen und Wuppertal bilden das kulturelle und wirtschaftliche Zentrum der Region. Kulinarische Spezialität ist die Bergische Kaffeetafel, die als reichhaltige »vierte« Mahlzeit neben Waffeln auch Herzhaftes wie Brot, Wurst und Käse auftischt.

Die Wasserburg »Haus zum Haus« am Angerbach in Ratingen (kleines Bild) und das Patrizierhaus und heutige Museum Haus Cleff in Remscheid (großes Bild) – die Region kann mit imposanten historischen Bauwerken aufwarten.

ALTENBERGER DOM

Das bergische Städtchen Odenthal, etwa 20 Kilometer nordöstlich von Köln, wartet mit einem der schönsten gotischen Sakralbauwerke Deutschlands auf. Der Altenberger Dom, auch »Bergischer Dom« genannt, geht auf die Zisterzienserabtei Altenberge zurück, die 1259 den Grundstein legte zu dieser gewaltigen dreischiffigen Klosterkirche. Die mit einem Chorumgang und sieben Chorkapellen ausgestattete Basilika strahlt die strenge Schlichtheit der gotischen Epoche aus. So verfügte der auch in der Baukunst auf asketische Einfachheit ausgerichtete Zisterzienserorden, dass das Gotteshaus statt mit hohen Kirchtürmen nur mit Dachreitern ausgestattet wurde. Im weitläufigen Innenraum wird die gotische Strenge durch die reich mit Ornamenten verzierten Fenster ein wenig aufgehoben. Das um 1400 eingesetzte Westfenster gilt als ein Meisterwerk der deutschen Gotik.

Mit seinen gewaltigen Maßen von 8 x 18 Metern gilt das Westfenster aus dem 14. Jahrhundert als das größte gotische Kirchenfenster nördlich der Alpen. Es stellt 16 Heiligenfiguren des Himmlischen Jerusalems dar.

BERGISCHES LAND

ALTENBERGER DOM

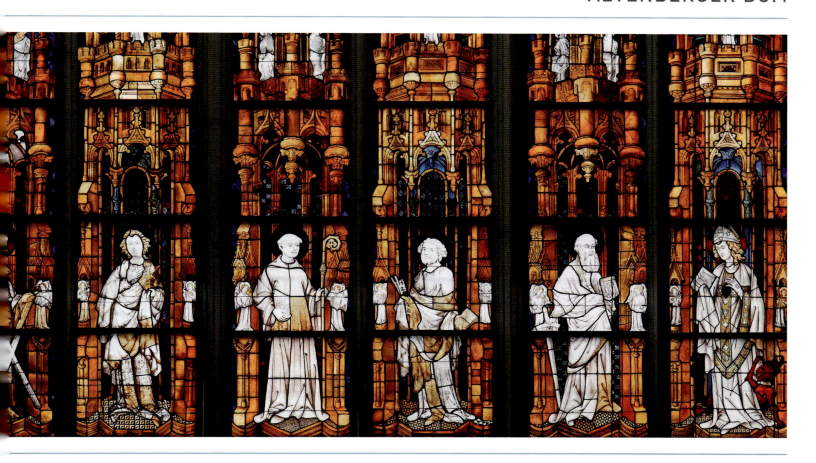

SAUERLAND

Ausgedehnte Höhenzüge, Wälder, Seen und kleine historische Altstädte mit charakteristischer Fachwerkarchitektur in Schwarz und Weiß prägen das Landschaftsbild des Sauerlands, das sich auf die Bundesländer Nordrhein-Westfalen und Hessen aufteilt. Das »Land der tausend Berge«, dessen Erhebungen im Rothaargebirge bis zu 843 Meter aufweisen, ist für die dicht besiedelten Industriegebiete an Rhein und Ruhr von großer Bedeutung: So versorgen die gewaltigen Talsperren des Bigge-, Möhne-, Sorpe- und Hennesees die Nachbarn mit Wasser. Andererseits zieht die grüne Freizeitregion mit ihrer prächtigen Naturkulisse und ihren Kurorten viele Naherholungsuchende an. Neben den vielfältigen Freizeitmöglichkeiten in den Wäldern und an den Seen gibt es zahlreiche Höhlen wie die Dechenhöhle in Iserlohn sowie Schlösser und Burgen wie die Höhenburg Altena zu entdecken.

Für die dicht besiedelten Industriegebiete an Rhein und Ruhr sind die ausgedehnten Höhenzüge im südlichen Nordrhein-Westfalen eine Oase. Heimische Vögel wie Blaumeise und Dompfaff sind hier zuhause (Bilder von oben).

SIEGERLAND

Im südöstlichsten Zipfel Nordrhein-Westfalens erstreckt sich im Quellgebiet von Sieg, Eder und Lahn das ebenfalls waldreiche Siegerland. Eingerahmt vom Rothaargebirge im Osten und vom Westerwald im Süden, erreichen die Höhen über 600 Meter. In der Region sind über 90 Naturschutzgebiete ausgewiesen, die wasserreiche Flusstäler, Moore, Heiden und vieles mehr zu bieten haben. Das Siegerland war lange Zeit vom Eisenerzabbau geprägt und ist noch heute in der Erzverarbeitung bedeutend. Das Siegerländer Platt mit dem amerikanisch anmutenden gerollten R ist der vorherrschende Dialekt, der allerdings immer weniger aktive Sprecher zählt. Zentrum des Kreises Siegerland-Wittgenstein ist die Universitätsstadt Siegen, die sich auch als »Rubensstadt« bezeichnet, weil hier 1577 der Barockmaler Peter Paul Rubens zur Welt kam. Seine Werke sind im Oberen Schloss präsentiert.

Typisch ist die ausgeprägte Fachwerkarchitektur wie hier im »Alten Flecken«, dem historischen Ortskern von Freudenberg (großes Bild). Im Freiluftmuseum in Hagen steht das 1754 erbaute Amtshaus von Neunkirchen (kleines Bild).

SAUERLAND

SIEGERLAND

NORDRHEIN-WESTFALEN

RHEINLAND-PFALZ

Landschaftlich ist das im Südwesten Deutschlands gelegene Rheinland-Pfalz vor allem geprägt vom Rhein und seinen Nebenflüssen Mosel und Nahe sowie von den Mittelgebirgen Eifel, Westerwald und Hunsrück im Norden und vom Pfälzerwald im Süden. Es ist zudem ein unglaublich geschichtsträchtiges Bundesland mit zahlreichen Burgen, Kirchen, Klöstern und der ältesten Stadt Deutschlands: Trier. Und Rheinland-Pfalz birgt eine Landschaft für Genießer obendrein: Nirgendwo in Deutschland wird so viel Wein angebaut – ein Erbe der Römer.

Eine Landschaft wie aus dem Bilderbuch: Bacharach am Rhein mit der Pfarrkirche St. Peter, der Ruine der Wernerkapelle und Burg Stahleck (im Hintergrund). Seit 2002 gehört das Städtchen zum UNESCO-Weltkulturerbe Oberes Mittelrheintal.

EIFEL UND AHRTAL

»Denn Eifel hieß, was rau und kalt, was öd und arm, von Sitten alt«, reimte 1844 der Dichter Ernst Moritz Arndt. Er beschreibt die Vorurteile, mit denen die Eifel damals zu kämpfen hatte. Heute zeigt sich die Eifel als eines der schönsten deutschen Mittelgebirge: Weite Wälder mit malerischen Fachwerkstädtchen, Thermalquellen, an die 140 Ruinen, Burgen, Schlösser und Klöster sowie Eifelaner Spezialitäten wie der Apfelmost Viez locken viele Besucher an. Unweit von Koblenz beeindruckt in Münstermaifeld die Kirche des ehemaligen Stifts St. Martin und St. Severus. Das Westwerk des »Maifeldmünsters« basiert auf der romanischen Kirche aus dem 12. Jahrhundert. Durch das Ahrgebirge, einen Mittelgebirgszug der Eifel, schlängelt sich das Ahrtal, dessen mittlerer und unterer Abschnitt durch Weinbau und romantische Weinorte wie Altenahr oder Ahrweiler geprägt wird.

Wanderwege und Weingüter sind in der Eifel allgegenwärtig (links). Kunstinteressierte laben sich dagegen an der Innenarchitektur der St.-Laurentius-Kirche in Ahrweiler (rechts) oder an den Fresken der Stiftskirche St. Martin und St. Severus zu Münstermaifeld (ganz rechts).

VULKANEIFEL

Mit Vulkanen assoziiert man meist rauchende Berge und zerstörte Landschaften wie etwa am italienischen Vesuv. Doch auch in der Eifel liegen ausgedehnte Vulkanlandschaften. Vor rund 30 Millionen Jahren stieg hier glutflüssiges Magma aus der Tiefe empor und floss in dampfenden Lavaströmen von riesigen Vulkanen herab. Zwei riesige Vulkanfelder mit rund 400 Vulkanen zeugen von der bewegten Vergangenheit der Region. Auch die Hohe Acht, mit 747 Metern der höchste Gipfel der Eifel, ist der Rest eines stark verwitterten Vulkans. Zu diesen alten Formen gesellen sich junge Vulkane, durch deren Explosionen die Maare einst entstanden sind. Auch heute noch schlummert tief unter der Eifel heißes Magma. Kohlensäure, die aus dem Magma aufsteigt, wird vom Grundwasser aufgenommen. Wo das Wasser an die Oberfläche tritt, findet es als »Sprudelwasser« Verwendung.

In der Eifel sind Seen nicht einfach Seen, sondern Maare. Die ovalen Wasserflächen sind durch trichterförmige Vulkane, die sich in den Boden gesenkt haben, entstanden. Oben: Das Schalkenmehrener Maar; unten und großes Bild: Das Weinfelder Maar bei Daun.

EIFEL UND AHRTAL

VULKANEIFEL

MARIA LAACH

»Ora et labora«, so lautet die Grundregel des Benediktinerordens, der an einem Kratersee der Vulkaneifel bis heute einen großen Klosterkomplex bewirtschaftet. Aus der Vogelperspektive betrachtet, wirkt die Kirche des 1093 gegründeten Klosters in ihrem klaren Aufbau fast wie im Baukastenmodell aus geometrischen Klötzchen zusammengefügt: Sechs Türme überhöhen die dreischiffige Pfeilerbasilika mit ihren zwei Querhäusern und jeweils anschließendem Chor. Der Zugang erfolgt über das sogenannte »Paradies«, eine im Westen vorgelagerte Säulenvorhalle, die ein Atrium umschließt. Die Abteikirche, die die Idee der Gottesburg verkörpert, gilt als Paradebeispiel romanischer Baukunst nördlich der Alpen. Die typischen Merkmale dieser mittelalterlichen Kunstepoche, wie geschlossene Mauerflächen, Rundbogen und kleine Fenster, lassen sich hier bestens studieren.

MARIA LAACH

»Ego sum via veritas et vita« (Ich bin der Weg, die Wahrheit und das Leben) – so steht es in der Bibel. Das Apsismotiv des Weltenherrschers im byzantinischen Goldgrundmosaik (unten) erinnert nicht zufällig an das Vorbild in der Kathedrale von Monreale auf Sizilien. Das Ziborium über dem Altar stammt aus spätromanischer Zeit. Links: Maria Laach – ein romanisches Gotteshaus mit Burgcharakter.

RHEINLAND-PFALZ

BURG ELTZ

Burg Eltz zählt zu den wenigen deutschen Burgen, die niemals zerstört wurden. 1157 wird die auf drei Seiten vom Elzbach umflossene Burg erstmals urkundlich erwähnt: Rudolf von Eltz bewohnte damals die auf einem rund 70 Meter hohen, elliptischen Felsen thronende Burganlage. Teile der romanischen Bebauung sind heute noch erhalten. Seitdem befindet sich die Anlage ohne Unterbrechung im Besitz der Familie Eltz, einer Adelsdynastie, aus der Domherren und Kurfürsten hervorgegangen sind. Nach einem Streit unter drei Eltz-Brüdern wurde Eltz ab 1268 als sogenannte Ganerbenburg geführt, in der jede Familienlinie ihren eigenen Haushalt führte und separate Trakte der Burg bewohnte und erbaute. Dabei kam jene verschachtelte Burganlage heraus, die mit ihren über 100 Räumen sämtliche Stilrichtungen von der Romanik bis zum Barock in sich vereint.

BURG ELTZ

Wie der Fantasie entsprungen, wirkt die über dem Elzbachtal himmelwärts strebende Burg Eltz. Doch man sollte auch innen einen Blick hineinwerfen. Dort kann man einen Querschnitt durch acht Jahrhunderte Kulturgeschichte erleben, mit kostbar gestalteten Erkern, filigranen Glasmalereien oder Gemälden wie »Madonna mit Kind und Traube« von Lucas Cranach d. Ä..

MOSELTAL

Eigentlich ist die Mosel, der kapriziöseste Fluss der Deutschen, eine Französin. Sie heißt Moselle, entspringt in den tiefsten Vogesen, schlängelt sich an Metz vorbei, bevor sie Luxemburg und dann, auf den letzten 243 von 544 Kilometern Länge, endlich deutsche Lande erreicht. Vor über 2000 Jahren war sie Römerin und hieß Mosella. Cäsar hatte ihren Lauf und die Berge drumherum erobert. Und davor hatten sie die keltischen Treverer Mosea genannt.

Die Mosel hat mehr Geschichte als irgendein anderer »deutscher« Fluss. An ihrem Ufer wurde Trier, die älteste deutsche Stadt, gegründet. Die Mosel mäandert an berühmten steilen Weinbergen und zahlreichen Burgen vorbei. Das alles macht sie zu einer legendären Schönheit, deren Lieblichkeit, Wein und Fischreichtum schon vom römischen Dichter Decimus Magnus Ausonius (310–395 n. Chr.) besungen wurden.

MOSELTAL

Sinnbild deutscher Burgenromantik: die Reichsburg bei Cochem an der Mosel. Auch sie ist mit ihren Türmen und Erkern eine Neuschöpfung des 19. Jahrhunderts, erbaut über der mittelalterlichen Burgruine (großes Bild). Weitere Markenzeichen der Region sind die Weinberge an der Moselschleife und der Marktplatz mit Fachwerk im Städtchen Bernkastel-Kues (oben, von links).

TRIER

Historisch belegt ist, dass Trier 16 v. Chr. von den Römern unter der Herrschaft von Kaiser Augustus als »Augusta Treverorum« – Stadt der Treverer – gegründet wurde. Sie gilt damit als älteste Stadt Deutschlands. Bis 475 n.Chr. blieb Trier römisch. In diesen 491 Jahren erlebte es Wechselbäder von einer damaligen Weltstadt und Kaiserresidenz mit 90 000 Einwohnern bis zum Kriegsgebiet bei den Einfällen von Vandalen, Hunnen und Franken.

Trier war zunächst Hauptort der römischen Provinz Belgica, später unter Kaiser Diokletian Hauptstadt des weströmischen Teilreichs. Viele historische Bauwerke der Stadt entstanden in dieser Zeit, beispielsweise die berühmte Porta Nigra, die Römerbrücke über der Mosel, das Amphitheater, die Basilika, die Wasserleitung aus dem Hunsrück und die Kaiserthermen – heute allesamt Touristenmagnete der Stadt.

TRIER

Die Porta Nigra erhielt ihren Namen (»Schwarzes Tor«) von der dunklen Verfärbung ihres verwitterten Sandsteins (großes Bild). Das 30 Meter hohe Bauwerk ist eine der massigsten römischen Hinterlassenschaften nördlich der Alpen. Das Kurfürstliche Palais glänzt im Stil des Rokoko und der Renaissance (oben). Bildleiste von oben: Barockkirche St. Paulin, Stadtpfarrkirche St. Gangolf und St Matthias.

RHEINLAND-PFALZ

MITTELRHEIN

»Ich weiß nicht, was soll es bedeuten«, dichtete Heinrich Heine über die Loreley, einen schroffen, 132 Meter hohen Felsen am Rhein. Die Frage wurde in der sehnsuchtsvollen Tiefe des deutschen Herzens geboren, dort, wo es so romantisch rumort. Denn hier am Mittelrhein zwischen Bingen und Koblenz liegt die Quelle der deutschen Romantik: Der blinkende Fluss windet sich durch ein enges Tal, vorbei an mittelalterlichen Fachwerkstädtchen und Burgen auf den Berghöhen, an steilen Weinhängen. Da mag sich schon die Brust in süßer Wehmut weiten, nicht nur die deutsche. Dieser mit Abstand schönste Flussabschnitt des Rheins, Weltkulturerbe der UNESCO, steht in der Beliebtheitsskala von Touristen aus Japan und den USA ganz weit oben. Es ist ja auch eine bemerkenswerte Landschaft, und wenn man dazu ihren Wein trinkt, kann sie sogar zum Verlieben sein.

MITTELRHEIN

Zwischen Bingen und Koblenz durchbricht der Rhein das harte Gestein des Schiefergebirges. Hier erstreckt sich auf rund 70 Kilometern das Obere Mittelrheintal mit seinen malerischen Windungen, Schleifen und Engen, mit steil abfallenden Uferhängen, schroffen Felsen und bewaldeten Höhen. Zu dieser deutschen Rheinromatik gehören zweifellos Burg Katz (großes Bild) und Bacharach (oben rechts).

MAINZ

Die gegenüber der Mündung des Mains in den Rhein gelegene Landeshauptstadt von Rheinland-Pfalz geht auf das kurz vor der Zeitenwende angelegte römische Kastell Moguntiacum zurück. Der hl. Bonifatius machte den Ort im Jahre 742 zu seinem Bischofssitz. Nur wenige Kilometer westlich von Mainz ließ Karl der Große im 8. Jahrhundert die Kaiserpfalz von Ingelheim errichten. 1477 wurde die erste Mainzer Universität gegründet. Der berühmteste Sohn der Stadt ist Johannes Gutenberg, der hier um 1450 den Buchdruck erfand. Im Stadtzentrum ragt der sechstürmige, rötlich schimmernde Dom St. Martin und Stephan empor, ein Höhepunkt romanischer Baukunst. Der Marktbrunnen am Domplatz gilt als einer der schönsten Renaissancebrunnen Deutschlands. Im Kurfürstlichen Schloss am Rheinufer ist das Römisch-Germanische Zentralmuseum untergebracht.

MAINZ

Die Landeshauptstadt am linken Rheinufer ist ein alter Kurfürsten- und Erzbischofssitz mit geschichtsträchtiger Vergangenheit. Der Dom gibt der Stadt auch tausend Jahre nach seiner Erbauung ihr Gesicht, und er hat ihre Geschichte geprägt. Sieben Königskrönungen fanden im Laufe der Jahrhunderte im Mainzer Dom statt; der Kreuzgang aus dem 15. Jahrhundert ist zweigeschossig.

RHEINLAND-PFALZ

WORMS, DOM

Der Dom St. Peter in Worms liegt auf einer Anhöhe in der Stadt und ist der kleinste Kaiserdom am Rhein. Im Bereich eines römischen Forums entstand im 7. Jahrhundert eine schlichte dreischiffige Basilika. Unter Bischof Buchard erfolgten der Abriss und die Errichtung einer größeren dreischiffigen Kirche mit zwei halbrunden Chören, die 1018 in Anwesenheit des Kaisers eingeweiht wurde. Aufgrund von Bauschäden musste die Kirche ab 1130 teilweise abgetragen werden. Es folgte der Wiederaufbau der dreischiffigen Basilika mit Querschiff, die 1181 fertiggestellt war. Durch die kurze Bauzeit ist die Kirche in ihrer Wirkung sehr einheitlich und trägt früh- und spätromanische Züge. Sie wurde im 17. Jahrhundert durch Kriege zerstört, um 1700 wiederaufgebaut und erhielt eine barocke Innenausstattung. Ab 1889 erfolgte die Renovierung, die 1935 abgeschlossen wurde.

Der Dom gilt als Schlüsselbau für die Entwicklung der Kirchenbaukunst am Oberrhein. Mittelpunkt und Glanzstück der Vierungskuppel ist der von Balthasar Neumann 1749 gestaltete Hochaltar aus vergoldetem Holz und verschiedenfarbigem Marmor.

SPEYER, DOM

Der unter Kaiser Konrad II. Anfang des 11. Jahrhunderts als Grablege der Salier errichtete Dom von Speyer war zur Zeit seiner Erbauung das größte Gotteshaus des christlichen Abendlandes. Als Begräbnisstätte salischer, staufischer und habsburgischer Herrscher kommt der romanischen Basilika eine hohe symbolische Bedeutung zu. Der heute sechstürmige Dom wurde 1061 im Todesjahr von Konrads Enkel Heinrich IV. geweiht. Dieser hatte das Gotteshaus erweitern lassen, um gegenüber dem Papst seinen politischen Machtanspruch zu demonstrieren. Während des Pfälzischen Erbfolgekriegs kam es 1689 zu schweren Zerstörungen. Im Jahr 1772 begann man mit dem Wiederaufbau der Kathedrale. Doch erst die Renovierungen nach dem Zweiten Weltkrieg gaben dem Dom seine strenge Würde zurück. Die Krypta zählt zu den schönsten unterirdischen Kirchen der Welt.

Durch mächtige Pfeiler aus Sandsteinquadern, die bei der Restaurierung 1957 bis 1961 freigelegt wurden, wird der Hauptbau des Speyerer Doms in drei Längsschiffe unterteilt. Hier fällt der Blick im Mittelschiff nach Osten auf den Altar.

WORMS, DOM

SPEYER, DOM

LAND DER REBEN – LAND DES WEINES

Rheinland-Pfalz – Land der Reben! In keiner anderen Region Deutschlands wird so viel Wein angebaut. Gleich sechs Anbaugebiete – Ahr, Mosel-Saar-Ruwer, Mittelrhein, Nahe, Rheinhessen und Pfalz – liegen in diesem Bundesland. Auch jener Teil der Saar, von dem legendäre Rieslinge kommen, fließt durch Rheinland-Pfalz und mündet bei Konz in die Mosel. Der Riesling von Mosel, Saar und Ruwer, aber auch von der Nahe, aus der Pfalz, Rheinhessen und dem Mittelrhein erlebt international eine Renaissance. Einige dieser Gewächse zählen zweifelsohne zu den weltbesten. Und die Rotweine (Spätburgunder) von der Ahr, aus der Pfalz und auch aus Rheinhessen erfreuen sich ebenfalls immer größerer Beliebtheit. So knüpft der rheinpfälzische Weinbau wieder an jene glorreiche Zeit Ende des 19. Jahrhunderts an, als große Rieslinge der Region zum Mythos wurden.

Es ist viel erzählt, gesungen, geschrieben und gedichtet worden über den Wein aus diesem Land. An der Deutschen Weinstraße in der Pfalz liegen die größten Weingüter, die aus den heimischen Rebsorten über die Landesgrenzen hinaus beliebte Weinsorten keltern.

PFÄLZER WALD

Der Naturpark Pfälzerwald wurde 1958 als einer der ersten in Deutschland gegründet. 1992 erkannte ihn die UNESCO als zwölftes deutsches Biosphärenreservat an. Der Park besteht aus zwei großen Naturräumen, dem eigentlichen Wald und der Rebenlandschaft östlich davon. Es handelt sich um das größte zusammenhängende Waldgebiet in Deutschland. Besonders die Kiefer kommt mit den nährstoffarmen Sandböden des Buntsandsteins zurecht. Er bildet mancherorts bizarre Felsformationen, die aufgrund ihres Eisenoxidgehalts einmal eher ocker, dann wieder mehr rot gefärbt sind. Berühmt sind die Eichenbestände des Pfälzerwalds sowie die Edelkastanienwälder am Ostrand – die Bäume wurden einst von den Römern eingeführt. Typisch für den Pfälzerwald sind die vielen Burgen und Ruinen – liegt er doch inmitten des einstigen Heiligen Römischen Reiches Deutscher Nation.

Der Teufelstisch in Hinterweidenthal ist ein beliebtes Ausflugsziel und das Wahrzeichen der Urlaubsregion Hauenstein, zudem der wohl markanteste Felsen in der Pfalz. Er besteht aus Sandstein aus der Zeit des Unteren Buntsandstein vor knapp 250 Millionen Jahren.

LAND DER REBEN – LAND DES WEINES

PFÄLZER WALD

SAARLAND

Das Saarland ist das kleinste Flächenland der Bundesrepublik Deutschland und liegt im Südwesten des Landes. Es grenzt im Nordosten an Rheinland-Pfalz, im Südwesten an Frankreich und mit seiner Westspitze an Luxemburg. Die wichtigsten Orte liegen in den Tälern von Saar und Blies. Kohle und Stahl, die das Land jahrhundertelang geprägt hatten, sind nur noch Randerscheinungen. Viele Kohlegruben wurden stillgelegt und Hochöfen gelöscht. Einstige Eisenhütten blieben als Industriedenkmal oder »Hüttenpark« erhalten und bieten spektakuläre Ansichten für Besucher.

Kurz hinter Mettlach trifft die Saar auf die westlichen Ausläufer des Hunsrück und vollzieht in engem Radius eine spektakuläre 180-Grad-Wende. Den besten Blick auf die birnenförmige Saarschleife hat man vom 180 Meter hoch gelegenen Aussichtspunkt »Cloef« bei Orscholz.

VÖLKLINGER HÜTTE

Durch die Eisenhütte wuchs Völklingen, dessen Neobarockbauten aus dem letzten Jahrhundert stammen, zur drittgrößten Stadt des Saarlands. Über ein Jahrhundert lang schlug das Herz der Stadt in der Völklinger Hütte. Das Kernstück der »Kathedrale des Industriezeitalters« an der Saar sind die zwischen 1882 und 1916 errichteten sechs Hochöfen, von denen jeder täglich bis zu 1000 Tonnen Roheisen erzeugen konnte. Das Erz und die Kohle wurden auf Gleisanlagen transportiert, die die sieben Hektar große Industrieanlage durchziehen. Die 1897 errichtete Kokerei lieferte den Koks zum Betreiben der Hochöfen. Beeindruckend sind die gewaltigen Gebläsemaschinen im Gebläsehaus, mit denen auf über 1000 Grad Celsius erhitzte Pressluft in die Hochöfen gejagt wurde. Sehenswert sind auch die Häuser der Handwerkergasse und der 1893 erbaute Völklinger Hüttenbahnhof.

VÖLKLINGER HÜTTE

Eine bizarre Silhouette von rostbraunen Hochöfen und Schloten bestimmt das Stadtbild von Völklingen. Das gewaltige Industriedenkmal Völklinger Eisenhütte ist Weltkulturerbe der UNESCO. Ein Teil davon ist die Gebläsehalle (oben). Heute finden hier zahlreiche Kulturveranstaltungen statt – vom Rock-Open-Air bis zum Kammerkonzert. Dann leuchten plötzlich die alten Gerüste in popmodernen Farben (unten).

SAARBRÜCKEN

Die Hauptstadt des Saarlands ist zugleich sein wirtschaftlicher und kultureller Mittelpunkt. Der Schlossplatz, historisches Zentrum von Alt-Saarbrücken, erinnert an dessen Glanzzeit als fürstliche Residenz. Fürst Wilhelm Heinrichs Generalbaudirektor Friedrich Joachim Stengel entwarf die Dreiflügelanlage des Schlosses (1738–1748). Die Harmonie des Platzes wird abgerundet durch das Alte Rathaus (1748–1750), das 1760 von Stengel barockisierte Erbprinzenpalais sowie das neobarocke ehemalige Kreisständehaus von 1909. Herz der St. Johanner Altstadt ist der Markt mit seinen barocken Bürgerhäusern und dem Stengel'schen Marktbrunnen (1760). Stengel entwarf auch die katholische Kirche St. Johann (1754/1758). Zur Kulturmeile am rechten Saarufer gehören der »Musentempel« des Staatstheaters (1938) sowie der Komplex des Saarland-Museums.

SAARBRÜCKEN

Der Ludwigsplatz in Saarbrücken stellt mit der Ludwigskirche ein restauriertes Barockensemble dar (großes Bild). Alle Bauten am Ludwigsplatz brannten 1944 völlig aus. Beim Wiederaufbau beschränkte man sich auf die Bewahrung und rekonstruierende Ergänzung von Umfassungsmauern und Dächern, der Innenausbau dagegen ist modern. Vom Schlossplatz fällt der Blick auf das Alte Rathaus (oben).

BLIESGAU

Buchenwälder, ausgedehnte Streuobstwiesen und weite Auenlandschaften – der im südöstlichsten Zipfel des Saarlands gelegene Bliesgau, auch die »Toskana des Saarlands« genannt, ist von vielfältigen Naturräumen geprägt. Mit der Absicht, die traditionelle Kulturlandschaft mit ihrer Artenvielfalt zu bewahren, wurde die Region 2009 von der UNESCO zum Biosphärenreservat erklärt. In dem etwa 36 000 Hektar großen Gebiet leben auch gefährdete Tier- und Pflanzenarten wie der Steinkauz und die Mauereidechse oder die Küchenschelle, der Blaustern und verschiedene Orchideenarten. Auch die Wiederansiedlung des Bibers war erfolgreich. Im Gegensatz zu anderen Reservaten auf deutschem Boden findet sich im Bliesgau ein dichtes Nebeneinander von städtischem und ländlichem Raum, sodass die Erforschung der Stadt-Land-Beziehung im Vordergrund steht.

BLIESGAU

Das Bliesgau und seine schönsten Schmuckstücke: Auf den Blüten tummeln sich Esparsetten-Widderchen und der Edelfalter Schachbrett (oben von links). Extravagante Blumen- und Orchideenarten geben ihr Stelldichein: Ragwurz, Geflecktes Knabenkraut, Männliches Knabenkraut sowie Stendlwurz (unten im Uhrzeigersinn). Kleine Motte, viele Namen: Russischer Bär, Spanische Flagge oder Jersey Tiger (links).

SAARLAND

HESSEN

Hessen – in der Mitte Deutschlands gelegen – wurde von den Siegermächten geschaffen, ohne Berücksichtigung der geologischen, geografischen oder gar historischen Grenzen. In der Region zwischen dem Oberrheingraben und der Weser, dem Westerwald und der Rhön wurde kontinentale Geschichte geschrieben. Franken wie Staufer hatten hier ihre Pfalzen, die Kirche besaß einflussreiche Abteien, der Adel baute Burgen entlang den Flüssen und die »kleinen Leute« zogen sich in mittelalterliche Städte zurück. Damit ist Hessen für Besucher wie Bewohner gleichermaßen beliebt.

Zwischen Westerwald und Taunus liegt das beschauliche Städtchen Runkel an der Lahn. Kennzeichen des Ortes ist die frühmittelalterliche Burg mit ihrem gut erhaltenen Verteidigungsbau. Sie wurde einst zur Sicherung des Lahnübergangs errichtet.

REINHARDSWALD

Dornröschen, Frau Holle, Rapunzel – wer in die ausgedehnten und karg besiedelten Eichen- und Buchenwälder des Reinhardswalds eintaucht, glaubt sofort, dass hier die weltweit bekannten Märchenfiguren zu Hause sind. Die sich über 200 Quadratkilometer erstreckende hessische Mittelgebirgsregion zwischen Kassel und Göttingen gehört zu den Ursprungsorten der deutschen Sagen. Hier fanden die großen Märchensammler Jakob und Wilhelm Grimm ihre berühmtesten Motive. So trifft man im Reinhardswald, der im Zentrum der Deutschen Märchenstraße liegt, auf die Burgruine Sababurg, die aufgrund ihres wildromantischen Charakters vom Volksmund als Dornröschens Schloss bezeichnet wird. Aber auch die scheinbar von der Riesin Trendula verursachten »Wolkenbrüche«, große Einsturztrichter bei der Stadt Trendelburg, bergen märchenhafte Geheimnisse.

REINHARDSWALD

Im Zentrum des Reinhardswald erstreckt sich ein in ganz Mitteleuropa einzigartiges Biotop, der Urwald Sababurg. Das bizarre Relikt eines einst als Weide genutzten Hutewalds nimmt eine Fläche von rund 92 Hektar ein. Mit seinen bis zu 1000 Jahre alten Bäumen und seinen meterhohen Farngewächsen bildet das älteste hessische Naturschutzgebiet die ideale Kulisse für die Grimmsche Sagen- und Märchenwelt.

KUNSTMETROPOLE KASSEL, DOCUMENTA

Rund 860 000 Besucher – auch die documenta 13 schloss 2012 mit einer neuen Rekordzahl. Die alle fünf Jahre in Kassel stattfindende Kunstschau hat sich seit ihrer Premiere 1955 zur weltweit bedeutendsten Ausstellung zur zeitgenössischen Kunst entwickelt. Malerei, Fotografie, Film, Installationen, Performances – die documenta präsentiert an jeweils 100 Tagen einen Querschnitt durch die aktuelle Kunst und wählt dabei je nach Blickwinkel des künstlerischen Leiters andere Schwerpunkte. Mit ihren Hunderten von Exponaten setzt sie neue Maßstäbe, zeigt Perspektiven auf und stößt Diskussionen an. Präsentiert werden die Kunstwerke an unterschiedlichen Orten wie dem Fridericianum, dem Museumsgebäude aus dem 18. Jahrhundert, oder der eigens erbauten documenta-Halle. Immer wieder gibt es aber auch Außenarbeiten. So nutzte die documenta 13 zum Beispiel die innerstädtischen Parkanlagen der Karlsaue als Kunststätte unter freiem Himmel. Auch wenn die documenta wieder ihre Tore schließt, bleibt die Kunstschau in Kassel allgegenwärtig. Dafür sorgen zahlreiche von der Stadt erworbene documenta-Kunstwerke, die heute überall auf öffentlichen Plätzen zu entdecken sind: am Friedrichsplatz Thomas Schüttes Figurenensemble »Die Fremden« oder nicht zu vergessen Joseph Beuys »7000 Eichen«.

KUNSTMETROPOLE KASSEL, DOCUMENTA

Auch Jonathan Borofskis »Himmelsstürmer«, der vor dem Kulturbahnhof in die Höhe ragt, ist ein Relikt vergangener documenta-Schauen (oben links). Zu den Exponaten der documenta 13 gehörten Kader Attias verstörende Sammlung »The Repair« (großes Bild, Mitte), das »Limited Art Project« des chinesischen Künstler Yan Lei (großes Bild, links) und William Kentridges »The refusal of time« (großes Bild, rechts).

KASSEL, BERGPARK WILHELMSHÖHE

Am Stadtrand von Kassel bietet der größte Bergpark Europas, der sich an den östlichen Bergkämmen des Habichtswalds über einen Höhenunterschied von rund 250 Metern erstreckt, ein einzigartiges landschaftsarchitektonisches Erlebnis. Wahrzeichen des zu Barockzeiten angelegten Parks ist an seinem höchsten Punkt der Herkules, eine gewaltige Statue des griechischen Halbgottes, die auf einem Oktogon samt Pyramide thront. Von dort stürzen sich Wasserspiele in Kaskaden hinab bis zum Schloss Wilhelmshöhe, einem der letzten Großbauten des Absolutismus. Dessen Mittelteil beherbergt die Gemäldegalerie Alter Meister mit Werken von Cranach, Dürer, Rembrandt, Rubens, van Dyck und Tizian sowie eine Antikensammlung. Die benachbarate Löwenburg (1793–1801) gilt als eines der wichtigsten Beispiele neogotischer Ruinenarchitektur in Europa.

KASSEL, BERGPARK WILHELMSHÖHE

Eingebunden in das Gesamtkunstwerk Bergpark Wilhelmshöhe entstand ab 1786 in mehreren Etappen das Schloss Wilhelmshöhe (links). Blickfang des Bergparks ist jedoch die monumentale Herkulesfigur (großes Bild). Von der Riesenburg zu ihren Füßen stürzen sich Wasserspiele den Hang hinab. Sowohl Schloss als auch Parkanlage sind in Anlehnung an palladianische englische Vorbilder errichtet.

LIMBURG

Wo sich zwischen Taunus und Westerwald die Lahn ihrer Mündung südlich von Koblenz entgegenschlängelt, erstreckt sich eines der anmutigsten Nebentäler des Rheins. Malerische Dörfer und Städtchen, Burgen und Schlösser finden sich hier dicht gereiht. Eine der glänzendsten kulturgeschichtlichen Perlen ist, direkt an der Grenze zu Rheinland-Pfalz, die altehrwürdige Bischofsstadt Limburg. Sie wird seit dem frühen 13. Jahrhundert von dem spätromanischen siebentürmigen Dom St. Georg überragt. Mit diesem baulich verbunden, thront auf demselben zur Lahn hin steil abfallenden Kalkhügel das vom Geschlecht der Isenburger errichtete Schloss. Die Altstadt, die den beiden zu Füßen liegt, besitzt in ihrem Kern, insbesondere um den Kornmarkt, ausgesprochen schöne Fachwerkbauten mit reichen, oft figürlichen Schnitzereien aus dem 13. bis 18. Jahrhundert.

FULDA

Die Barockstadt Fulda ist das wirtschaftliche, politische und kulturelle Zentrum Osthessens. Direkt gegenüber der schlichten romanischen Michaelskirche ließen virtuose Bauleute Anfang des 18. Jahrhunderts einen Dom entstehen, der seinesgleichen sucht. Komplett restauriert, kündet das Gotteshaus nun wieder glanzvoll von der lebensfrohen Frömmigkeit der Fuldaer Fürstbischöfe. Vis-à-vis entstand ein prächtiges Barockschloss (heute Sitz der Stadtverwaltung). Im Schatten der Domtürme lockt der Hexenturm in die mittelalterliche Altstadt, mit kopfsteingepflasterten Straßen, verwinkelten Gassen und restauriertem Fachwerk. In der Gemarkung Eichenzell birgt Schloss Fasanerie (»Adolphseck«), einst fürstbischöfliche, später kurfürstlich-hessische Sommerresidenz (1730–1757), eine einzigartige Sammlung mit Fuldaer Porzellan.

LIMBURG

Über Limburg, einst Sitz des Reichskammergerichts, thront der spätromanische Dom (großes Bild). Die jüngste Restaurierung im Innern des Doms in der Zeit von 1975 bis 1991 brachte eine kunsthistorischen Sensation zum Vorschein. Denn durch diese mehrjährige diffizile Detailarbeit wurden farbenfrohe romanische Fresken der Original-Raumfassung aus dem 13. Jahrhundert wiederentdeckt (oben).

WETTERAU, WETZLAR

Die hügelige Kornkammer im Rhein-Main-Tiefland nördlich des Frankfurter Ballungsraums gehört zu den ältesten Kulturlandschaften Deutschlands. Die fruchtbaren Böden der Wetterau zogen schon früh Menschen an, sodass sich zahlreiche keltische, römische und germanische Spuren finden. Die Römer legten im 1. Jahrhundert verstärkt Kastelle und Straßen an und schützten das Gebiet durch den Grenzwall des Limes. Ein mittelalterliches Kleinod ist die Stadt Büdingen, die mit einer gut erhaltenen Stadtmauer, einem Schloss und einer Fachwerkarchitektur wie aus dem Bilderbuch präsentiert.

Am nordwestlichen Rand der Wetterau am Zusammenfluss von Dill und Lahn liegt die ehemalige Reichsstadt Wetzlar, heute eines der kulturellen und wirtschaftlichen Zentren des Bundeslands. Ihre wunderschöne Altstadt windet sich in Gassen und Treppen terrassenförmig zur Lahn hinunter.

Hinter der jahrhundertealten steinernen Brücke über die Lahn erhebt sich der Dom als Wahrzeichen der Stadt Wetzlar (rechts). Die Fachwerkhäuser in der Altstadt zeugen vom Glanz der ehemaligen Reichsstadt (unten).

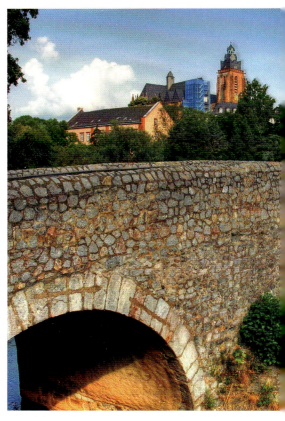

TAUNUS

Westlich der Wetterau, begrenzt vom Rhein im Westen, der Lahn im Norden und dem Main im Süden bildet die Mittelgebirgsregion mit dem Großen Feldberg als höchster Erhebung und Wiesbaden als größter Stadt den südöstlichsten Teil des Rheinischen Schiefergebirges. Mit seinem Waldreichtum, den zahlreichen Burgen wie dem »Hessischen Märchenschloss« Braunfels und Heilbädern wie Bad Soden ist der Taunus ein beliebtes Naherholungsgebiet. Bereits die Römer kannten die Vorzüge dieses Landstrichs: Vom 1. bis 3. Jahrhundert verlief auf dem Kamm des Taunus der zum Teil heute noch sichtbare Obergermanisch-Rätische Limes, der die Außengrenzen des Römischen Reiches zwischen Rhein und Donau markierte. Das nahezu vollständig rekonstruierte Römerkastell Saalburg bei Bad Homburg gehört zum UNESCO-Weltkulturerbe Limes.

Der Taunus glänzt nicht nur mit seinen Burgen. Viele Städte und Dörfer präsentieren sich mit ihren behutsam restaurierten Rathäusern und historischen Wohnhäusern als Schmuckstücke der Fachwerkarchitektur.

WETTERAU, WETZLAR

TAUNUS

FRANKFURT AM MAIN

Man weiß nicht so genau, ob es nun ein Kompliment ist oder Spott: Frankfurt am Main wird wegen seiner Skyline gern »Mainhattan« genannt. Die schlagfertigen Frankfurter mögen diesen Spitznamen. Und wer sich daran stört, den weisen sie gern auf eine gewisse Spießigkeit der Provinz hin. Mehr als jede andere Stadt Deutschlands hat Frankfurt am Main internationales Flair – rein optisch gesehen. Schon von Weitem ist ein Hochhaus neben dem anderen zu erkennen, ähnlich wie man es von nordamerikanischen Großstädten kennt. Der Bauboom der letzten 20 Jahre hat die Silhouette des über 1000 Jahre alten Frankfurts grundlegend verändert. Die Stadt strebt mit allen Mitteln nach oben und in die Moderne. Maintower, Messeturm, Kronenhochhaus sowie die Bürotürme von Deutscher, Dresdener und Commerzbank prägen mittlerweile das Stadtbild.

FRANKFURT AM MAIN

Zwei Welten prallen aufeinander, und so erscheint Frankfurts Kulisse manchmal wie eine Fata Morgana: Der moderne Financial District leuchtet neben dem altehrwürdigen Kaiserdom St. Bartholomäus (oben). Ob beliebt oder nicht, der Name »Mainhattan« hat seine Berechtigung. Gerade in der Abenddämmerung, wenn alle Hochhäuser beleuchtet sind, strahlt die Skyline am Main wie das nächtliche Manhattan.

FRANKFURT AM MAIN, HISTORISCHES ZENTRUM

Im Schatten der Wolkenkratzer hält das historische Frankfurt (Karl der Große erwähnte Franconofurd bereits im Jahre 794) wacker die Stellung. Sein Zentrum ist der Römerberg mit dem Römer, einem Häuserensemble mit dem Alten Rathaus, und der Dom aus dem 13. Jahrhundert, in dem die deutschen Könige und Kaiser gewählt und später auch gekrönt wurden. In der nahen Paulskirche tagte 1848/1849 die erste deutsche Nationalversammlung. Auch die Leonhards- und die Alte Nicolaikirche verdienen Beachtung, desgleichen die Liebfrauenkirche mit zugehörigem Kapuzinerkloster. Ein Muss für Goethe-Liebhaber ist das rekonstruierte Geburtshaus des Dichters. Der archäologische Garten zwischen Dom, der Ausstellungshalle Schirn und Technischem Rathaus zeigt Reste eines römischen Militärlagers mit Thermen und der karolingischen Kaiserpfalz.

FRANKFURT AM MAIN, HISTORISCHES ZENTRUM

Frankfurt und der »Äpplwoi« sind zwei schwere Verbündete (großes Bild). Die Altstadt ist geprägt von den schönsten Fachwerkfassaden, besonders am Rathausplatz, dem Römerberg, dienen sie einer historisch wertvollen Kulisse (oben und Bildreihe links, ganz oben). Ansonsten gilt noch die Alte Oper als ein Wahrzeichen der Stadt und natürlich das Kneipenviertel Sachsenhausen (2. und 3. Bild Reihe links).

FRANKFURT AM MAIN, BANKEN- UND MESSEVIERTEL

Geldtaschen (lat. bursae) wurden schon früh gezückt in Frankfurt, das bereits 1240 das kaiserliche Messeprivileg erhielt. Für den Handel waren aber nur drei Münzarten erlaubt, sodass viele Messeteilnehmer ihr Bares eintauschen mussten – meist mit Verlust. Das änderte sich erst 1585, als feste, stetig zu kontrollierende Kurse für den Sortenverkehr verabredet wurden. Zunächst fand der Handel mit Sorten und Wechseln noch auf dem Römerberg statt, bald mietete die »Burß« aber ein festes Gebäude nahe der Paulskirche und später auf dem Liebfrauenberg. Ihr erstes eigenes Domizil, 1843 erbaut, wurde rasch zu klein, daher zog die Wertpapierbörse 1879 auf das einstige Rahmhofgelände. Heute findet hinter der klassizistischen Fassade nur noch der Parketthandel statt; vor ihr verweisen die Skulpturen von Bulle und Bär auf das Auf und Ab der Aktienkurse.

FRANKFURT AM MAIN, BANKEN- UND MESSEVIERTEL

Willkommen in der Zukunft: Das Banken- und Messeviertel von Frankfurt steht den Großstädten der Vereinigten Staaten in kaum etwas nach (großes Bild, links im Bild der Messeturm). Die Frankfurter Architekten Heinrich Burnitz und Oskar Sommer entwarfen den imposanten Bau der Börse (oben rechts). Davor symbolisieren Bulle und Bär »Hausse« und »Baisse«, also steigende und fallende Kurse.

FRANKFURT, MUSEEN

Wer das Frankfurter Museumsufer besucht, hat die Qual der Wahl. Dort im innerstädtischen Bereich des Mainufers reihen sich zahlreiche Kunst- und Kulturpaläste auf, die die hessische Stadt zu einem bedeutenden Museumsstandort machen. Ausgestellt wird hier ebenso in altehrwürdigen Gebäuden wie in Neubauten renommierter Architekten. Am südlichen Ufer des Mains befindet sich zum Beispiel das Liebighaus mit seiner bedeutenden Skulpturensammlung. Untergebracht in einer prunkvollen Villa, präsentiert es 5000 Jahre Kunstgeschichte von der Antike bis zum Klassizismus. Skulpturen, Gemälde und Druckgrafiken vom Mittelalter bis heute bietet das 1816 gegründete Städel, das bereits Generationen von Schulklassen mit der europäischen Kunstwelt vertraut gemacht hat. Zu einer Zeitreise durch die Geschichte der bewegten Bilder, von der Laterna Magica bis zum aktuellen 3-D-Film, lädt das Deutsche Filmmuseum ein. Der Schirn Kunsthalle Frankfurt, die sich im Bereich der Altstadt befindet, steht für international beachtete Übersichtsausstellungen zur Verfügung. Große Namen wie Andy Warhol und Roy Lichtenstein präsentiert das 1991 eröffnete Museum für Moderne Kunst, dessen Gebäude von den Frankfurtern wegen seiner Dreiecksform auch liebevoll das »Tortenstück« genannt wird.

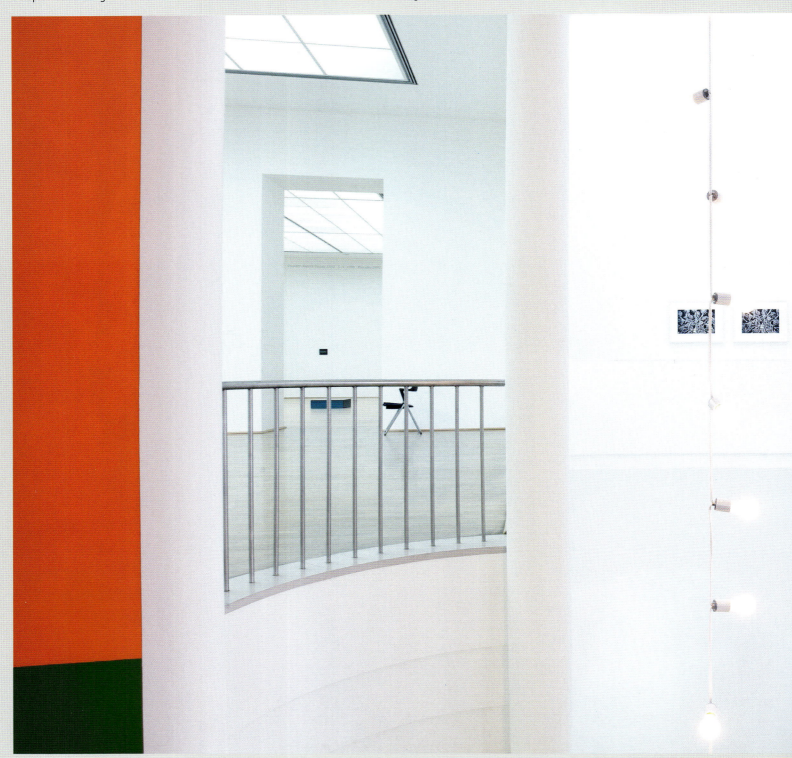

KLOSTER EBERBACH

LORSCH

ODENWALD

Das Mittelgebirge zwischen Neckar und Main ist gekennzeichnet durch waldreiche Kuppen, die weiter östlich von einer recht einförmigen Hochfläche abgelöst werden. Im Süden hat der Neckar ein stark mäandrierendes und sehr malerisches Tal aus dem Sandstein gefräst. An seinem Nordrand in Messel, unweit von Darmstadt, gewähren Fossilien, die man im dortigen Ölschiefer fand und heute im Heimatmuseum zeigt, einzigartige Blicke auf Fauna und Flora vor 50 Millionen Jahren. Eine reiche Geschichte hinterließ, über den ganzen Landstrich verstreut, eine Fülle von Burgen, aber auch alte Orte voller Fachwerkbauten. Touristenmagnet Nummer eins ist der zentral an der Nibelungenstraße gelegene Ort Michelstadt. Er ist berühmt für seinen hübschen Marktplatz mit dem spätgotischen Rathaus sowie für die Einhardsbasilika, ein kostbares Zeugnis karolingischer Baukunst.

ODENWALD

Der Marktplatz von Michelstadt mit dem spätgotischen Rathaus (großes Bild). Das im Jahr 1484 gebaute Rathaus gehört in die vorderste Reihe der schönsten Fachwerkbauten Deutschlands. Auf der Hessischen Bergstraße hat man eine grandiose Aussicht vom Schloss Auerbach bei Bensheim über die sanfte Hügellandschaft bis zur Strakenburg bei Heppenheim (oben).

HESSEN 303

THÜRINGEN

Die Wartburg und die Minnesänger, Eisenach und Luther, Weimar samt Goethe und Schiller – wem, würde er nach Thüringen gefragt, fielen nicht als Erstes die Namen großer Deutscher ein. Thüringen ist die Wiege von Reformation und Aufklärung, das Zentrum von Sturm und Drang und deutscher Klassik. Thüringen wird wegen seines Waldreichtums auch das »Grüne Herz Deutschlands« genannt. Die weitgehend unzerstörte Natur mit ihren dunklen Wäldern, saftigen Wiesen und einsamen Flusstälern ist der heutige Reichtum Thüringens. und immer ein Besuch wert.

Es zählt zu den bekanntesten Denkmälern in Deutschland. Am 4. September 1857 wurde das von dem aus Dresden stammenden Bildhauer Ernst Rietschel erschaffene Kunstwerk vor dem Weimarer Theater enthüllt. Beide blicken absichtlich in verschiedene Richtungen.

EICHSFELD UND THÜRINGER BECKEN

In der Mitte Thüringen erstreckt sich auf etwa einem Sechstel der Landesfläche die flachwellige Hügellandschaft des Thüringer Beckens. Von den umliegenden Höhenzügen geschützt, gehört sie zu den regenärmsten Regionen Deutschlands. Das sonnige und windarme Klima bietet zusammen mit den fruchtbaren Böden beste Voraussetzungen für die Landwirtschaft. Die Beckenlandschaft ist geprägt von vielen kleinen Städten, die mit einem beachtlichen Alter und mit beeindruckenden historischen Bauwerken aufwarten können. Zum Nordwesten hin gliedert sich im Quellgebiet der Unstrut die waldreiche Landschaft des Eichsfelds an, die bis 1989 eine geteilte Region war. Hier verlief die innerdeutsche Grenze zwischen Ost und West. Heute ist der breite und einst so bedrückende Grenzgürtel des »Eisernen Vorhangs« ein unter Naturschutz stehendes grünes Biotop.

Fruchtbare Felder, bewaldete Hügel und dazwischen kleine Siedlungen – dieser Landschaftsaufbau ist typisch für das Eichsfeld. Historische Mühlen (Bild links) zeigen, dass die Region schon lange bewirtschaftet wird.

HAINICH NP

Den heimischen Buchenwald zu schützen und ihn wieder in seinen ursprünglichen Zustand als mitteleuropäischen Urwald zurückzuführen ist das erklärte Ziel des Nationalparks Hainich, der sich auf einer Fläche von 75 km² im Westen Thüringens im Dreieck der Städte Eisenach, Mühlhausen und Bad Langensalza erstreckt. Der 1997 gegründete Park schützt das größte zusammenhängende Laubwaldgebiet in Deutschland, das seit 2011 zusammen mit den Buchenurwäldern der Karpaten zum UNESCO-Weltnaturerbe gehört. Wildkatze, Waldfledermaus, Specht und Waldorchidee – in den naturbelassenen alten Buchenwäldern findet sich ein großes Artenspektrum an Tieren und Pflanzen. Auf einer Länge von 500 Metern schlängelt sich ein Baumkronenpfad durch die Wipfel der Buchen, der einen spektakulären Ausblick über Nationalpark und Thüringer Becken bietet.

Im Frühling ist der Nationalpark mit Frühblühern wie Anemonen, Schlüsselblumen oder Leberblümchen übersät, die sich wie ein Teppich auf dem Waldboden ausbreiten. In den Wäldern wachsen aber auch seltene Pflanzenarten.

EICHSFELD UND THÜRINGER BECKEN

HAINICH NP

EISENACH

Wartburgstadt, Lutherstadt und Geburtsstadt von Johann Sebastian Bach – Eisenach stand oftmals im Mittelpunkt wichtiger historischer Ereignisse. Ende des 12. Jahrhunderts als landgräfliche Bürgerschaft erstmals urkundlich erwähnt, entwickelte sich die Stadt rasch weiter und wurde im Mittelalter zu einem bedeutenden Zentrum für Handel und Gewerbe. Als fürstliche Residenzstadt stieg Eisenach im 18. Jahrhundert zu kultureller Blüte auf und empfing die angesehensten Geister der Epoche. Zu DDR-Zeiten ein wichtiger Industriestandort mit dem Schwerpunkt Fahrzeugbau wurde im Automobilwerk Eisenach von 1956 bis 1991 der Wartburg gebaut. Dieser inzwischen legendäre Pkw mit Zweitaktmotor entwickelte sich zum Verkaufsschlager weit über die Grenzen der DDR hinaus. Heute präsentiert sich Eisenach als moderne Stadt, die stolz auf ihre historischen Wurzeln blickt.

EISENACH

Als einziges noch erhaltenes Stadttor verweist das Anfang des 12. Jahrhunderts errichtete Nikolaitor (großes Bild) auf die historischen Wurzeln von Eisenach. Der Stadtheilige Sankt Georg ist am Brunnen auf der Ostseite des Marktplatzes in Sandstein verewigt (oben). Das Lutherdenkmal (großes Bild links) auf dem Karlsplatz erinnert an den berühmten Reformator, der sich 1521/22 auf der Wartburg aufhielt.

WARTBURG

Sie zählt zu den überragenden Symbolbauten der deutschen Geschichte: jene der Sage nach 1067 gegründete Burganlage südwestlich von Eisenach, von der aus die Landgrafen viele Generationen lang über Thüringen herrschten. Anfang des 13. Jahrhunderts soll hier jener legendäre Sängerkrieg stattgefunden haben, an dem auch Wolfram von Eschenbach, Heinrich von Ofterdingen und Walther von der Vogelweide teilnahmen, und den Richard Wagner in seinem »Tannhäuser« thematisierte. Um dieselbe Zeit lebte in dem wehrhaften Gemäuer die ungarische, später ob ihrer Wohltaten für die Armen heilig gesprochene Königstochter Elisabeth. Vor allem aber fand Martin Luther, alias Junker Jörg, unter Kurfürst Friedrich III. von Sachsen auf der Burg Schutz vor Kirchenbann und Reichsacht und übersetzte hier das Neue Testament 1522 binnen zehn Wochen ins Deutsche.

WARTBURG

Die Wartburg war vor 200 Jahren völlig verfallen, wurde erst im Laufe des 19. Jahrhunderts im romantischen Stil wiederaufgebaut und nach 1945 erneut restauriert. Repräsentativstes Beispiel historischer Kunstauffassung ist der Palasfestsaal, in dem im Sommerhalbjahr auch Konzerte zu hören sind (oben links). In der Elisabethkemenaten sind Mosaiken zur Heiligen Elisabeth zu bestaunen (oben rechts).

ERFURT

Elf Klöster, 21 Pfarr-, vier Stifts- sowie 15 Klosterkirchen und Kapellen überragen, so haben eifrige Topografen gezählt, bis heute Erfurts Häusermeer. Die imposanteste Kulisse bilden dabei der dreitürmige, für seine reiche Ausstattung – darunter 15 hochgotische Glasfenster und der romanische Wolfram-Leuchter – berühmte Mariendom und die ebenfalls mit drei behelmten Türmen versehene Severikirche. Und zwar nicht nur, wenn die Erfurter temperamentvoll feiernd den Frühling willkommen heißen. Kaum minder tief gräbt sich der Anblick der Fachwerkhäuser im Andreasviertel und der beiderseits mit Häusern bebauten Krämerbrücke mit ihren Steinbögen ins Gedächtnis. Die Erfurter Universität zählt neben Köln und Heidelberg zu den ältesten Universitäten Deutschlands und bildete im frühen 16. Jahrhundert einen Brennpunkt des Humanismus.

ERFURT

Als »Erfordia turrita«, als »türmereiches Erfurt«, pries bereits Martin Luther jene an einer Furt des Flüsschens Gera gegründete Stadt, in der er vier Jahre lang studierte. Wobei der wichtigste und älteste Kirchenbau zweifellos der Dom von Erfurt ist (großes Bild). Schon von außen erkennt man die hochgotische Architektur. Die Krämerbrücke führt über die Gera (kleines Bild).

THÜRINGER WALD

Der Thüringer Wald, Deutschlands geografischer Mittelpunkt, bildet mit dem südöstlich angrenzenden Schiefergebirge zugleich auch sein größtes zusammenhängendes Forstgebiet. Die beiden bis zu 1000 Meter hohen Mittelgebirge waren dank ihrer sanften Kuppen und dank des milden Klimas schon zu Goethes Zeiten beliebte Sommerfrischen. Schmucke Bäder und Luftkurorte, ein ausgedehntes Netz von Wanderwegen und ausgezeichnete Möglichkeiten zum Wintersport haben seither seine touristische Anziehungskraft maßgeblich erhöht. Meiningen, Bad Salzungen, Bad Liebenstein, Oberhof und Schmalkalden mit seiner denkmalgeschützten Altstadt oder das für Aktivsportler sommers wie winters gleichermaßen attraktive Schmiedefeld am Rennsteig, dem bekannten Höhenweg, sind nur einige der viel besuchten Ausflugsziele dieser sehr naturbelassenen Region.

THÜRINGER WALD

Zu sehen gibt es viel in der Region Thüringer Wald, angefangen bei den altehrwürdigen Ortschaften, über Schaubergwerke und Museen bis zu verschiedenen Schlössern und Burgen. Doch keinesfalls sollte man den Wald vor lauter Bäumen übersehen, denn diese Landschaft hat eine Ursprünglichkeit bewahrt, die es kaum sonst irgendwo in Deutschland gibt. Eine einzigartige Ruhe umgibt diesen Wald.

WEIMAR

Über die thüringische Kleinstadt Weimar verlautet das Lexikon, sie sei nach der Mitte des 18. Jahrhunderts zu »einem Mittelpunkt des deutschen Geisteslebens« geworden. Wer heute durch ihre schmucken Gassen spaziert, verspürt ohne Zweifel den Genius loci und kann das geistige Erbe unmöglich übersehen. Denn die Stadt strotzt vor Kulturdenkmälern und wurde mit gutem Grund zu großen Teilen von der UNESCO zum Welterbe erklärt. Natürlich brachten die beiden hier einst ansässigen Überväter der deutschen Klassik, Goethe und Schiller, einen Gutteil des Renommees. Doch bescherten auch in den Jahrhunderten davor und danach etliche Genies der schon in ottonischer Zeit urkundlich erwähnten Stadt unsterblichen Ruf – von Luther, Cranach und Bach bis zu Franz Liszt, den Malern Böcklin und Liebermann und dem Bauhaus-Gründer Walter Gropius.

WEIMAR

Weimar, die legendäre Kreisstadt, besitzt eine Überfülle an Stätten, die das Gedenken an ihre größte Blüte hochhalten: Goethe- und Schillerhaus, Deutsches Nationaltheater und Herderkirche sind bloß die namhaftesten. Viel besucht sind auch das Rokokoschloss Belvedere (oben) und der Marktplatz als Verkehrszentrum und Ausgangsort für alle Unternehmungen. Das Schloss ist Teil des UNESCO-Weltkulturerbes.

WEIMARER KLASSIK

Wenn die Rede auf Weimar kommt, mag so manchem an der jüngeren Geschichte interessierten Zeitgenossen zunächst jene Verfassung in den Sinn kommen, die im August 1919 von der Nationalversammlung im örtlichen Theater verabschiedet wurde. Ungleich heller erstrahlt freilich der Glanz, den Anna Amalia anno 1772 der Stadt verlieh. Die Herzogin aus dem Haus Braunschweig hatte als Erzieher ihrer Prinzen den Dichter Christoph Martin Wieland an den Hof geholt und mit diesem im Wittumspalais und in Schloss Tiefurt alsbald einen literarischen Kreis um sich versammelt. Bald berief der Herzogin Sohn, Karl August, Johann Gottfried von Herder und Johann Wolfgang von Goethe nach Weimar. 1799 folgte Friedrich Schiller. Gemeinsam begründeten diese großen Dichter und Denker den Weimarer Kreis und mit ihrem Schaffen den Ruhm ihrer Wahlheimat als Stadt der deutschen Klassik. Doch blieb es den beiden Letzteren vorbehalten, zu Zugpferden des heutigen Kulturtourismus zu avancieren. Hauptpilgerort ist naturgemäß das Goethehaus am Frauenplan, in dem der Geheimrat 47 Jahre lang lebte. Der schlichte Barockbau ist bis heute original ausgestattet – mit damals »hypermodernem« Mobiliar. Authentisch nachgestellt ist die Einrichtung des Schillerhauses in der Schillerstraße.

WEIMARER KLASSIK

Blick in den Rokokosaal der Anna-Amalia-Bibliothek (großes Bild), der am 2. September 2004 durch einen Brand schwer beschädigt wurde. Das einzigartige Ensemble aus Büchersammlung, Kunstbestand und Architektur wurde dabei sehr in Mitleidenschaft gezogen, in seiner Substanz ist es aber erhalten geblieben. Bilder oben: Die Ausstellungsräume des Goethehauses mit Büsten und Mobiliar.

BUCHENWALD

»Nichts hat mich je so erschüttert wie dieser Anblick«, schrieb der Oberbefehlshaber der Alliierten Streitkräfte und spätere US-Präsident Dwight D. Eisenhower nieder, nachdem die Amerikaner im April 1945 Buchenwald und seine Außenlager erreicht hatten. Im größten Konzentrationslager auf deutschem Boden waren zwischen 1937 und 1945 über 250 000 Menschen unter den unmenschlichsten Bedingungen inhaftiert, darunter politische Gegner der Nationalsozialisten, rassistisch Verfolgte wie Juden, Roma und Sinti und als »Gemeinschaftsfremde« Titulierte wie Homosexuelle und Arbeitsscheue. Etwa 56 000 von ihnen fanden den Tod – durch Auszehrung, durch Folter oder durch medizinische Experimente. Heute ist das ehemalige Arbeitslager Buchenwald auf dem Ettersberg bei Weimar als elementares Zeugnis der NS-Gräueltaten ein einzigartiges Geschichtsmahnmal.

BUCHENWALD

Die 1957/58 entstandene Figurengruppe des Buchenwald-Denkmals von Fritz Cremer (oben) steht als kämpferisches Mahnmal gegen den Nationalsozialismus am Ende des Weges von den Massengräbern (großes Bild) zum Glockenturm. Bildleiste von oben: Lagertor mit der zynischen SS-Inschrift »Jedem das Seine«; Häftlingskleidung mit aufgenähtem »Judenstern«; Verbrennungsöfen im Krematorium.

THÜRINGEN

JENA

Mit etwa 100 000 Einwohnern ist die kleine, quirlige Großstadt an der Saale nach Erfurt die zweitgrößte Stadt Thüringens und bedeutender Wirtschaftsstandort. Hier schufen Carl Zeiss, Ernst Abbe und Otto Schott in der zweiten Hälfte des 19. Jahrhunderts die Grundlagen der modernen Optik und machten durch spektakuläre technische Erfindungen von sich reden. Bereits im ausgehenden Mittelalter mit einer Universität ausgestattet, wurde Jena um 1800 mit Dichterpersönlichkeiten wie Goethe und Schiller, mit den Frühromantikern und mit Fichte, Schelling und Hegel als Vertreter der idealistischen Philosophie zum geistigen und kulturellen Zentrum. Auch heute noch ist Jena Dreh- und Angelpunkt der deutschen Optik- und Feinmechanikindustrie. Die Friedrich-Schiller-Universität, Lehrort für 20 000 Studierende, prägt nach wie vor das städtische Leben.

JENA

Der 1972 fertiggestellte Jentower (großes Bild links), von den Bewohnern auch liebevoll »Keksrolle« genannt, ist ein markanter Punkt in der Silhouette. Zu den zahlreichen Sehenswürdigkeiten gehört auch das Romantikerhaus (große Bilder Mitte), das Zeiss Planetarium (links) und das von Henry van de Velde entworfene tempelartige Denkmal für den Optiker Ernst Abbe (oberes Bild rechts).

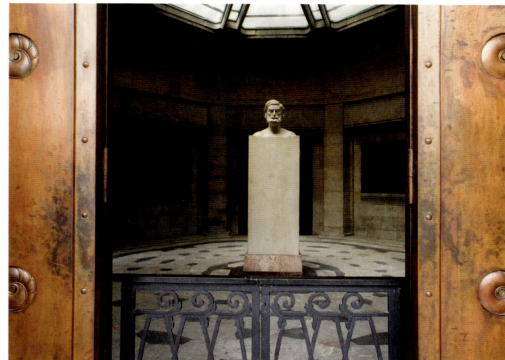

SACHSEN

Die »Sächsische Schweiz«, das Erzgebirge oder die uralte Kulturlandschaft Oberlausitz ziehen Tausende von Menschen an. Weltbekannte Städte wie Dresden mit der berühmten Semperoper oder Leipzig sprechen für sich. Ungezählt sind auch die Herrensitze und prachtvollen Schlösser wie Augustusburg, Moritzburg, Pillnitz und Muskau. Das Mittelalter sowie die feudalen Epochen unter den Bischöfen von Meißen und den Kurfürsten von Sachsen dokumentieren sich noch heute in herausragenden Zeugnissen der Architektur und der bildenden Kunst.

Wenn sich Altes mit Neuem verbindet, kann so etwas Schönes herauskommen wie die Mädlerpassage in Leipzig. Im Jahr 1911 erwarb der Unternehmer Anton Mädler das Areal und schuf eine Einkaufs- und Restaurantzeile, die nach Renovierungsarbeiten auch heute begeistert.

SACHSEN

LEIPZIG

Die an die 1000 Jahre alte Stadt an der Weißen Elster, in der 1989 das Ende der DDR eingeläutet wurde, präsentiert sich der Welt seit Langem mit vielerlei Gesichtern. Etwa als Stadt des Buches und der Musik: Hier wurden Verlage wie Baedeker, Brockhaus und Reclam gegründet, hier hat die Deutsche Bücherei ihren Sitz; hier wirkten auch Bach, Mendelssohn Bartholdy und Schumann, sind Thomanerchor und Gewandhausorchester zu Hause. In Leipzig gründete aber auch Ferdinand Lassalle 1863 den Allgemeinen Arbeiterverein, die Keimzelle der SPD. Die 1409 gegründete Universität ist eine der ältesten Deutschlands. Vor allem aber ist Leipzig seit dem Spätmittelalter eine weithin bekannte Messestadt. Symbol dieser ungebrochenen Tradition ist die Mitte der 1990er-Jahre errichtete, gigantische Glaskonstruktion – die sogenannte Neue Messe.

LEIPZIG

Beim Blick über die Stadt dominiert der Bundesverwaltungsgerichtshof die Szenerie (oben). Nähert man sich der Stadt im Detail, fallen vor allem die historischen Gebäude ins Auge. Bildreihe von links oben im Uhrzeigersinn: Das Alte Rathaus, der prachtvolle Altarraum der Nikolaikirche, die Fassaden am Naschmarkt um das Goethe-Denkmal, die Neue Messe, die Universität und der moderne Hauptbahnhof.

LEIPZIG, GEWANDHAUS UND AUGUSTUSPLATZ

Hohen Anspruch drückt das Motto »Res severa est verum gaudium« aus, zu lesen an der Schuke-Orgel im Großen Saal mit ihren 6638 Pfeifen. Wahre Freude vermittelt das Gewandhausorchester seit seiner Entstehung 1781. Der ernsten Sache dienten als Gewandhauskapellmeister Felix Mendelssohn Bartholdy, Johannes Brahms, Wilhelm Furtwängler, Bruno Walter oder Kurt Masur. Spielstätte war erst der Festsaal im Messehaus der Tuchhändler, dann der 1884 eröffnete Konzertsaal im späteren Musikviertel. Letzterer wurde nach Kriegszerstörungen nicht wieder aufgebaut. Das Neue Gewandhaus entstand 1977 bis 1981. Sein gläsernes Foyer mit dem Deckengemälde »Gesang vom Leben« blickt von Süden aus auf den Augustusplatz, dessen Gesicht außerdem von der Oper, den Universitätsgebäuden Neues Augustinum und Paulinum sowie dem MDR-Kubus geprägt wird.

LEIPZIG, GEWANDHAUS UND AUGUSTUSPLATZ

Die südliche Hälfte des Augustusplatzes wird von dem neobarocken Mendebrunnen geschmückt. Wasserspeiende Bronzefiguren ranken sich um den 18 Meter hohen Granit-Obelisken. Im Zweiten Weltkrieg wurde die Bebauung des Platzes weitgehend zerstört, heute bestimmen das 1928 erbaute Krochhochhaus (ganz links) sowie die Oper von 1960 das Erscheinungsbild des Platzes.

SACHSEN

MEISSEN

Die spätgotische Albrechtsburg gilt als der erste Schlossbau der deutschen Baugeschichte. Die Wettiner Brüder Ernst und Albrecht, welche die Markgrafschaft Meißen gemeinsam regieren, beauftragten 1470 den Baumeister Arnold von Westfalen mit der Planung eines Herrschaftssitzes für eine doppelte Hofhaltung. Nach der späteren Teilung des Landes durch die beiden Fürsten verlor die Residenz ihre Bedeutung. Von 1710 bis 1863 war hier die Porzellan-Manufaktur untergebracht, seit 1881 ist die Albrechtsburg als Museum der Öffentlichkeit zugänglich. Der Dom zu Meißen, der das Bauwerk mit seinen Türmen überragt, entstand zwischen 1250 und 1400 und zählt zu den stilreinsten gotischen Hallenkirchen Deutschlands. Die beiden Westtürme, die weithin sichtbar das Bild der Stadt prägen, wurden allerdings erst 1908 vollendet.

MEISSEN

Hoch über dem malerischen Elbtal erhebt sich die spätgotische Albrechtsburg in Meißen. Das Schlossgebäude setzte europäische Maßstäbe in puncto Raumstruktur, Fenstergestaltung und Treppenanlage (großes Bild). Markgraf Friedrich der Streitbare (ab 1423 Kurfürst von Sachsen) ließ im Jahr 1425 die Fürstenkapelle als neue Begräbniskapelle der Wettiner an die Westfront des Doms anbauen (oben).

MEISSENER PORZELLAN

Die gekreuzten blauen Schwerter gehören zu den ältesten Markenzeichen der Welt. Sie zieren das Meissener Porzellan, dessen Ursprünge vor rund 300 Jahren nicht in Meißen, sondern in Dresden lagen. Der Herrscher über Sachsen und Polen, August der Starke, hatte eine Leidenschaft für Porzellan entwickelt, eine »Maladie de Porcelaine« (»Porzellankrankheit«). Doch die zerbrechlichen Kostbarkeiten mussten teuer aus China eingeführt werden. 1707 ließ August deshalb den als vermeintlichen Goldmacher arretierten Apothekergehilfen Johann Friedrich Böttger in der Dresdner Jungfernbastei mit Experimenten zur Herstellung von Porzellan beginnen. Dort gelang diesem mit Ehrenfried Walter von Tschirnhaus zunächst die Herstellung von braunem Feinsteinzeug, dem Jaspisporzellan. Eine Labornotiz über das Brennen eines weißen durchscheinenden Scherbens vom Januar 1708 markierte die Geburtsstunde des europäischen Hartporzellans. Seitdem sind immer wieder verfeinernde Verfahren zum Einsatz gekommen. Eine bedeutende Sammlung historischen Porzellans findet sich im Museum der Porzellan-Manufaktur Meißen. Aber auch an anderen Orten wie in der Galerie des Dresdner Zwingers und in Schloss Lustheim in München sind große Sammlungen vorhanden.

MEISSENER PORZELLAN

Bei Meissener Porzellan denkt man zuerst an das kunstvoll verzierte Geschirr. Als Motive wurden in erster Linie Landschaften, Tiere und florale Elemente verwendet. Doch neben den Tellern und Tassen lag auch ein Schwerpunkt in der figürlichen Plastik. Filigrane Tischdekorationen und Vitrinenaufsteller in glänzendem Weiß oder bunt bemalt gehören genauso zu den Meissener-Porzellan-Erzeugnissen.

DRESDEN

»Venedig des Ostens«, »sächsische Serenissima«, »Elbflorenz«, »Perle des Barock« – die Beinamen, mit denen die Hauptstadt des Freistaates Sachsen im Laufe der Zeit gepriesen wurde, sind so zahlreich wie überschwänglich. Und das hat seinen guten Grund. Denn die ehemalige kurfürstliche Residenz zählt zweifellos zu den großen europäischen Kulturmetropolen. Ab 1485 Regierungssitz der Albertiner, wuchs sie im 17. und 18. Jahrhundert auf Betreiben Augusts des Starken und seiner Nachfolger zu einer der prachtvollsten barocken Residenzstädte in deutschen Landen heran. Im späten 18. und frühen 19. Jahrhundert machte bürgerliches Geistesleben Dresden zu einem Zentrum der deutschen Romantik. Die verheerenden Bombennächte im Februar 1945 jedoch wurden der ruhmreichen Stadt zum Verhängnis, die historische Altstadt wurde völlig zerstört.

DRESDEN

Dresden zeigt sich von seiner besten Seite: Die Brühlsche Terrasse und die Türme der historischen Altstadt sind das Aushängeschild der Stadt (großes Bild). Die mehr als 250 Jahre unter der Terrasse verborgenen Reste der Festung Dresden wurden mittlerweile freigelegt und erlauben Einblicke in die Dresdner Unterwelt. Zur Abenddämmerung bekommt die Elbmetropole eine romantische Note (oben).

DRESDEN, SEMPEROPER UND THEATERPLATZ

Gottfried Semper legte zweimal Hand an, um dem königlichen Musiktheater, der Hofoper, eine angemessene Spielstätte zu errichten. Sein erstes Opernhaus (1841) brannte 1869 ab, sein zweites Bauwerk (1878) ging im Zweiten Weltkrieg unter, wurde aber zu DDR-Zeiten, weitgehend originalgetreu, wiederaufgebaut und am 13. Februar 1985 mit der deutschen Volksoper »Freischütz« wiedereröffnet. Ihr Komponist, Carl Maria von Weber, war 1817–26 Kapellmeister am Dresdner Hof und Leiter seines Orchesters, der heutigen Sächsischen Staatskapelle. Ihre Spielstätte ist die Semperoper am Theaterplatz, die mit ihrer glanzvollen Gestaltung in der Formensprache der Renaissance auf hohen Kunstgenuss einstimmt: die Panther-Quadriga über dem Eingang, das Foyer mit seinen bemalten Gewölben und den Opernsaal mit Logenwand, Schmuckvorhang und Deckenzier.

Auf dem Opernplatz thront das bronzene Reiterdenkmal für König Johann (großes Bild). Nicht nur die Aufführungen im Opernhaus sind hochwertig, die Innenarchitektur und das Deckengewölbe sind es auch (unten).

DRESDEN, STADTSCHLOSS UND HOFKIRCHE

Im Osten des Theaterplatzes schließen sich mit der katholischen Hofkirche (1738–54) und dem früheren Residenzschloss der Wettiner zwei Bauwerke an, die mit ihrer Pracht und ihren Kunstschätzen Glanzpunkte in der Dresdner Altstadt setzen. Äußeres Erkennungszeichen des als Vierflügelanlage im 15./16. Jahrhundert erbauten Schlosses sind die Sgrafitto-Fassaden (Kratzputz). Sein Renaissance-Charakter wurde Ende des 19. Jahrhundert durch Umbauten noch stärker betont. Seit den 1980er-Jahren wird die kriegszerstörte Residenz wiederaufgebaut, 1991 erhielt der Hausmannturm, eines der ältesten Gebäudeteile, seine markante Spitze zurück. Der Riesensaal im Ostflügel, heute für die Rüstkammer genutzt, ist der größte Raum, seinen Namen verdankt er aber nicht seiner Größe, sondern den – nicht mehr erhaltenen – Kriegerdarstellungen (»Riesen«) an der Fensterwand.

Die Katholische Hofkirche wurde unter Kurfürst Friedrich August II. von Sachsen errichtet (rechts). Im Residenzschloss sind die Kostbarkeiten der Wettiner Fürsten im »Grünen Gewölbe« zu bewundern (unten).

336 SACHSEN

DRESDEN, SEMPEROPER UND THEATERPLATZ

DRESDEN, STADTSCHLOSS UND HOFKIRCHE

DRESDEN, ZWINGER

Der Name scheint so gar nicht zu dem anmutigen Bauwerk zu passen. Ein sogenannter »Zwinger« war Teil der Stadtbefestigung, die sich an eben dieser Stelle befand. Ab 1709 ließ August der Starke hier – als glanzvollen Rahmen für höfische Festlichkeiten – ein Ensemble aus Pavillons und Galerien errichten. Der Architekt Matthäus Daniel Pöppelmann schuf eine spiegelbildlich um einen Hof angeordnete Anlage, die zu einem der herausragendsten Zeugnisse barocker europäischer Festarchitektur werden sollte. Der plastische Schmuck stammt aus der Werkstatt von Balthasar Permoser. 1847 bis 1855 wurde der bis dahin zur Elbe offene Zwingerhof mit einem Galeriebau von Gottfried Semper geschlossen. Dieser beherbergt heute die Gemäldegalerie Alte Meister, der eigentliche Zwinger die Porzellansammlung und den Mathematisch-Physikalischen Salon.

DRESDEN, ZWINGER

Von den Lang- und Bogengalerien hat man einen atemberaubenden Blick über das barocke Gesamtkunstwerk. August der Starke als »Herkules Saxonicus« krönt den Wallpavillon auf der Westseite der Anlage. Über die Treppe im Inneren gelangt man in das mit vielen Skulpturen geschmückte Nymphenbad. Vom gegenüberliegenden Glockenspielpavillon ertönt in regelmäßigen Abständen ein Glockenspiel.

DRESDEN, FRAUENKIRCHE

Wie wohl kein anderer Bau prägt sie, bis sie im Februar 1945 in Schutt und Asche fiel, die Silhouette der »sächsischen Serenissima« und symbolisiert heute, nach ihrer feierlichen Einweihung im Oktober 2004, höchst eindrucksvoll den Wiederaufbauwillen der Dresdner. Die Rede ist von der Frauenkirche, deren einzigartige Kuppel, die berühmte »Steinerne Glocke«, sich neuerdings wieder stolz in der Elbe spiegelt. Bereits im 11. Jahrhundert hatte sich an der Stelle eine Missionskirche »Unserer Lieben Frauen« befunden. Doch nach 700 Jahren und etlichen Umbauten hatte diese sich endgültig als zu klein und baufällig erwiesen, sodass man 1722 den Beschluss zu einem kompletten Neubau fasste. Nach den Entwürfen von Barockbaumeister George Bähr entstand über einem quadratischen Grundriss ein monumentaler, 95 Meter hoher Zentralbau mit fünf Emporen, den eine gigantische Kuppel bekrönte. Schon unmittelbar nach Kriegsende tauchte der Wunsch auf, den zur Ruine zerbombten »wichtigsten protestantischen Sakralbau Deutschlands« zu rekonstruieren. Aber erst nach der Wende leitete eine Bürgerinitiative, finanziell unterstützt von Stadt und Landeskirche, konkrete Schritte ein. Mit großem Aufwand erstand Bährs Geniewurf gemäß den historischen Originalplänen nach und nach neu.

DRESDEN, FRAUENKIRCHE

Dresdens Stadtsilhouette ist wieder komplett: Die wieder aufgebaute Frauenkirche erstrahlt im neuen Glanz (links). Nach Entwürfen von Ratszimmermeister George Bähr war die Frauenkirche 1722 bis 1734 errichtet worden. Sie gilt als der bedeutendste protestantische Kirchenbau des Barock in Deutschland. Unten: Der prächtige Innenraum mit seinen fünf halbkreisförmig angeordneten Emporen.

MORITZBURG

Am nördlichen Rand Dresdens, nur 15 Kilometer vom Stadtzentrum entfernt, liegt inmitten einer künstlich angelegten Teichlandschaft eines der schönsten Schlösser Sachsens. Herzog Moritz von Sachsen hatte ab 1542 auf einer Granitkuppe im wildreichen Friedewald ein Schloss für seine Jagdaufenthalte errichten lassen. Unter August dem Starken und nach Plänen von Matthäus Daniel Pöppelmann wurde die Anlage 1723 bis 1733 zum repräsentativen Jagd- und Lustschloss Moritzburg umgebaut. Zum herrschaftlichen Anwesen gehörten ein Park, ein ehedem für die Jagd bestimmtes Wildgehege und das – 2007 nach der Restaurierung wiedereröffnete – Fasanenschlösschen. Kuriosum und Attraktion zugleich sind die Mole samt Leuchtturm am Bärnsdorf-Moritzburger Großteich, welche dem kurfürstlichen Hof bei nachgestellten Seeschlachten als Kulisse dienten.

MORITZBURG

Auch das Speisezimmer der Moritzburg ist der Jagd gewidmet und mit Geweihtrophäen an den Wänden dekoriert (oben). Die vier Türme des Schlosses sind nach ihrer ursprünglichen Funktion benannt: Der nordöstliche Küchenturm diente zu bewohnten Zeiten der Zulieferung des Speisesaals, der nordwestliche Backturm enthielt die Bäckerei. Südöstlich liegt der Amtsturm, südwestlich der Jägerturm (unten).

ELBSCHLÖSSER

Weite Flussauen, Wälder, Weinberge, Parks und Gärten, dazu malerische Orte wie Pirna oder das Karl-May-Städtchen Radebeul sowie prächtige Schlösser wie Moritzburg, Seußlitz, Pillnitz oder Albrechtsburg machen das Sächsische Elbland zu einer Kulturlandschaft erster Güte. Allein am Loschwitzer Elbhang stehen hoch über dem Fluss und eingerahmt von Parks und Weinbergen drei Schlösser. Mitte des 19. Jahrhunderts entwarf Adolph Lohse, ein Schüler Karl Friedrich Schinkels, das Schloss Albrechtsberg für Prinz Albrecht von Preußen sowie die benachbarte Villa Stockhausen für den Kammerherrn des Prinzen. Letztere ging später in den Besitz des Odol-Fabrikanten Karl August Lingner über und wurde so zum Lingnerschloss. Das bis 1861 für den Großkaufmann Johann Daniel Souchay errichtete Schloss Eckberg beherbergt heute ein Luxushotel.

ELBSCHLÖSSER

Impressionen von der Elbe: Vom linken Elbufer oder vom Dampfer der Sächsischen Schifffahrt lässt sich das stattliche, einer römischen Renaissancevilla nachempfundene Schloss Albrechtsberg in seiner ganzen Pracht erleben (großes Bild). Ein chinoises Ensemble aus Architektur und Gartenkunst liegt idyllisch eingefügt in die Flusslandschaft des Elbtals: Schloss Pillnitz (oben).

SÄCHSISCHE SCHWEIZ

SÄCHSISCHE SCHWEIZ

Als eines der attraktivsten Ausflugsziele in Sachsen gilt die sogenannte Sächsische Schweiz. 360 Quadratkilometer des Elbsandsteingebirges, das auf tschechischem Boden seine Fortsetzung hat, sind Landschaftsschutzgebiet. Um von den bizarren Felsen, die zu Aberhunderten das vielfach gewundene Flusstal südöstlich von Dresden säumen, einen optimalen Eindruck zu erhalten, müsste man es an Bord eines Schiffes durchfahren. Doch auch von der Straße aus bieten sich herrliche Perspektiven über die tief zerklüfteten Tafelberge, deren zauberhafte Szenerie betört und Richard Wagner zur Musik seines »Lohengrin« inspirierte. Einen fantastischen Blick über Fluss und Fels genießt man von der Basteibrücke, die von Burg Neurathen knapp 200 Meter weit auf eine über der Elbe »schwebende« Aussichtsplattform führt.

MUSKAUER PARK

Prinz Hermann Fürst von Pückler-Muskau war eine der skurrilsten Figuren des 19. Jahrhunderts: Dandy und Frauenheld, Abenteurer und Schriftsteller, vor allem aber Landschaftsgärtner. Seine ironischen Reiseberichte waren in der ersten Hälfte des 19. Jahrhunderts Bestseller – nur Goethe verkaufte sich besser. Ein einziges seiner Bücher nur lag ihm selber am Herzen: die »Andeutungen über die Landschaftsmalerei«. Darin beschrieb Pückler Planung und Anlage des Parks in Muskau. 1815 lernte er in England den Landschaftsgarten kennen und wollte einen solchen Park auch in Deutschland verwirklichen. Die Realisierung verschlang jedoch so viel Geld, dass er den Park 1845 verkaufen musste. Der Muskauer Park, der auch unter den nachfolgenden Besitzern weiter ausgebaut und erweitert wurde, ist heute ein einzigartiges Gartenkunstwerk.

Blick von der »Tränenwiese« zum Neuen Schloss, seit 2004 UNESCO-Welterbestätte (beide Bilder). Der über fünf Qadratkilometer große Landschaftspark liegt heute zu einem Drittel in Deutschland, zu zwei Dritteln in Polen.

OBERLAUSITZER HEIDE- UND TEICHLANDSCHAFT

Die weniger als einen Meter tiefen Teiche im über 300 Quadratkilometer großen Biosphärenreservat sind ideale Aufzuchtbecken für Karpfen. Im Sommer erwärmt sich das Wasser schnell, die Fische fühlen sich wohl und fressen reichlich – bis sie im Herbst verspeist werden. Die Teiche werden dann abgelassen, sofern sich im Winter keine neue Brut darin entwickeln soll. Seit dem Mittelalter wird in der Oberlausitz Teichwirtschaft betrieben. Auf den armen sandigen Böden mit ihrem hohen Grundwasserstand war Ackerbau nur schlecht möglich. Fische versprachen eine sichere Alternative. So entstand eine Kulturlandschaft mit Teichgruppen und Rückzugsmöglichkeiten für Amphibien, Greif- und Wasservögel sowie Fischotter. Aber nicht nur die Natur in Auen, Wiesen, Heide und Kiefernwald wird hier geschützt, sondern auch die Kultur und Traditionen der slawischen Sorben.

Die Oberlausitzer Teichlandschaft ist ein Paradies für Flora und Fauna. Alle Tiere, die dem Wasser zugetan sind, sind hier in ihrem Element – etwa Fischotter, Laubfrosch (unten), Rotbauchunke oder Grasschlange (rechts).

SÄCHSISCHE SCHWEIZ

SÄCHSISCHE SCHWEIZ

Perfekt fügen sich Architektur und Natur in der Sächsischen Schweiz ineinander, man muss schon genau hinsehen: Die Basteibrücke verbindet die gewaltigen Felstürme der Bastei (rechts unten). Von der Felsformation fällt der schmale Gebirgszug über 194 Meter steil zur Elbe ab. Eine herrliche Aussicht ins Elbetal genießt man von den Felstürmen der Bastei (großes Bild links und oben).

SACHSEN 351

MUSKAUER PARK

OBERLAUSITZER HEIDE- UND TEICHLANDSCHAFT

GÖRLITZ

Deutschlands östlichste Stadt ist auch eine der schönsten des Landes. Sie überstand den Zweiten Weltkrieg weitgehend unversehrt; mehr als 3500 Baudenkmäler aller Stilepochen bilden in der Neiße-Stadt ein architektonisches Ensemble, das in seiner Geschlossenheit seinesgleichen sucht. Während die Berliner Straße und den Postplatz prächtige Gründerzeitbauten säumen, stehen am Marienplatz die gotische Frauenkirche und das Jugendstilkaufhaus. Barock präsentiert sich der lang gestreckte Obermarkt mit der gotischen Dreifaltigkeitskirche, in böhmischer Renaissance dagegen der Untermarkt mit dem Rathaus. Hinter Laubengängen verbirgt sich der Eingang zum neuen Schlesischen Museum. In der Neißstraße befindet sich die Oberlausitzsche Bilbiothek der Wissenschaften. In der Nikolaivorstadt liegt das Heilige Grab, ein Nachbau des Jerusalemer Jesusgrabs.

GÖRLITZ

Ein Einkaufserlebnis der besonderen Art bot einst das Görlitzer Kaufhaus am Demianiplatz: In reinstem Jugendstilinterieur ließen sich hier Waren aller Art erwerben. Seit 2009 ist es leider ohne Zweckbestimmung. Ein Meisterwerk der Frührenaissance präsentiert sich den Passanten an der Rathaustreppe, die von einer Verkündungskanzel und einer Justitia-Figur – ausnahmsweise ohne Augenbinde – gesäumt wird.

ERZGEBIRGE

Bereits der Name weist auf den Charakter des breiten Gebirgszugs hin. Silber- Eisen- und Zinnerz, später auch Kobalt und Uran standen als Rohstoffe und Erwerbsquellen seit dem Mittelalter im Zentrum des Interesses. Der Bergbau machte Dörfer und Städte wohlhabend, veränderte aber auch die Landschaft. Museen wie in Freiberg, Schauanlagen, in denen man der Technik und den Arbeitsbedingungen unter Tage nachspüren kann, Stollen und Schächte, die den Boden einstürzen ließen, aber auch Schmalspurbahnen wie die Preßnitztalbahn zeugen von der industriellen Erschließung. Aus einer Nebenbeschäftigung für Bergleute und ihre Familien entwickelte sich eine florierende Holzspielzeugbranche mit Räuchermännchen und Weihnachtspyramide als Erkennungszeichen. Kur- und Wintersportorte und der Naturpark Erzgebirge/Vogtland dienen Erholung und Freizeit.

ERZGEBIRGE

Das Erzgebirge birgt von jeher nicht nur reichlich Bodenschätze, sondern ist auch ein wichtiges Refugium für Rothirsche (großes Bild). In seinen dichten Laub- und Nadelwäldern finden die Paarhufer einen idealen Lebensraum. Die St.-Annen-Kirche in dem Örtchen Annaberg-Buchholz ist eine Hallenkirche, die sich architektonisch zwischen Spätgotik und Renaissance bewegt (links).

BADEN-WÜRTTEMBERG

Das »Ländle«, wie sich das erst 1952 aus den damaligen Bundesländern Baden, Württemberg-Baden und Württemberg-Hohenzollern entstandene neue Bundesland Baden-Württemberg nennt, ist in Wahrheit flächenmäßig groß, von enormer Wirtschaftskraft und großer kultureller wie landschaftlicher Attraktivität. Es beherbergt alte Städte, zahlreiche Burgen und Schlösser, Klöster und Kirchen. Und der Geist der Dichter und Denker weht durch das Land, Friedrich Schiller, Hölderlin oder Hegel sind nur wenige Beispiele der großen Söhne dieses Bundeslandes mit südlichem Flair.

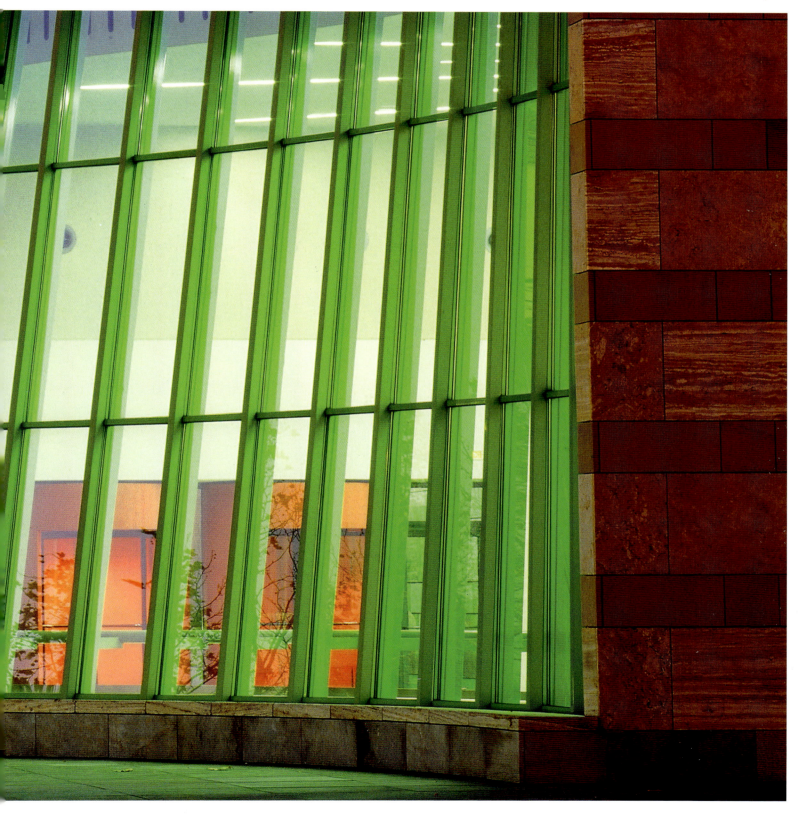

Die umfangreiche Sammlung der Stuttgarter Staatsgalerie ist in drei Gebäudekomplexen aus unterschiedlichen Epochen untergebracht. Den architektonisch spektakulärsten Teil bildet die Neue Staatsgalerie. Der 1984 vollendete postmoderne Bau stammt von James Stirling.

HEIDELBERG

Eigentlich ist Heidelberg die historische Hauptstadt der Pfalz. Nun gehört es jedoch zu Baden-Württemberg, worüber mancher Pfälzer noch heute eine stille Träne vergießt. Mit Altstadt, Schloss und Neckar ist es die Hauptstadt deutscher Romantik geblieben. Die Pfalzgrafen machten den malerischen Ort zu ihrer Residenz. Ruprecht I. gründete 1386 die Universität und begann mit dem Ausbau der Burg, die später auch als Sitz der pfälzischen Kurfürsten diente. Hier wurde Liselotte von der Pfalz geboren, die den Herzog von Orléans heiratete. Da die Franzosen aufgrund dieser Ehe später Erbansprüche stellten, kam es zum Krieg. Das Schloss wurde 1688/1689 und 1693 zerstört und die pfälzischen Kurfürsten machten das nahe Mannheim zur neuen Residenzstadt. Die Romantik freilich ist in Heidelberg geblieben, und wie man weiß, ging dort schon so manches Herz verloren.

HEIDELBERG

Großes Bild: Die Mariensäule auf dem Heidelberger Kornmarkt stammt aus dem Jahr 1718. Von diesem Platz inmitten der Altstadt führt der Burgweg hinauf zum Heidelberger Schloss. Rechts: Impressionen der Romantik: Stadtansicht mit dem Brückentor und der Heiliggeistkirche. Die Schlossruine, das berühmte Wahrzeichen der Stadt, aus rotem Neckartaler Sandstein erhebt sich am Nordhang des Königstuhls.

BADEN-WÜRTTEMBERG

NECKAR

Wenn man ihn so sanft dahinfließen sieht, kann man sich seinen keltischen Namen nur schwer erklären: Neckar heißt »wildes Wasser«. Gezähmt durch 27 Staustufen strömt er durch das Ländle, 367 Kilometer lang, entsprungen in den Höhen östlicher Schwarzwaldausläufer bei Villingen-Schwenningen. Er ist wie fast alle deutschen Flüsse wichtiger Kulturträger, an seinen Ufern wurde das Land urbar gemacht, Städte entstanden, die zu Residenzen politischer, wirtschaftlicher und geistiger Macht wurden: Genannt seien etwa Stuttgart, Ludwigsburg, Heilbronn, Bad Wimpfen, Eberbach, Neckargemünd oder Heidelberg. Eine der schönsten Gründungen – und bis heute eine der Hochburgen deutschen Denkergeistes – ist Tübingen, die »Perle am Neckar«, mit seiner Universität von 1477. Der Dichter und Politiker Ludwig Uhland wurde hier geboren, Friedrich Hölderlin starb hier.

NECKAR

Kleines Bild: Malerisch fügt sich Burg Zwingenberg am Ufer des Neckars in die Landschaft ein.
Großes Bild: Im Mittelalter eine Stauferpfalz, später freie Reichsstadt, blickt Bad Wimpfen auf eine bewegte Geschichte zurück. Die Altstadt besticht mit wunderschönen alten Fachwerkhäusern. Die stattlichsten dürften das Riesenhaus von 1532 und das Stadthaus derer von Ehrenberg von 1451 sein.

BRUCHSAL

Wie Himmelsleitern schwingen sich zwei Treppen im barocken Schloss Bruchsal rechts und links vom Portal elegant in die Höhe. Ihr Ziel entzieht sich den Blicken. Den eleganten Verlauf zeichnete kein Geringerer als der berühmte Baumeister Balthasar Neumann, der seit 1731 die Arbeiten an der Anlage überwachte. Der prächtige Herrensitz, dessen Höhepunkt zwei Säle mit üppigem Stuck und Rokoko-Fresken im Obergeschoss bilden, war übrigens eine geistliche Residenz: Von hier aus regierten, wenige Kilometer vor Karlsruhe, die katholischen Fürstbischöfe von Speyer. Ihnen ist auch der Bau der zweitürmigen Peterskirche zu verdanken, die ebenfalls Neumann ab 1742 im barocken Baustil realisierte. Das Schloss, welches nach schweren Schäden im Zweiten Weltkrieg bis 1984 rekonstruiert wurde, beherbergt heute unter anderem eine Sammlung von Musikautomaten.

Gern wird das berühmte Treppenhaus des Schlosses als »die Krone aller Treppenhäuser des Barockstils« bezeichnet. Doch das Gebäude hat noch weit mehr Reize zu bieten, schon die Fassade lockt mit ihrer Farbigkeit und vielen detailgenauen Elementen.

KARLSRUHE

Leben im Gesamtkunstwerk: Karlsruhe ist eine Plan- und Idealstadt. 1715 ließ Markgraf Karl Wilhelm von Baden-Durlach im Hardtwald sein Lustschloss errichten, ganz im Selbstverständnis des Absolutismus: Symbolisch im Zentrum von allem steht der Herrschersitz, davon führen wie Sonnenstrahlen 32 Sichtachsen in alle Himmelsrichtungen. Das Schloss war kaum fertig, da erbat ein Schmied aus Württemberg um »häusliche Niederlassung in der Gegendt dero neuerbauten Lusthauses«. Nach und nach wurde aus dem Ruhesitz eine Stadt. Heute befindet sich im Schloss das Badische Landesmuseum und der angeschlossene Park beherbergt den botanischen Garten. Auch Paragrafen gedeihen prächtig: Als Sitz der höchsten Instanzen, genauer gesagt von Bundesgerichtshof und Bundesverfassungsgericht, trägt Karlsruhe den Beinamen »Residenz des Rechts«.

In den Räumen des Karlsruher Schlosses befinden sich die umfangreichen Sammlungen des Badischen Landesmuseums; ausgestellt ist Kunst von der Ur- und Frühgeschichte über antike Kulturen, das Mittelalter, die Barockzeit bis zu Werken des 21. Jahrhunderts.

RASTATT

Hier findet sich Versailles en miniature: So wie Karlsruhe verdeutlicht auch das kleine Rastatt die architektonische Umsetzung des absolutistischen Machtanspruchs. Markgraf Ludwig Wilhelm von Baden-Baden, der sich als Feldherr gegen das Osmanische Reich den Beinamen »Türkenlouis« erwarb, ließ die barocke Schlossanlage 1700 bis 1707 als Residenz erbauen. Doch Rastatt symbolisiert auch revolutionären Geist und Aufbegehren gegen die Obrigkeit. Im Jahr 1849 fand hier die Badische Revolution, bei der erstmals in Deutschland eine demokratische Regierung gewählt worden war, ein düsteres Ende: Preußische Truppen nahmen die Festung Rastatt ein und setzten dort die Revolutionäre fest; 27 von ihnen wurden erschossen. Zum Gedenken ist heute im Schloss die »Erinnerungsstätte für die Freiheitsbewegungen in der deutschen Geschichte« eingerichtet.

Hinter dem kunstvollen Tor verbirgt sich die Pagodenburg, die früher als Teehaus genutzt wurde. Das Gebäude wurde nach dem Vorbild des Pavillons im Nymphenburger Park erbaut und beherbergt heute Ausstellungsräume des Kunstvereins Raststatt.

KARLSRUHE

ORTENAU

Wer die Ortenau sucht, nimmt am besten ein Geschichtsbuch zur Hand: Der Ursprung des Namens wird auf die einstmals alemannische Grafschaft Mortenau zurückgeführt, die im Mittelalter von Burg Ortenberg verwaltet wurde und sich vom Breisgau bis nach Baden-Baden erstreckt. Unter dem Einfluss des Burgnamens wurde die Mortenau im Laufe der Zeit irgendwann zur Ortenau. Im 1973 gebildeten Ortenaukreis lebt sie heute weiter. Mittelpunkt ist neben der Kreisstadt Offenburg das nahe Schloss Ortenberg, gebaut auf den Fundamenten der 1000 Jahre alten Burg. Hinter seinen Mauern befindet sich eine der schönsten Jugendherbergen Deutschlands. Kein Zufall, dass man die Ortenau oft mit Weinbau verbindet. Die Region zieht sich über 60 Kilometer an den Westhängen des Schwarzwalds entlang und ist für gute Böden und mildes Klima bekannt.

Rechts: Im Hintergrund Offenburg, davor die Weinreben, so schön eingebettet in die Kulturlandschaft der Ortenau sind hier die Städte und Dörfer. Unten: In Gengenbach haben die alten Häuser direkte Zugänge zu den Weinkellern.

BADEN-BADEN

Das Klackern der Roulettekugel im Roten Saal, livrierte Pagen an den Türen von Luxuslimousinen, leises Plätschern in marmornen Brunnenbecken – das alles sind Bilder von Baden-Baden, dem deutschen Monte Carlo: Seit Ende des 19. Jahrhunderts ist es der Urlaubsort Europas für gekrönte Häupter und Besitzer goldener Kreditkarten. Die Stadt im Tal der Oos war schon zu Römerzeiten für heiße Quellen bekannt. Die Ruinen antiker Bäder sind zu besichtigen. In Ergänzung der Kuranlagen beschleunigten im 19. Jahrhundert neue Einrichtungen den Heilungsprozess der Gäste: 1810 wurde die erste Spielbank eröffnet und seit 1858 können Glücksritter im nahen Iffezheim auf das richtige Pferd setzen. Das Savoir-vivre hat in Baden-Baden von jeher einen hohen Stellenwert und entwickelt sich beständig weiter: Das Festspielhaus zählt heute zu den größten Bühnen Europas.

Bild rechts: Das Kurhaus ist das Wahrzeichen der Stadt und in der weitläufigen Anlage genießen die Gäste die Ruhe des Kurbezirks, während man im altehrwürdigen Casino (unten) auf seine Glückssträhne hofft.

ORTENAU

BADEN-BADEN

BREISGAU, BREISACH UND MARKGRÄFLER LAND

Um Breisach wurde stets gekämpft: Die felsige Erhebung an einer Engstelle des Rheins ist prädestiniert, um Flussübergang wie auch Schifffahrt zu überwachen. Das erkannten schon die Römer und errichteten ein Kastell an dem Ort, der bei Rheinhochwasser wie eine Insel gewirkt haben muss. Viele haben seitdem versucht, sie zu erobern. Allein die Franzosen rückten der Festung Breisach mehrfach zu Leibe. 1793 wurde sie vollständig zerstört. Das wuchtige Münster aber wurde immer wieder aufgebaut. Der Breisgau umfasst die Rheinebene, den Kaiserstuhl, die Vorberge des Schwarzwalds und die Westhänge des südlichen Schwarzwalds mit seinen Seitentälern, wie etwa dem Glottertal. Die Markgrafen, die 350 Jahre in der Region zwischen Rhein und dem westlichen Schwarzwald herrschten, waren die Namensgeber dieses südlichen Gebiets.

Rechts: Die Ölbergkapelle bei Ehrenkirchen, 13 Kilometer südlich von Freiburg, liegt am Rande des Markgräfler Landes. Unten: Hoch über der Rheinebene thront das Stephansmünster. Im Chor befindet sich ein berühmter Schnitzaltar.

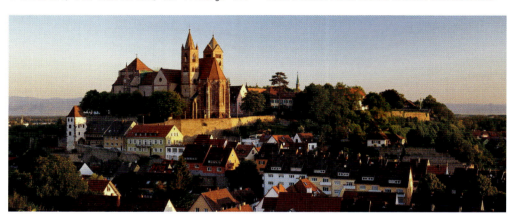

KAISERSTUHL

Wie eine Insel erhebt sich der Kaiserstuhl rund 200 Meter über die flache Rheinebene. Vor Jahrmillionen entstand das winzige Mittelgebirge als Vulkan. Heiß ist es hier noch heute: Der etwa 16 Kilometer lange Kaiserstuhl gehört zu den wärmsten Regionen Deutschlands. In mediterranem Klima blühen seltene Blumen wie etwa Küchenschellen und Orchideen. Wärme und vulkanischer Boden begünstigen Wein- und Obstbau; fast die Hälfte der Gesamtfläche ist von Reben bestanden und gehört damit zu den größten und bekanntesten Anbaugebieten Badens. Es bringt konventionell angebaute Spitzenprodukte, aber auch hervorragende Bioweine hervor. Seinen Namen erhielt der Kaiserstuhl übrigens nicht für die erhabene Lage, sondern im Gedenken an den Besuch Ottos III., der hier 994 einen Gerichtstag abhielt und zwei Jahre später deutscher Kaiser wurde.

Rechts: Vogtsburg wird gern als das Herz des Kaiserstuhls bezeichnet. Auf den Terrassen des Kaiserstuhls, im fruchtbaren Lößboden und im Regenschatten der elsässischen Vogesen gedeihen Weinreben, aber auch Blumen gut.

BREISGAU, BREISACH UND MARKGRÄFLER LAND

KAISERSTUHL

FREIBURG IM BREISGAU

Wie ein Ausrufezeichen ragt der 116 Meter hohe gotische Turm des Freiburger Münsters weit über die Universitätsstadt hinaus. Sogar von den Vogesen aus ist er zu erkennen – eine Konkurrenz zu Straßburg. Der elegante bis verspielt filigrane Baustil des Gotteshauses muss auf die Mentalität der Freiburger abgefärbt haben. Hier wird das Leben genossen, die Kunst und der Wein allemal. Die Zähringer Herzöge haben die Stadt, die sich in Folge zu einem bedeutenden kulturellen Zentrum entwickelte, im Jahre 1120 gegründet. Im Bombenhagel des Zweiten Weltkriegs ging die prächtige Altstadt in Flammen auf, wurde aber danach restauriert. Übrigens gehörte Freiburg die meiste Zeit seiner Geschichte – von 1368 bis 1806 – zum Hause Habsburg, also zu Österreich. Mag sein, dass diese Zeit die gemütvollere Gangart geprägt hat – auf gut badisch: »Numme nit hudle«!

FREIBURG IM BREISGAU

Großes Bild: Früher diente der Gewerbekanal in der Freiburger Altstadt vielen Handwerksbetrieben zur Wasserversorgung. Heute erinnern nur noch die Namen wie die Fischerau oder die Gerberau an diese Zeit. Den Kanal und die vielen kleinen Bäche, die die Stadt durchziehen, gibt es noch. Ganz links: Die Portalhalle des Münsters ist mit biblischen Figuren ausgestaltet; der Hochaltar stammt von Hans Baldung Grien.

KLOSTER MAULBRONN

In Maulbronn darf ein jeder ins »Paradies«: So heißt die gut 800 Jahre alte, frühgotische Vorhalle der Klosterkirche. Das Gotteshaus des ehemaligen Zisterzienserordens selbst ist noch etwas älter: 1147 wurde mit dem Bau der Abtei begonnen, die heute als besterhaltene Klosteranlage nördlich der Alpen gilt. Sie gehört seit 1993 zum UNESCO-Weltkulturerbe. Das von einer Mauer umgebene Ensemble im Stil der Gotik und der Romanik wirkt auch 450 Jahre nach dem Ende des Klosterlebens so, als ob die frommen Brüder nur kurz abwesend seien und sich gleich wieder im Herrenchor zum Gebet versammelten. In der kleinen Stadt lebten im Spätmittelalter rund 130 Mönche, verteilt auf 60 Dörfer, die vorbildliche Landwirtschaft betrieben. Insbesondere das ausgeklügelte Bewässerungssystem der Zisterzienser aus Maulbronn prägt die Region bis heute.

KLOSTER MAULBRONN

Diverse Fachwerkbauten (links) bestimmen das Erscheinungsbild der ausgedehnten Klosteranlage. Großes Bild: Eine achteckige spätgotische Brunnenkapelle schmückt den Kreuzgang. Bildreihe von oben: Blick auf Hauptschiff und Kreuzrippengewölbe der Kirche; Kruzifix vor dem Lettner; Herrenrefektorium mit unterschiedlich dicken Säulen; hochgotischer Kreuzgang des Klosters.

BADEN-WÜRTTEMBERG 373

NÖRDLICHER UND MITTLERER SCHWARZWALD

»Herrgottsapotheke« – so nennen die Einheimischen gern ihre Heimat, den Nördlichen bis Mittleren Schwarzwald. Sie könnten genauso gut »Märchenland« sagen oder »Schlemmerland«. Alles trifft zu. Die Höhenluft und zahlreiche Thermalquellen sind der Gesundheit dienlich. In den verwunschenen Tälern und Dörfern geistert noch so manche Gestalt aus den Märchen von Wilhelm Hauff durch die Fantasie. Und Schlemmerland? Was für eine Frage! Wo sonst in Deutschland isst man so gut, herzhaft, aber auch so delikat wie in diesem Teil des Schwarzwalds, über dem auch tagsüber ein (Michelin-)Sternenhimmel steht. Das Mittelgebirge Schwarzwald weist im Norden mit rund 30 Kilometern Breite eine nur halb so große Ausdehnung wie am Südende auf; der höchste Berg des Nordschwarzwalds ist die 1164 Meter hohe Hornisgrinde.

NÖRDLICHER UND MITTLERER SCHWARZWALD

Links: Details an einem Schwarzwaldhaus. Die 1825 erbaute Hexenlochmühle bei St. Märgen versetzt Spaziergänger und Wanderer in alte Zeiten (großes Bild). Bildleiste von oben: die Wasserfälle bei Bad Rippoldsau-Schapbach; die schmucken Fachwerkhäuser von Schiltach; der Lorenzhof im Gutachtal ist ein Freilichtmuseum und bringt die Kultur und das Brauchtum des Schwarzwalds den Besuchern nahe.

SÜDSCHWARZWALD

Das Werk der Eiszeit ist im südlichen Schwarzwald unverkennbar. Tief schneiden sich die Flüsse in die Landschaft ein und bilden mitunter gar wahre Canyons. Ebenso steil ragen die Gipfel empor und auf dem 1493 Meter hohen Feldberg herrschen manchmal Verhältnisse wie im Hochgebirge. Diesem Gelände musste der Mensch sich anpassen, wollte er vorwärts kommen, und dies führte zu spektakulären Bahnstrecken. Abseits ihrer Trassen herrscht dann wieder Waldeinsamkeit – wie einst, als der »Schwarze Wald« den Menschen noch Angst einflößte. Auch heute noch kann man auf Wegen und Pfaden immer wieder die Natur, den Wald, in vollen Zügen genießen, denn trotz der touristischen Höhepunkte wie etwa des Titisees oder des Klosters St. Blasien gibt es zahlreiche idyllische und ruhige Gebiete, wie etwa im Süden den Hotzenwald, eine fast unberührte Region.

SÜDSCHWARZWALD

Entlang der Wutach führt ein schöner Wanderweg. Auch ihre Nebenschluchten, hier die Lotenbachklam, sind abwechslungsreich. Das Gebiet umfasst noch weitere Schluchten und steht unter Naturschutz (großes Bild). Bildleiste von oben: Die Ursprünge von St. Trudpert im Münstertal gehen auf das 9. Jahrhundert zurück; ein »Schwarzwaldbächle«; der Dom zu St. Blasien. Links: der herbstliche Südschwarzwald.

BADEN-WÜRTTEMBERG

TAUBERTAL

Die Tauber fließt, mitunter in engen Schleifen, fast 120 km durch das südliche und östliche Franken und mündet bei Wertheim in den Main. Berühmt ist das Taubertal durch seinen Wein in sonnenverwöhnten Lagen. Der Fluss, der sich teilweise tief in den Muschelkalkboden eingegraben hat, fließt an Städten vorbei, die der Romantischen Straße, die auch durchs Taubertal führt, alle Ehre macht. Politisch eher am Rand der heutigen Bundesländer Bayern und Baden-Württemberg liegend, hat sich in Altstädten, Klöstern und Residenzen der Charme einer Zeit erhalten, in der zahlreiche Herren, darunter die Mainzer Kurfürsten, die Fürstbischöfe von Würzburg, die Hohenloher und die Wertheimer Grafen, die Region beherrschten. Stadtbefestigungen, Fachwerkhäuser, barocke Kirchen, gotische Rathäuser und Renaissanceschlösser fügen sich daher zu einem »romantischen« Gesamtbild.

Das Renaissanceschloss Weikersheim (entstanden zwischen dem 16. und 18. Jh.) ist der Stammsitz der Hohenloher Grafen und späteren Fürsten. Zu den ältesten Gebäudeteilen gehört der Schlossturm (12. Jh.). Der Park entführt seine Besucher ins Barockzeitalter.

HOHENLOHE

Das Land Hohenlohe ist nach einem fränkischen Grafengeschlecht benannt, das bis zur napoleonischen Zeit weite Teile des Gebiets zwischen Neckar und Tauber beherrschte. Dies ist eine fruchtbare, von Ackerbau und Viehzucht geprägte Hügellandschaft. Die Täler von Kocher, Jagst und Tauber sind dem Weinanbau vorbehalten. In der lieblichen Landschaft mit malerischen Altstädten (z. B. Öhringen, Schwäbisch Hall), reichen Klöstern (Schöntal), Wallfahrtskirchen (Creglingen), mächtigen Burgen und repräsentativen Schlössern (Kirchberg an der Jagst, Langenburg, Weikersheim) haben sich Dramen abgespielt, die es später sogar auf die Theaterbühne schafften: Im deutschen Bauernkrieg 1525 versuchten die Bauern, auch mit Reichsrittern an ihrer Seite, vergeblich ihre »alte« Freiheit gegen die Territorialherren zu verteidigen; berühmt geworden ist der Götz von Berlichingen.

Schwäbisch Hall an der Kocher mit seinen Fachwerkhäusern aus dem 15./16. Jahrhundert, der spätgotischen Michaelskirche und dem barocken Rathaus verdankte seinen Wohlstand der Saline, die bis 1924 in Betrieb war. Auch heute ist das Solbad ein Besuchermagnet.

TAUBERTAL

HOHENLOHE

LUDWIGSBURG

Ludwigsburg, unweit von Stuttgart auf einer Hochfläche des Neckarbeckens gelegen, wird vor allem durch das Residenzschloss geprägt. So wie alle Fürsten des des 18. Jahrhunderts nahm auch Eberhard Ludwig, Herzog von Württemberg für sein Schloss das französische Versailles zum architektonischen Vorbild. Es entstanden ein gewaltiges barockes Ensemble an Bauten sowie ein großartiger Garten, der heute »blühendes Barock« genannt wird und eine große Touristenattraktion ist. Dort kann man gut einen Tag verbringen und entweder im Park oder bei einer Führung durch das Schloss alle Schönheiten entdecken. Sehenswert sind nicht nur die geschwungenen Treppenaufgänge, prächtigen Säle und die Spiegelgalerie, sondern auch die Kammern der Dienstboten, die gänzlich ohne Tageslicht auskommen mussten. Auch einige Museen sind hier untergebracht.

LUDWIGSBURG

Links: Der Schlosshof mit dem prachtvollen Gebäudeensemble. Der zweigeschossige Marmorsaal erhielt sein illusionistisches Deckengemälde beim Umbau im Jahr 1816 (großes Bild). Bildleiste von oben: Beeindruckend sind die üppigen Deckengemälde und detailgenauen, barocken Figuren; in der Ahnengalerie hängen die Porträts der württembergischen Herrscher.

BADEN-WÜRTTEMBERG

STUTTGART

Seit einigen Jahren gehört Stuttgart zu den Lieblingsstädten der Deutschen. Woher das kommt, ist inzwischen den meisten klar: Neben der hohen Dichte an Arbeitsplätzen punktet die baden-württembergische Landeshauptstadt längst mit ihrem hochwertigen kulturellen Angebot sowie mit den vielen Ausgehmöglichkeiten. Nicht zuletzt sind aber auch die schöne Lage und der hohe Freizeitwert der näheren Umgebung Pluspunkte für die Stadt. Die Fußgängerzone der Königstraße gliedert als zentrale Achse die Innenstadt und lädt Einkaufslustige und urbane Müßiggänger gleichermaßen ein. Genau in der Mitte der Königstraße liegt der Schlossplatz, eindrucksvoll gerahmt von altem und neuem Schloss, Königsbau und Kunstmuseum. Während seine grünen Rasenflächen und die beiden Brunnen zum Entspannen einladen, locken rundherum Museen, Kinos und Galerien.

STUTTGART

Großes Bild: Der große Brunnen auf dem Schlossplatz. Kleine Bilder von links: Vom gusseisernen Musikpavillion vor dem Königsbau blickt man auf den Schlossplatz und das dreiflügelige Neue Schloss, in dessen Innenhof zahlreiche Veranstaltungen stattfinden. Die Stuttgarter Stiftskirche mit der Schillerstatue auf dem Schillerplatz, zweimal wöchentlich findet hier ein Wochenmarkt statt.

STUTTGART, STAATSTHEATER

Das Staatstheater vereinigt Staatsoper, Stuttgarter Ballett und Schauspielhaus zum größten Mehrspartenhaus Europas. Im Schlossgarten Stuttgart befindet sich die Hauptspielstätte. Sie wurde als Doppeltheater mit Großem Haus und Kleinem Haus zwischen 1909 und 1912 erbaut. Nach den Zerstörungen im Zweiten Weltkrieg wurde ein Neubau Anfang der 1960er-Jahre errichtet und das Große Haus wurde modernisiert und später in seine ursprüngliche Gestaltung zurückversetzt. Seit 2001 heißt das Gebäude nun Opern- und Schauspielhaus. Das Opernhaus beherbergt über 1400 Sitzplätze und das Schauspiel fast 680 Plätze. Weltruf hat das Ballett, das mit seinem Ensemble an der internationalen Spitze steht. Auf der Liste der Choreografen finden sich so berühmte Namen wie Jirí Kylián und John Neumeier. Der Nachwuchs wird in der John Cranko Schule ausgebildet.

Der Architekt des Opernhauses war Max Littmann und seine Grundkonzeption umfasste eine halbkreisförmige Rotunde, die gegliederte Wandflächen aufweist. Einige antike Merkmale charakterisieren das Gebäude. Repräsentativ gestaltet ist die Eingangsfront.

STUTTGART, STAATSGALERIE

Wie umfangreich die Sammlung der Stuttgarter Staatsgalerie ist, verdeutlicht die Tatsache, dass diese in drei Gebäudekomplexen aus verschiedenen Bauepochen gezeigt wird. Den architektonisch spektakulärsten Teil bildet die Neue Staatsgalerie. Dieser 1984 vollendete postmoderne Bau des britischen Architekten James Stirling ist allein schon ein Kunstwerk. So bunt wie dessen Metallelemente ist dann auch das Spektrum der beeindruckenden Sammlung. Ob altdeutsche, italienische oder niederländische Malerei oder die Kunst der letzten beiden Jahrhunderte: Hier kann man ihre bekanntesten und bedeutendsten Meisterwerke bestaunen. In dieser Sammlung durfte auch Joseph Beuys seinen eigenen Raum gestalten. Immer wieder machte das Museum in den vergangenen Jahren mit außergewöhnlichen Ausstellungen auf sich aufmerksam.

Die geschwungene Glasfassade ist das charakteristische Markenzeichen am Eingang der Neuen Staatsgalerie. Lange galt die unkonventionelle Architektur als umstritten, international allerdings wurde sie von der Fachwelt recht bald positiv aufgenommen.

STUTTGART, STAATSTHEATER

STUTTGART, STAATSGALERIE

STUTTGART, NEUE BIBLIOTHEK

Eun Young Yi sieht sein Werk als »neuen Mittelpunkt einer modernen Gesellschaft«. Auf einem städtischen Entwicklungsareal baute der Koreaner keinen Büchertempel, sondern einen 44 m breiten und 40 m hohen Kubus mit acht Ebenen, davon einen ganz für Kinder. Über dem Glasdach sind solarzellenbestückte Sonnenschutzlamellen angebracht. Clou des Monolithen ist seine Zwiebelstruktur: Die äußere Hülle besteht aus Glasbausteinen und Beton – je neun mal neun Elemente auf jeder Seitenfläche –, der sich eine innere Hülle, eine leichte Glasfassade mit Blendschutz, anschließt. Der ringförmigen Medienpräsentation, Bücherregale umgeben von »homogenen« Oberflächen, folgt im Zentrum das »Herz«, ein leerer weißer Raumwürfel. In der fünften Ebene geht das Herz in einen trichterförmig nach oben sich ins Licht öffnenden Galeriesaal über.

Die abends beleuchteten Elemente der symmetrischen Beton-Glasbaustein-Fassade kennzeichnen die äußere Hülle der Stadtbibliothek. Über vier Ebenen erstreckt sich der Galeriesaal; Treppen verbinden die »Lernateliers«.

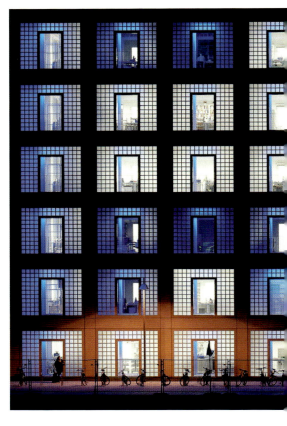

STUTTGART, WEISSENHOF

Der Deutsche Werkbund organisierte 1927 die Ausstellung »Die Wohnung«, für die sich die namhaftesten Architekten der damaligen Zeit mit ihren Wohnideen bewarben. Unter der Leitung von Mies van der Rohe wurden 21 Gebäude zur Realisierung für die Weißenhofsiedlung auf dem Killesberg ausgewählt. In den Häusern mit insgesamt 63 Wohnungen zeigten die visionärsten europäischen Architekten – darunter Walter Gropius, Peter Behrens und Bruno Taut –, wie sie sich ein Wohnen im Sinne der Neuen Sachlichkeit und jenseits von Zierelementen vorstellten. Die Nationalsozialisten diffamierten die weißen Häuser später als »Araberdorf«. Zur geplanten Zerstörung kam es jedoch nicht. Trotzdem verschwanden zehn Häuser durch Kriegsbomben und späteren Abriss. Die entstandenen Lücken schloss man in den 1980er-Jahren durch Ersatzbauten.

17 Architekten der Avantgarde des modernen Bauens realisierten insgesamt 21 Wohnhäuser, darunter Hans Scharoun und Le Corbusier. Das Doppelhaus Le Corbusiers ist heute ein Museum, die Innenräume sind rekonstruiert.

STUTTGART, NEUE BIBLIOTHEK

STUTTGART, WEISSENHOF

AUTOSTADT STUTTGART

Wer denkt nicht sofort an den berühmten Mercedes-Stern, wenn er den Namen Stuttgart hört. Hoch oben auf dem Stuttgarter Hauptbahnhof dreht er sich und leuchtet in die Region. Dort finden sich auch die Produktionsstätten der weltberühmten Marken, wo neben Mercedes auch Smart, Maybach und Porsche hergestellt werden. Ferdinand Porsche, der Firmengründer der legendären Sportwagen, war auch mal bei Daimler angestellt. Doch dann machte er sich 1931 selbstständig, suchte sich als Firmenwappen das Stuttgarter Rössle aus und produzierte fortan erfolgreich die schicken Autos mit der hohen PS-Zahl. Das inzwischen zur Aktiengesellschaft umstrukturierte Unternehmen setzte sich 2009 mit dem futuristischen Bau des Porsche Museums in Stuttgart-Zuffenhausen ein markantes Denkmal. Der Ausstellungsraum schwebt dynamisch über dem Boden und bietet genug Platz für all die Schätze, die im Verlauf der Jahrzehnte für den Rennsport, aber auch für private Liebhaber der sportlichen Flitzer geschaffen wurden. Bereits etabliert hat sich das 2006 eröffnete Mercedes-Benz-Museum vor dem Werksgelände der Daimler AG in Untertürkheim. Hier wurde ein architektonisch aufsehenerregendes Gebäude gestaltet, und wer sich abends der Stadt von Osten her nähert, sieht es von Weitem.

AUTOSTADT STUTTGART

In dem großen Mercedes-Benz-Museum (Bilder links) kann man auf eine Zeitreise durch die 120 Jahre alte Geschichte der traditionsreichen Marke gehen. Im Porsche Museum, das im Jahr 2009 im Stadtteil Zuffenhausen eröffnet wurde (großes Bild), werden die Exponate im Wechsel gezeigt. In der Museumswerkstatt kann man zusehen, wie die Klassiker für das Museum rekonstruiert werden.

TÜBINGEN

Tübingen ist wohl die schwäbischste aller Städte. Hier fühlen sich alle daheim und man spürt dort immer noch die Wurzeln Württembergs, die Theologie und den Weinbau. Berühmte Leute haben in Tübingen studiert, doziert oder geschrieben: Joseph Ratzinger, Ernst Bloch, Walter Jens, Hermann Hesse, Friedrich Hölderlin und viele andere mehr. Dass die Universität das Leben der Stadt entscheidend prägt, spürt man bei einem Gang durch die malerische Altstadt mit ihren Gassen und Winkeln und entlang des reizvollen Neckarlaufes. Am Marktplatz eröffnet sich einer der schönsten historischen Plätze des Landes. Dort steht auch das Rathaus, an dem seit 1435 viele Generationen ihre Spuren hinterlassen haben. Die aufwendigen Sgraffitomalereien an der Fassade wurden 1876 geschaffen und sind Allegorien der Gerechtigkeit und des Wohlstandes.

Obgleich Tübingen eine vergleichsweise kleine Universitätsstadt ist, zieht es hier jährlich zu Semesterbeginn rund 25 000 Studierende her. Das mag nicht nur mit der Qualität der Lehr- und Forschungseinrichtungen zusammenhängen, sondern auch mit ihrem unvergleichlichen Flair.

KLOSTER BEBENHAUSEN

Bebenhausen steht zwar etwas im Windschatten des berühmten Klosters Maulbronn, doch auch hier kann man in Reinform erleben, wie das Leben der Mönche im Mittelalter vonstatten ging. Die Anlage dieses wunderbaren und glücklicherweise fast vollständig erhaltenen Klosters reicht in das 13. Jahrhundert zurück. Sie ist ein schönes Beispiel für die Zisterzienserarchitektur in Deutschland. Trotz der von Askese und Verzicht geprägten Ordensregeln wurde die Abtei eine der reichsten in Schwaben und die Räume wirken dementsprechend kunstvoll. Besonders prächtig ist das Sommerrefektorium, eine zweischiffige helle Halle, mit kunstvoll bemaltem Fächergewölbe gestaltet. Der Kreuzgang für die Mönche entstand Ende des 15. Jahrhunderts und war ursprünglich verglast. Um ihn herum sind die wichtigsten Räume des Klosters angeordnet.

Wer einen Überblick über die Anlage und ihre Geschichte erhalten möchte, der besuche die ehemalige Klosterküche. Dort zeigt ein Modell, wie das Kloster und seine Gebäude entstanden sind. Rechts: der Kreuzgang; ganz rechts: das Deckengewölbe im Inneren des Gotteshauses.

TÜBINGEN

KLOSTER BEBENHAUSEN

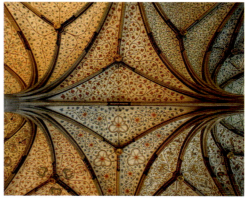

SCHWÄBISCHE ALB

Die Schwäbische Alb ist ein geologisch einzigartiger Mittelgebirgszug. Kreide- und Kalkformationen haben Karsthöhlen geschaffen. Oberhalb der Täler mit üppiger Natur sind die Kalkhochflächen verkarstet und es zeigt sich eine karge Heidelandschaft mit Wacholdersträuchern, Gräsern und Kräutern. Hier ziehen die Schäfer mit ihren Herden durch. Das Gestein ist derart wasserdurchlässig, dass die Donau, die offiziell in einem gemauerten Becken in Donaueschingen entspringt, bei Tuttlingen teilweise im Boden verschwindet und kurz darauf als Durchbruch schroffe Höhenzüge teilt. Die Schwäbische Alb wurde bereits seit der Steinzeit besiedelt. Im Mittelalter entstanden hier einige berühmte Burgen, wie Schloss Sigmaringen, noch heute Stammsitz des Hochadelsgeschlechts der Hohenzollern, die zeitweise auch Preußen und ganz Deutschland regierten.

SCHWÄBISCHE ALB

Großes Bild: Die Bad Uracher Wasserfälle sind ein beliebtes Ziel für Spaziergänger und Wanderer. Bild unten links: Zauberhaft liegt Schloss Lichtenstein 817 Meter über dem Meeresspiegel. Es wurde im Stil des Historismus im 19. Jahrhundert erbaut und wird gern als »Märchenschloss Württembergs« bezeichnet. Links: Der Blick schweift über Kirchheim Teck entlang der Schwäbischen Alb.

BURG HOHENZOLLERN

Die Stammburg der Hohenzollern wirkt wie dem Mittelalter entsprungen. Weit gefehlt – die Anlage am Nordhang der Schwäbischen Alb bei Hechingen ist ein Werk der deutschen Romantik. Der Preußenkönig Friedrich Wilhelm IV., damals Chef des Hauses Hohenzollern, ab 1849 auch für den verarmten katholischen Zweig Sigmaringen, ließ die Anlage 1850–1867 in neugotischem Stil errichten, wie er auch den Kölner Dom, ein Meisterwerk gotischen Kirchenbaus, vollenden ließ. Die Burg Hohenzollern, wie sie sich heute dem Besucher mit ihren Türmen und Befestigungsbauten darbietet, ist bereits die dritte auf dem Bergkegel. Ältester Teil der aus Ruinen der zweiten Burg wiedererstandenen Anlage ist die Michaelskapelle aus dem 15. Jahrhundert. Die Schatzkammer zeigt Preziosen und Gedenkstücke der Preußenhoheiten. Säle und Salons strahlen prunkvollen Historismus aus.

Weithin sichtbar thront die Burg Hohenzollern auf einem Bergkegel über dem schwäbischen Hechingen. Hausherr ist der Prinz von Preußen, der jährlich Zehntausende durch die prunkvollen Schlossräume führen lässt. 1970 und 1978 wurde das Bauwerk von Erdbeben heimgesucht.

SIGMARINGEN

In Sigmaringen am Südrand der Schwäbischen Alb regierten fast 400 Jahre die Hohenzollern. Mit der Bildung Baden-Württembergs 1952 büßten sie zwar ihren Teil im Landesnamen ein, in Verwaltung, Wirtschaft und Finanzwelt ist das Etikett »Hohenzollern« aber weiterhin präsent. Auf dem Felsen über der Stadt und der Donau thront die Residenz der Fürsten von Hohenzollern-Sigmaringen. Das Schloss wurde 1893–1902 nach einem Brand im historistischen Stilmix der Zeit ganz neu gestaltet. Zu den ältesten Teilen der im 11. Jahrhundert erwähnten Burganlage gehören die Reste des Bergfrieds. Den größten Eindruck macht die Waffenhalle mit ihren 3000 Ausstellungsstücken aus sieben Jahrhunderten; die Privatsammlung ist eine der weltgrößten ihrer Art. Stilecht passt sich die fürstliche Kunstsammlung mit Meisterstücken aus dem 15. und 16. Jahrhundert ein.

Das Stadtbild Sigmaringens wird vom fürstlichen Schloss bestimmt, das 35 Meter über der Donau thront. Der Stammsitz des katholischen Zweigs der Hohenzollern ist bis heute Eigentum der Familie. Im Wilhelmsbau untergebracht ist die große fürstliche Hofbibliothek.

BURG HOHENZOLLERN

SIGMARINGEN

NATURPARK OBERE DONAU

Der zweitlängste Fluss Europas bietet in seinem oberen Teil Spektakuläres. Bis zu 200 m tief hat sich die Donau ins Kalkgestein der Schwäbischen Alb eingefressen. Zwischen Geisingen und Sigmaringen bildet sie ein Durchbruchstal, den Kern des Naturparks Obere Donau zwischen Immendingen (Westen) und Ertingen (Osten) sowie der Hochfläche des Großen Heubergs (Norden) und den Ausläufern des Alpenvorlands (Süden). Von zahlreichen Felsvorsprüngen wie dem Knopfmacherfelsen zwischen Fridingen und Beuron bietet sich ein weiter Blick ins Tal. Bei Fridingen und Immendingen taucht ein Großteil des Donauwassers in den klüftigen Jurakarst ab und nach unterirdischem Lauf 12 km südlich im Aachtopf, Quelle für die Radolfzeller Aach, wieder auf (Donauversickerung). Abschnitte des Donautals sind Naturschutzgebiet, etwa der Stiegelesfels mit seinen Magerwiesen.

NATURPARK OBERE DONAU

Wanderwege mit vielen Aussichtspunkten erschließen das Durchbruchstal der oberen Donau (großes Bild). Auf den Trockenwiesen der Kalkböden finden Schmetterlinge einen geschützten Lebensraum (links). Der Türkenbund gehört zu den Lilien (unten), der Frauenschuh (ganz unten) ist ein Orchideengewächs. Im Naturschutzzentrum in Beuron kann man sich über die Flora und Fauna informieren.

BADEN-WÜRTTEMBERG

HEGAU

Der Hegau umfasst beinahe den ganzen Landkreis Konstanz, aber das typische Hegau-Bild zeigt immer mindestens einen der Vulkankegel. Von dem Schriftsteller Ludwig Finckh gibt es das bekannte Zitat »des Herrgotts Kegelspiel«, und es sind tatsächlich neun herausragende Berge – wobei man auch anders zählen und noch mehr Vulkane finden kann. Die wirklich auffälligen Hegau-Berge sind in zwei Reihen gelagert: Die östliche mit Hohentwiel (686 m), Hohenkrähen (643 m) und Mägdeberg (665 m) besteht aus Phonolith (Klingstein) – die westliche mit Hohenstoffeln (844 m), Hohenhewen (846 m) und Neuhewen (867 m) besteht aus dem älteren Basalt. Da dieses Gestein früher ein wichtiger Baustoff war, wurde am Hohenstoffeln der nördliche Teil abgebaut, ebenso der Gipfel des Hewenegg (812 m), der seitdem kaum mehr aus der Landschaft ragt.

HEGAU

Die Landschaft der Hegau-Berge zeigt zu jeder Jahreszeit und zu jedem Wetter wieder ein anderes Bild. Der Blick breitet sich vom Rosenegg auf den Hohenstoffeln und den Hohentwiel aus (kleines Bild). Der Mägdeberg erstrahlt im herbstlichen Abendlicht. Mitsamt seiner Burg ist er seit 1984 als Naturschutzgebiet ausgewiesen. Vorläufer dieser Burgruine stammen wohl aus dem Mittelalter (großes Bild).

BODENSEE

Wer zum ersten Mal an den Bodensee fährt, hält sich meist an die klassischen »Höhepunkte«: die Blumeninsel Mainau, das Weltkulturerbe auf der Reichenau und die Unteruhldinger Pfahlbauten, Lindau und den Pfänder, St. Gallen und den Säntis. Ausgesprochen beliebt ist der Bodensee-Radwanderweg und viele interessante Stationen bietet die Oberschwäbische Barockstraße. Aber der Bodensee und das Land um ihn herum, das Bodenseeland, bieten auch für all jene genug, die gern immer wieder kommen. Sehenswert sind die Altstädte von Konstanz oder Meersburg und charmant ist das abwechslungsreiche Hinterland zwischen Engen und Wangen, Bischofszell und Frauenfeld. Naturfreunde und -entdecker begeben sich auf Lehrpfaden in die großen Naturschutzgebiete oder erforschen naturbelassene Tobel und Tallandschaften zwischen Argen und Töss.

BODENSEE

Großes Bild unten: Von 1841 bis zu ihrem Tod wohnte die Dichterin Annette von Droste-Hülshoff (1797–1848) mehrere Jahre auf der mittelalterlichen »Meersburg«, dem Alten Schloss von Meersburg am Bodensee. Bilder von links: Tulpenpracht im Frühling auf der Blumeninsel Mainau. Auch das Schloss und die Kirche auf der Mainau sind stets von üppig blühenden Blumen umgeben.

INSEL REICHENAU

Seitdem die ersten Mönche im frühen Mittelalter auf die Insel gekommen sind, ist die Reichenau das Paradebeispiel für eine Kulturlandschaft im doppelten Sinne: Wie an keinem anderen Ort findet man hier eine Dichte von historischen Baudenkmälern und intensiver landwirtschaftlicher Nutzung vor. Die drei inmitten von Salatfeldern stehenden romanischen Kirchen haben der Insel im Jahre 2000 den Status des UNESCO-Weltkulturerbes eingebracht. St. Georg in Oberzell ist berühmt für die monumentalen ottonischen Wandmalereien im Mittelschiff. Zum Marienmünster in Mittelzell mit seinem offenen Dachstuhl gehört eine Schatzkammer mit Reliquien und Schreinen. St. Peter und Paul in Niederzell beeindruckt durch die harmonische Verbindung von Romanik und Barock. Der Rundweg um die Insel zeigt die ganze Vielfalt der Landschaften des Untersees.

Mit farbigen Glasfenstern zeigt sich der gotische Chor des Mittelzeller Marienmünsters (großes Bild). Die Chorapsis von St. Peter und Paul, Niederzell ist reich mit Fresken ausgestattet (rechts); St. Georg in Oberzell (unten).

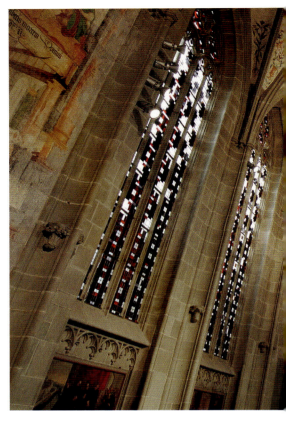

BIRNAU

Die Wallfahrtskirche Birnau steht etwas erhöht auf einem Hügel am Nordufer des Bodensees. Das Ensemble aus Architektur und Skulptur, barocken Formen und Farben wurde in den Jahren 1746 bis 1750 unter der Leitung des Vorarlberger Baumeisters Peter Thumb erbaut und reich ausgestattet. Der Vorgängerbau, eine Wallfahrtskirche mit dem Gnadenbild der wundertätigen Madonna, war vermutlich bereits um 1222 ein frequentiertes Pilgerziel. Das saalartige Kircheninnere gilt als einer der bedeutendsten Barockräume Deutschlands und beeindruckt durch Gewölbemalereien von Gottfried Bernhard Göz sowie Stuckdekorationen und Altäre von Joseph Anton Feichtmayr. Die Kirche wurde nach der Säkularisation aufgegeben und diente zeitweise als Ziegenstall, bis sie 1919 von Zisterziensern vom Kloster Mehrerau in Bregenz wieder übernommen wurde.

Die malerisch am Ufer des Bodensees gelegene Wallfahrtskirche Birnau (unten) beeindruckt den Besucher mit ihrem prachtvollen barocken Innenraum mit den Trompe-l'œil-Malereien und Rocaille-Stuckaturen.

INSEL REICHENAU

BIRNAU

ULM

»Venediger Macht, Augsburger Pracht, Nürnberger Witz, Straßburger Geschütz und Ulmer Geld regier'n die Welt«, mit diesem alten Spruch ist alles gesagt: Ulm an der Donau – der Name kommt von Hulma, das bedeutet »sumpfige Stelle« – spielte, seit 1274 Freie Reichsstadt, im späten Mittelalter eine herausragende Rolle. Ihre Lage am Schnittpunkt der Fernhandelsstraßen machte sie zum Zentrum des Textilhandels. Von der mächtigen Stellung der Weber und Kaufleute geben heute die vorbildlich restaurierten Gebäude der Altstadt eindrucksvoll Zeugnis. Um 1500 war Ulm nach Nürnberg die zweitgrößte deutsche Stadt. Ihr monumentales, weithin sichtbares Bauwerk, das Ulmer Münster, macht die Donaustadt noch heute einzigartig. Der gotische Kirchturm, von dem der Schneider von Ulm seinen Flugversuch startete, ist mit 161,53 Metern der höchste der Welt.

ULM

Kleine Bilder: Sechs Buntglasfenster des Chors stammen noch aus dem Mittelalter. Das älteste wurde 1390 von der Zunft der Weber gestiftet. In der Mitte befindet sich der »Hutzaltar« von 1521 und darüber das fünf Meter hohe Kruzifix und die Hauptorgel mit 900 Pfeifen. Großes Bild: Blick von der Neutorbrücke auf das Ulmer Münster: Das Gotteshaus bestimmt das Stadtbild und ist die größte protestantische Pfarrkirche.

BADEN-WÜRTTEMBERG

KLOSTER WIBLINGEN

Die 1093 gegründete Benediktinerabtei in der Nähe von Ulm wurde zu Beginn des 18. Jahrhunderts in barockem Stil grundlegend umgestaltet bzw. neu errichtet. Bautypologisch ist das Kloster dem Escorial bei Madrid nachempfunden, ähnlich wie dort bildet eine Kirche – hier St. Martin – das Herzstück. Mit der weiß-goldenen Farbgebung und dem antiken Ornamentenrepertoire im Innenraum klingt bei dem um 1780 errichteten Gotteshaus bereits der Frühklassizismus an. Schier den Atem verschlägt es dem Betrachter jedoch im Bibliothekssaal des Klosters, einem der prunkvollsten Rokoko-Repräsentationsräume Süddeutschlands. Glanzpunkte sind hier das grandios ausgeführte Deckenfresko, auf dem antike und christliche Motive gegenübergestellt sind, sowie zu Füßen der umlaufenden Empore die in ebenfalls antithetischer Konzeption angelegten figürlichen Allegorien.

KLOSTER WIBLINGEN

Im schönstem Rokoko schwelgt der Bibliothekssaal des Konvents. Zwischen Doppelsäulen mit reich verzierten Kapitellen stehen sich von Dominikus H. Herberger geschnitzte Allegorien der Wissenschaften und Künste sowie des Glaubens gegenüber (links und unten). Der Saal entstand zwischen 1740 und 1750 unter Abt Meinhard und nimmt mit 23 Metern Länge und 11,5 Metern Breite zwei Geschosse ein.

KLÖSTER UND KIRCHEN IN OBERSCHWABEN

Die Kunst des Barock ist auf Effekt bedacht. Der verschwenderische Umgang mit Formen ist voller Pathos, gibt aber auch dem Schrecken vor Tod und Zerstörung seinen Ausdruck. Barock in Deutschland ist vor allem im katholischen Süden zu bewundern, die Klöster und Kirchen Oberschwabens sind Zeugnisse dieser Epoche. Die St. Martinskirche (1715–24) der früher reichsfreien Benediktinerabtei von Weingarten ist die größte Barockbasilika Deutschlands. Ist die Kuppel bereits 67 m hoch, so führen die Deckenfresken des ansonsten ganz in Weiß gehaltenen Innenraums den Betrachter geradewegs ins himmlische Paradies. Auf den Spuren der Barockkünstler wandeln kann man auf der Oberschwäbischen Barockstraße, mit Stationen etwa im Kloster Zwiefalten, in Bad Schussenried (Wallfahrtskirche Steinhausen) oder in Biberach an der Riß (Simultankirche St. Martin).

KLÖSTER UND KIRCHEN IN OBERSCHWABEN

Die ehemalige Klosterkirche von Zwiefalten (1739–85), seit 1812 Pfarr- und Wallfahrtskirche (großes Bild links), kombiniert Spätbarock mit den verspielten Formen des Rokoko; für beide Baustile typische Gestaltungselemente sind Putten (rechts). Die Kirche des 2010 aufgegebenen Klosters Weingarten hat einen mächtigen barocken Hochaltar; die Deckengemälde fertigte 1718–20 Cosmas Damian Asam an (Bilder links).

BAYERN

Der Freistaat weist Topografien auf, wie man sie sonst in Deutschland nicht findet – von Flusslandschaften wie an Main und Donau über das Fünfseenland südlich von München bis zum alpinen Hochgebirge wie bei Garmisch-Partenkirchen oder Berchtesgaden. Zahlreiche sehenswerte Schlösser, Burgen, Klöster und Kirchen zeugen aber auch von seiner kulturellen und politischen Geschichte. Die Bayern gelten als urwüchsig und traditionsverbunden und haben sich wohl auch deshalb ein ausgeprägtes Bewusstsein ethnischer und staatlicher Eigenständigkeit bewahrt.

Die Bavaria ist die weibliche Symbolgestalt und weltliche Patronin Bayerns. Leo von Klenze hatte sie als griechische Amazone entworfen. Der Bildhauer Ludwig Schwanthaler und der Erzgießer Johann Baptist Stiglmaier vollendeten die antike Gestalt aus Bronze.

ASCHAFFENBURG

Am nordwestlichsten Rand Bayerns, schon fast in Hessen, liegt das Mainstädtchen Aschaffenburg. Unterschiedliche Stilepochen, von der Romanik bis zum Barock, prägen seine Stadtpfarrkirche St. Peter und Alexander. Besonders sehenswert sind der spätromanische Kreuzgang und die »Beweinung Christi« von Matthias Grünewald, einem Sohn der Stadt. Hoch über dem Main ließen Anfang des 17. Jahrhunderts die Erzbischöfe von Mainz Schloss Johannisburg als Vierflügelanlage im Renaissancestil neu erbauen. Den Gegensatz dazu bilden unten am Main das frühklassizistische Schloss Schönbusch (1778–1782) mit dem ältesten »englischen« Landschaftspark Süddeutschlands. 1814 kam Aschaffenburg zu Bayern – für den in die Antike verliebten König Ludwig I. die Gelegenheit, hier eine »römische« Villa zu errichten, das Pompejanum über dem Main.

Schloss Johannisburg, bis 1803 die zweite Residenz der Mainzer Erzbischöfe, erhebt sich mächtig am Mainufer (rechts). In die Welt der Antike entführt das Pompejanum, der Nachbau einer römischen Villa (unten).

NATURPARK BAYERISCHER SPESSART

Mit zwei Dritteln seiner Gesamtfläche bedeckt der Spessart fränkisches Terrain. Er zählt zu den größten zusammenhängenden Waldgebieten Deutschlands. Und weil die Mainzer Kurfürsten, die hier bis zu Beginn des 19. Jahrhunderts das Sagen hatten, gerne ihrer Jagdleidenschaft frönten, duldeten sie hier keine Rodungen oder Siedlungen, sodass der Spessart selbst noch heute als weitgehend menschenleer gilt. Davon haben vor allem Fauna und Flora profitiert, doch auch hier hätte es der Mensch beinahe geschafft, die über Jahrhunderte gewachsenen Eichenwälder zu verdrängen. Erst in jüngerer Zeit sorgt sich die Forstwirtschaft wieder verstärkt um Erhaltung. Doch den Ruf einer Räuberhöhle wird der Spessart wohl nicht so schnell wieder los: Wer kennt nicht die Räubergeschichte »Das Wirtshaus im Spessart« von Wilhelm Hauff?

In einem verschwiegenen Tal des Spessarts versteckt liegt das Wasserschloss Mespelbrunn. (unten). Er ist eines der größten Laubwaldgebiete Deutschlands und bietet unter anderem Damhirschen und Luchsen einen Lebensraum.

ASCHAFFENBURG

NATURPARK BAYERISCHER SPESSART

UNTERES MAINTAL

Der rund 500 Kilometer lange Main fließt die größte Strecke durch Franken, eine historische Kernlandschaft Deutschlands, denn auf »fränkischer Erde« musste der deutsche König gewählt werden: Frankfurt am Main war deshalb Wahlort. Heute kommt nach Franken, genauer Unterfranken oder Mainfranken, wer die Großstadtebene am Untermain verlässt. Flussaufwärts hinter Aschaffenburg umfließt der Main den Spessart in einem großen, nach Norden offenen Bogen bis Gemünden: dem Mainviereck. In einem tiefen Tal bis hinauf nach Miltenberg trennt der Fluss die Mittelgebirge Spessart und Odenwald. An seinen Ufern und bewaldeten Hängen reihen sich historische Städtchen. Bis zur Flurbereinigung unter Napoleon gehörten sie ein Vielzahl von Herren, die sich mit Schlössern und imposanten Burgen in der Landschaft verewigten.

Stadtprozelten wird überragt von der Ruine der Henneburg. Großes Bild: Blick auf das Örtchen Mondfeld, direkt am Main. Homburg ist ein Ortsteil von Triefenstein (oben). Der obere Teil des Miltenberger Marktplatzes wird Schnatterloch genannt.

MITTLERES MAINTAL

Richtungswechsel sind typisch für den Main. Zwischen Gemünden an der Mündung von Sinn und Fränkischer Saale und der Industriestadt Schweinfurt bildet sein Verlauf die Form eines nach Norden offenen Dreiecks. Weithin prägt Weinbau die Landschaft. Am westlichen Schenkel des Maindreiecks ist Würzburg die größte Stadt. Seit dem Mittelalter entwickelte sie sich unter dem Krummstab der Bischöfe zu einem baulichen Gesamtkunstwerk, das sich am besten von der Festung Marienberg auf dem linken Flussufer erfassen lässt. Bei Ochsenfurt mit seiner weitgehend erhaltenen mittelalterlichen Stadtbefestigung beginnt (oder endet) der östliche Schenkel des Dreiecks. Flussaufwärts hinter Kitzingen bildet der Main zwei Schleifen, die südliche passiert das von 36 Türmen »bewachte« Dettelbach und die nördliche den bekannten Weinort Volkach im Scheitelpunkt.

Der Volkacher Ortsteil Köhler schmiegt sich an das rechte Ufer des Mains (großes Bild). Wallfahrtsziel ist die Rosenkranzmadonna Riemenschneiders in St. Maria im Weingarten (oben). Randersacker (unten) war Zentrum des Muschelkalkabbaus.

414 BAYERN

UNTERES MAINTAL

MITTLERES MAINTAL

WÜRZBURG

Die Universitätsstadt am Main, in schönster Lage am Fuße der Festung Marienberg und der städtischen Weinlagen, hat trotz der fast völligen Zerstörung im Zweiten Weltkrieg heute wieder eine liebenswerte Altstadt. Sie erstreckt sich rund um den Marktplatz mit der spätgotischen Marienkapelle und dem »Haus zum Falken« mit seinem reichen Rokokostuck. In der Krypta der Neumünsterkirche befindet sich das steinerne Kiliansgrab. Im Jahr 689 soll der irische Geistliche hier von den Adligen erschlagen worden sein. Manch Schönes liegt im Verborgenen, so auch das Lusamgärtlein hinter dem barocken Neumünster, in dem der Minnesänger Walther von der Vogelweide begraben liegt. Sein Grabspruch begann mit den blumigen Worten: »Walther, der du als Lebender die Weide der Vögel gewesen bist, die Blume der Beredtsamkeit, der Mund der Pallas ...«.

WÜRZBURG, RESIDENZ

Die Errichtung der fürstbischöflichen Residenz in Würzburg geht auf das Jahr 1683 zurück, als das Domkapitel den Beschluss fasste, die Hofhaltung von der Marienberg in die Stadt zu verlegen. Zunächst entstand in den Jahren von 1701 bis 1704 das sogenannte Rennweger Schlösschen, 1719 entschloss sich dann Fürstbischof Johann Philipp Franz von Schönborn dazu, die Stadtresidenz zu erneuern. Die Leitung für das gesamte Bauprojekt hatte Balthasar Neumann inne, und da dem Fürstbischof aus einem gewonnenen Prozess immense Geldmittel zur Verfügung standen, wurde ein kompletter Neubau errichtet. Zur Gartenseite hin erstreckt sich die Hauptachse mit dem Mittelrisalit, in dem sich der Kaisersaal befindet. Von der Grundsteinlegung im Jahre 1720 an dauerte es insgesamt 24 Jahre, bis der Bau vollendet werden konnte.

WÜRZBURG, RESIDENZ

WÜRZBURG

Der Dom St. Kilian, Neumünster und Marienkapelle bestimmen das Stadtbild von Würzburg (unten). Die auf das Jahr 1133 zurückgehende Alte Mainbrücke wurde im 18. Jahrhundert mit zwölf überlebensgroßen Heiligenfiguren versehen (oben). Zu dem heiligen Kilian gesellt sich unter anderem die Heiligen Bruno, Burkard, Kolonat, die Jungfrau Maria, Totnan, Karl der Große und Nepomuk.

NATURPARK FRÄNKISCHE RHÖN

Eine regionale Arbeitsgemeinschaft betreut federführend diverse Projekte zur Förderung des Wirtschaftsraums im Grenzland zwischen Hessen, Thüringen und Franken. Dazu gehört auch die Vermarktung sogenannter Leitprodukte. In der Rhön sind dies, neben dem Rhönschaf, auch das Rhöner Biosphärenrind und der Weideochse, die wohlschmeckenden Rhöner Apfelsorten und Bachforellen, das Rhöner Kümmelbrot und nicht zuletzt das Rhöner Ökobier. Wer neben und in der reizvollen Natur auch ein nach altem Rezept gebrautes Bier genießen möchte, dem sei eine Wanderung auf den Kreuzberg bei Wildflecken empfohlen. Er gilt nicht nur als »Heiliger Berg der Franken« mit jahrhundertealter Wallfahrtstradition. Vom Gipfel genießt man einen Blick auf Nachbarberge und ein Meer von Basaltblöcken, die auf den vulkanischen Ursprung der Rhön verweisen.

WÜRZBURG, RESIDENZ

WÜRZBURG, RESIDENZ

Balthasar Neumann schuf von 1737 bis 1743 das glanzvolle Treppenhaus in der Würzburger Residenz, Giovanni Battista Tiepolos dort das größte Deckenfresko, das jemals gemalt wurde (Mitte). Auch die anderen Räumlichkeiten der barocken Anlage sind prachtvoll ausgeschmückt und ausgemalt – so der Kaisersaal (Decke und Wandfresko), der Spiegelsaal und die Hofkirche (Bildleiste von oben).

NATURPARK FRÄNKISCHE RHÖN

Im äußersten Norden Frankens erstreckt sich die Fränkische Rhön, die für ihre prachtvollen Hutebuchen bekannt ist (großes Bild). Nordfränkische Impressionen: Kreuzigungsgruppe am Michaelsberg in Heustreu (links), die größte Kirchenburg Deutschlands in Ostheim (Bildleiste oben und unten), Fassade des Zehnthauses in Nordheim (2. Bild von oben), Häuserzeile in der Oberen Pforte in Fladungen (darunter).

HASSBERGE

Die Hassberge, die im Süden durch den Main begrenzt werden, schieben sich im Norden Frankens bis an die thüringische Landesgrenze. Zur Rhön hin werden sie vom Grabfeld getrennt, wo sich, ebenfalls nahe der ehemals deutsch-deutschen Grenze, in Irmelshausen ein wunderschönes Wasserschloss befindet, das noch heute im Besitz der freiherrlichen Familie von Bibra ist. Im Bramberger Wald nahe Ebern finden sich noch Reste einer bereits im Jahre 1108 bezeugten Burg Bramberg. Auf dem Weg zur Ruine passiert man die gewaltigen Wallanlagen, die noch heute einen grandiosen Eindruck von der einstigen Bedeutung dieser mächtigen Burg vermitteln. Sie wurde im Zusammenhang mit dem sogenannten Rennweg errichtet, als es darum ging, eine ganze Kette von Burgen zwischen Fulda und Bamberg militärisch gegen Angriffe abzusichern.

Juwelengleich liegt inmitten der Hassberge das Wasserschloss in Irmelshausen (rechts). In Königsberg (unten) haben die Stadtväter stets darauf geachtet, das mittelalterliche Stadtbild mit Fachwerkfassaden zu bewahren.

STEIGERWALD

Aus der unterfränkischen Gäulandschaft steigt in steilen Stufen der Steigerwald an, der sich zwischen dem Main und der Aisch, im Städtedreieck Bad Windsheim–Schweinfurt–Bamberg ausbreitet. Der Naturraum Steigerwald zeichnet sich vor allem durch seine großflächigen Laubwaldregionen aus, die von einer sanfthügeligen Wiesen- und Weidelandschaft durchzogen werden. Von allen Baumarten scheint sich die Buche hier am wohlsten zu fühlen. So mancher Baumriese hat hier schon gut 200 Jahre auf dem astbegrünten Buckel. Die während des Sommers dicht bewachsenen und daher lichtarmen Waldstücke bieten einerseits ein geschütztes Refugium für Vögel und andere scheue Waldbewohner. Für die Bodenpflanzen bedeutet dies hingegen, ihren gesamten Lichtbedarf bereits im Frühjahr vor dem Austreiben der Blätter decken zu müssen.

Das Rödelseer Tor ist das älteste von den drei noch erhaltenen Stadttoren Iphofens. Mit seinem originellen hohlziegelbedachten Turm, der schönen Fassade und dem Torhaus erfüllt es alle Merkmale des Fachwerkbaus (unten).

HASSBERGE

STEIGERWALD

NÜRNBERG

Sie lieben das Leben, die Nürnberger, ihre schöne Stadt, ihr Bier, ihre berühmten, nur fingergroßen Bratwürste, ob vom Rost mit frischem Sauerkraut oder als »saure Zipfel«. Im Winter auf dem Christkindlesmarkt sind auch Glühwein und Nürnberger Lebkuchen begehrt. Genuss spielt in der Stadt Albrecht Dürers eine große Rolle. Das mag auch daran liegen, dass die frühere Freie Reichsstadt einst zu den wichtigsten Kunst- und Handelsmetropolen Europas zählte. Schon vom Hauptbahnhof aus erblickt man direkt die mittelalterliche Stadtbefestigung mit dem Frauentor. Die gewaltige Kaiserburg war Schauplatz vieler Reichs- und Hoftage. Imposante Gotteshäuser wie die Lorenzkirche mit dem »Englischen Gruß« von Veit Stoß oder die Sebalduskirche mit dem Sebaldusgrab von Peter Vischer sowie eindrucksvolle Bürgerhäuser zeugen von der großartigen Vergangenheit Nürnbergs.

NÜRNBERG

Die große Vergangenheit der einstigen Freien Reichsstadt und Industriemetropole ist in Bayerns zweitgrößter Stadt noch allerorten zu spüren. Trotz gewaltiger Zerstörungen im Zweiten Weltkrieg haben sich noch viele bauwerkliche Zeugnisse der Vergangenheit erhalten. Großes Bild: Blick auf den Hauptmarkt und den monumentalen Bau der mittelalterlichen Stadtkirche St. Sebald.

NÜRNBERG, KAISERBURG

Die Stauferkaiser setzten zur Verwaltung der Burg Beamte ein, denen sie mit dem Burggrafenamt ein erbliches Lehen übertrugen. Als dieses in die Hände der Hohenzollern geriet, entwickelte sich neben der Kaiserburg eine mächtige Burggrafenburg. Es entstand eine unheilvolle Rivalität zwischen den Zollern, die die Stadt Nürnberg in ihre Stammlande einverleiben wollten, und der freien Reichsstadt, die sich dem mit allen Mitteln widersetzte. Diese Rivalität hat die Geschichte Mittelfrankens über Jahrhunderte geprägt. Nürnbergs Burg war stets zum Repräsentieren bestimmt. Insgesamt an die 300 Aufenthalte von über 30 Herrschern sind verzeichnet, darunter auch die Habsburger. Im Jahre 1356 verfügte Kaiser Karl IV., dass jeder neu gewählte König seinen ersten Reichstag auf der Burg an der Pegnitz abzuhalten habe.

Die Nürnberger Kaiserburg entstand ursprünglich als salische Königsburg um die Mitte des 11. Jahrhunderts. Vor dem südlich gelegenen Eingang erhebt sich der Sinnwellturm, von Mittelhochdeutsch sinwell = rundum.

NÜRNBERG, ALTSTADT

Die Pegnitz trennte mit ihrem sumpfigen Gelände auch die beiden Viertel, aus denen die Stadt Nürnberg entstanden ist: das nördlich gelegene Burgviertel (Sebalder Altstadt) und die Bürgerstadt im Süden (Lorenzer Altstadt), wo neben den Handwerkern auch die Kaufmannsfamilien zu Hause waren und wo sich heute die großen Fußgängerzonen mit ihren Einkaufstempeln befinden. Auf dem Hauptmarkt von Nürnberg fällt sofort der Blick auf die opulente Brunnenanlage. Die 40 Skulpturen-Nachbildungen des Schönen Brunnens zeigen auf mehreren Ebenen die ganze Welt des Mittelalters: unten die sieben freien Künste, darüber die vier Evangelisten, die Kirchenväter, die sieben Kurfürsten und in der obersten Reihe Moses und die sieben Propheten. Wer am goldenen Ring des kunstvollen Brunnengitters dreht und sich etwas wünscht, dem soll es der Legende nach in Erfüllung gehen.

Altfränkische Impressionen aus Nürnberg: Schöner Brunnen (unten), Fachwerkhäuser in der Weißgerbergasse (großes Bild), Frauenkirche mit Hauptmarkt (rechts oben), Weinstadel mit Henkersteg (rechts unten).

NÜRNBERG, KAISERBURG

NÜRNBERG, ALTSTADT

NATURPARK ALTMÜHLTAL

Das Tal der Altmühl erschließt sich für Wander- und Naturfreunde über den neuen Altmühltal-Panorama-Weg. Der im Jahr 2005 geschaffene, nahezu 200 Kilometer lange Wanderweg führt an den Naturschönheiten entlang der Ufer der Altmühl vorbei und bietet attraktive Tagestouren auf der Strecke zwischen Gunzenhausen und Kelheim. Zahlreiche Lehrpfade dienen dazu, die Sensibilität für diese Kulturräume schärfen. Wer ein Auge dafür hat, kann hier die artenreiche Fauna und Flora der naturgeschützten Wacholderheiden erforschen. Wer sich zudem für die archäologischen Zeugnisse der Region interessiert, folge ab Kelheim den Spuren des jüngst angelegten Archäologieparks. Hier lag einst die Stadt Alkimoennis, die größte Keltensiedlung Deutschlands. Meterhohe Hügelgräber und Viereckschanzen für rituelle Handlungen belegen diese mythenreiche Zeit.

NATURPARK ALTMÜHLTAL

Vor 150 Millionen Jahren lag das heutige Altmühltal am Rand des Jurameers. Im Kalkschlamm wurden tote Tiere und abgestorbene Pflanzen luftdicht eingeschlossen – und versteinerten. So haben sich in den Solnhofer Kalkschieferbrüchen bis heute Lebensformen der Jurazeit als Fossilien erhalten (Bildreihe rechts). Links: Alte Stadtmauer mit Befestigungsgraben in Weißenburg.

ROTHENBURG OB DER TAUBER

In wohl keiner anderen Stadt Deutschlands ist das Mittelalter so spürbar wie in Rothenburg ob der Tauber. Das romantische Städtchen pries der Maler Ludwig Richter einst als »Märchen einer Stadt«, und von diesem Synonym ist bis heute kein Wert verlustig gegangen. Die Stadtmauer mit vielen mächtigen Türmen umgibt die gesamte Altstadt und ist sogar begehbar, was einem herrliche Ausblicke in das Taubertal und über die Stadt ermöglicht. Zu den berühmtesten Sehenswürdigkeiten von Rothenburg ob der Tauber gehört zweifellos die Sankt-Jakobs-Kirche mit dem Heilig-Blut-Altar von Tilman Riemenschneider. Und wer sich mittenhinein in das vergangene Leben stürzen möchte, dem sei die Teilnahme an einem der zahlreichen Mittelalterfeste empfohlen, wie dem »Meistertrunk« mit plündernden Rittern in traditionellen Kostümen.

ROTHENBURG OB DER TAUBER

Die malerische Stadt an der Romantischen Straße: In den engen Gassen von Rothenburg finden sich eine Fülle geschichtsträchtiger Bauten und dicht gedrängter Fachwerkfassaden mit schmucken Hausgiebeln, verspielten Erkertürmchen und einladenden Türportalen. Rothenburg ob der Tauber ist ein Kleinod spätgotischer Baukunst und süddeutscher Renaissance-Architektur.

COBURG

Zwei sprichwörtlich herausragende Monumentalbauten bietet Coburg. Die Veste Coburg, auch als »Frankens Krone« bekannt, geht auf das Jahr 1225 zurück und wurde dank einer immer weiter ausgebauten Verteidigungsanlage in ihrer gesamten Geschichte niemals erobert. Die Herzöge von Sachsen-Coburg begannen im 19. Jahrhundert damit, auf der Burg eine bedeutende Kunstsammlung einzurichten, wozu Gemälde altdeutscher Meister wie Cranach und Dürer ebenso gehören wie Kupferstiche oder kostbare venezianische Gläser. Die Stadtresidenz der Herzöge, Schloss Ehrenburg, wurde nach einem Brand im Jahre 1690 errichtet, bei dem der Vorgängerbau fast völlig zerstört wurde. Schmuckstück der Residenz ist der über der Kirche gelegene Riesensaal. Namengebend sind die 28 riesig wirkenden Atlas-Figuren, die je mit einem Arm die Decke des Hauptsaals tragen.

COBURG

Hoch über den Dächern der Stadt erhebt sich die berühmte Veste Coburg. Sie verfügt über eine Vielfalt von Verteidigungswaffen. Fallgatter, Eisentore und ein zehn Meter hohes Eingangsportal sind von außen zu erkennen (links). Auf dem Marktplatz von Coburg steht das Prinz-Albert-Denkmal, ein Geschenk der Königin Victoria an die Heimatstadt ihres verstorbenen Gatten im Jahre 1865 (unten).

BAMBERG

Kaiser Heinrich II. schuf mit der Gründung des Bistums Bamberg im Jahre 1007 die Grundlage für den unaufhaltsamen Aufstieg des »fränkischen Rom«, wie Bamberg wegen seiner bedeutenden Sakralbauten und der sieben Hügel im Stadtgebiet bis heute genannt wird. Weithin sichtbar überragt das bedeutende Kloster auf dem Michelsberg die Dächer der Bamberger Altstadt, deren Silhouette vom viertürmigen Dom und vom Brückenturm des historischen Rathauses geprägt wird. Im Gegensatz zu Nürnberg oder Würzburg wurde Bamberg im Zweiten Weltkrieg kaum beschädigt und strahlt in mancher Perspektive noch das Ambiente eines alten Stichs aus. Es repräsentiert in einzigartiger Weise die auf frühmittelalterlicher Grundstruktur entwickelte mitteleuropäische Stadt. Nicht zuletzt deshalb ist Bamberg seit dem Jahr 1993 Weltkulturerbe der UNESCO.

BAMBERG

Ein fast unversehrtes historisches Stadtbild bietet Bamberg mit der Silhouette des gotischen Doms sowie des mächtigen Klosters St. Michael auf dem Michelsberg (oben). Jeder Besucher kann sich spannender Weise davon überzeugen, mit einem Stadtplan aus dem Mittelalter noch jedes Ziel mühelos zu finden. Das Alte Rathaus an der Regnitz (links) trägt an seiner Fassade kunstvolle Fresken (rechts).

BAYERN 439

BAMBERG, DOM UND ALTE HOFHALTUNG

Neben den Dombauten von Worms, Mainz und Speyer zählt Bambergs Domkirche St. Peter und Georg mit ihren vier schlanken Türmen und den beiden gegenüberliegenden Chören zu den bedeutendsten Kirchen des deutschen Mittelalters. Ein Besuch lohnt nicht nur wegen des berühmten »Bamberger Reiters«, einer monumentalen Steinplastik des 13. Jahrhunderts. Der Marienaltar von Veit Stoß aus dem Jahre 1523 zählt ebenso wie die reich geschmückten Chöre mit ihren filigranen Gewölbekonstruktionen zum kostbaren Inventar des Domes. Zwischen dem Dom und der Neuen Residenz erstreckt sich die Alte Hofhaltung, in der sich im 10. Jahrhundert die Bischofspfalz befand. Das zum Domplatz sich öffnende Renaissanceportal bezeugt noch die zweite Bauphase in den Jahren von 1568 bis 1576, als man unter anderem die Neue Ratsstube errichten ließ.

BAMBERG, DOM UND ALTE HOFHALTUNG

Gleich über vier Türme verfügt der romanisch-gotische Bamberger Dom, der mit Bambergs Altstadt Teil des UNESCO-Weltkulturerbes ist. Innen birgt er eine wertvolle Ausstattung und bedeutende Kunstwerke, etwa den Radleuchter im Westchor mit seinem prächtigen Chorgestühl oder den berühmten »Bamberger Reiter« (Bildreihe unten von links). Oben: Relief über dem Torbogen zur Alten Hofhaltung.

BAMBERG, NEUE RESIDENZ

Schönbornzeit – damit wird in Franken das Barockzeitalter bezeichnet, in dem die Bischöfe des Hauses Schönborn die Kunstlandschaft nachhaltig prägten. Im Mittelbau der Neuen Residenz, die Fürstbischof Lothar Franz von Schönborn in den Jahren von 1695 bis 1703 anstelle eines Vorgängerbaus aus der Zeit um 1600 errichten ließ, werden den Besuchern heute die Prunkräume der fürstbischöflichen Hofhaltung präsentiert. Allen voran der Kaisersaal im zweiten Obergeschoss, dessen Scheinarchitektur verwirrt und zugleich fasziniert. Räumlichkeit wird vorgetäuscht, Illusionen über Plastizität und Perspektiven werden geschaffen. Beeindruckend ist auch das Programm der üppigen Ausmalung durch den Künstler Melchior Steidl, das in der Verherrlichung des »Guten Regiments« im Deckengemälde gipfelt, einer Hommage an das Haus Habsburg.

BAMBERG, NEUE RESIDENZ

Die Neue Residenz zu Bamberg beherbergt wahre Schätze räumlicher Gestaltung, herausragend dabei der Kaisersaal mit Fresken (unten). Der Saal befindet sich im zweiten Obergeschoss des Mitteltraktes und ist über und über mit Decken- und Wandgemälden von Melchior Steidl ausgeschmückt. Motive sind unter anderem Medaillons mit römischen Kaisern und den antiken vier Weltreichen.

NATURPARK FRÄNKISCHE SCHWEIZ

Die »Fränkische Schweiz«, eine facettenreiche Naturregion im Städtedreieck Bayreuth–Bamberg–Erlangen, besteht aus dem Flusstal und dem Einzugsgebiet der Wiesent. Diese entspringt bei Steinfeld und fließt über Hollfeld und Ebermannstadt zur Regnitz, in die sie bei Forchheim einmündet. Entstanden ist die Mittelgebirgsformation vor ungefähr 190 Millionen Jahren, als sich das Keupermeer zurückgezogen hatte und infolge Erdbewegungen erneut gewaltige Wassermassen eingebrochen waren. Aus den Schwammriffen des Jurameeres sind die für die Fränkische Schweiz so typischen Felsformationenen entstanden, steil aus dem Tal aufragende und zuweilen skurril geformte Türme, deren Gestein sich aus der Vermischung von Kalk und Magnesium zu Dolomit gebildet hat. Ihren Namen verdankt die Fränkische »Schweiz« den inspirierten Romantikern im 19. Jahrhundert.

NATURPARK FRÄNKISCHE SCHWEIZ

Das Felsendorf Tüchersfeld liegt zwischen Pottenstein und Behringersmühle im unteren Püttlachtal (links). Eine grandiose Aussicht auf das Altental (vorne) und Wiesenttal (hinten) genießt man vom Gipfel des Rötelfelsen aus (großes Foto). Bildleiste von oben: natürliches Felsentor bei Neudorf, Buchenwald am Rötelfels, Zauberwald Drudenhain bei Wohlmannsgesees, Wasserrad im Wiesenttal.

BAYERN 445

BAYREUTH, NEUES SCHLOSS UND EREMITAGE

Bayreuths Geschichte wurde über Jahrhunderte durch die Fürsten von Brandenburg-Bayreuth geprägt. Doch erst Markgraf Christian Ernst (1661–1712) und nach ihm die preußische Prinzessin Friederike Sophie Wilhelmine (1709–1758), Schwester Friedrichs des Großen, verliehen Bayreuth jenen verführerischen Glanz aus Barock und Rokoko, der schließlich auch Richard Wagner in seinen Bann ziehen sollte. Das Alte und das Neue Schloss, das Markgräfliche Opernhaus, die Eremitage und die beiden Schlösser »Sanspareil« und »Fantaisie« sind die illustren Hinterlassenschaften einer prachtvollen Ära. Leonhard Dientzenhofer lieferte die Pläne für den Markgrafenbrunnen vor dem Neuen Schloss. Für Besucher stehen die schönsten der über 100 Räume offen zur Besichtigung. Sehenswert ist hier insbesondere die Sammlung »Bayreuther Fayencen«.

BAYREUTH, NEUES SCHLOSS UND EREMITAGE

Die festlich beleuchtete Fassade des Neuen Bayreuther Schlosses und das Eingangsportal mit dem opulenten Brunnen erstrahlen in barocker Eleganz (großes Bild). Hauptattraktion bleibt für die meisten Besucher der Sonnentempel im Hofgarten Eremitage (oben). Die Fassade ist mit bunt bemalten Glasschlacken und Kristallen verziert. Auf der Kuppelhaube glänzt ein goldener Sonnenwagen mit Apollo.

BAYERN 447

BAYREUTH, OPERNHAUS

Selten findet man die Ideale, das Kunstempfinden und die Ästhetik der höfischen Architektur des Rokoko auf so eindrucksvolle Weise verkörpert wie im Opernhaus von Bayreuth, das im Auftrag der Markgräfin Wilhelmine in den Jahren von 1745 bis 1748 nach den Plänen von Joseph Saint-Pierre erbaut wurde. Die in drei Reihen angeordneten Logen gruppieren sich um die prachtvoll ausgestattete Fürstenloge, die für den Opernbesuch der Markgräfin und ihrer Höflinge und Hofdamen reserviert war. Die Ausgestaltung erfolgte durch Giuseppe Galli Bibiena und dessen Sohn Carlo. Das Schnitzwerk fertigten Johann Gabriel Räntz und Johann Schnegg, die Vergoldung schuf Jakob N. Grüner. Der Kunstkritiker Georg Dehio würdigte diesen Musentempel einst als »umfassenden Festraum höfischer Selbstrepräsentation«, und jeder Besucher wird sich diesem noch heute anschließen.

BAYREUTH, OPERNHAUS

Das Markgräfliche Opernhaus ist heute eines von Europas besterhaltenen Barocktheatern und eines der schönsten noch dazu. Das höfische Theater hat sich damit ein Denkmal für die Ewigkeit gesetzt. Der Blick des Bayreuther Opernhauses in den Zuschauerraum auf die Bühne verrät bereits, dass es sich hier um etwas Einzigartiges handelt (links). Ein Deckenfresko zeigt Apollo und die Musen.

WAGNERS BAYREUTH

Größer können die Gegensätze kaum sein: In die Landschaft Oberfrankens eingebettet das lieblich-verspielte Bayreuther Rokoko einer preußischen Prinzessin, auf dem Olymp die Götterdramen Richard Wagners (1813–83). Das selbsternannte Genie aus Sachsen, von der Vorstellung beseelt, Musik, Text und Bühnenbild zu einem ganz neuen Operntyp zu vereinen, hatte mit »Rienzi« und dem »Fliegenden Holländer« in Dresden erste Erfolge, seine künstlerischen Vorstellungen konnte er aber erst drei Jahrzehnte später mit finanzieller Unterstützung seines größten Bewunderers, des bayerischen »Märchenkönigs« Ludwig II., verwirklichen: in einem eigenen, von Wagner erdachten und mit Ludwigs Krediten gebauten »Festspielhaus«. In dem seit 1810 bayerischen Bayreuth entstand 1872–75 eine der größen Opernbühnen der Welt. Dort konnte nun Wagners Hauptwerk, »Der Ring des Nibelungen«, die Wirkung entfalten, die sich sein Komponist erhofft hatte. 1876 erlebte der vierteilige Zyklus seine Uraufführung. Nach der Überwindung finanzieller Schwierigkeiten, die Wagner seit jeher begleitet hatten, strömen seit 1882, zunächst unregelmäßig, ab 1951 jedes Jahr im Juli/August, Musikliebhaber aus aller Welt auf den »Grünen Hügel«, neugierig auf jede Neuinterpretation der seinerzeit revolutionären Musikdramen.

WAGNERS BAYREUTH

Richard Wagner schuf für seine Werke eigene Festspiele. Im Haus Wahnfried (1874, oben links), seit 1976 Museum und Forschungsstätte zu Leben und Werk des Komponisten, wohnte er mit seiner Familie (oben rechts: mit Ehefrau Cosima und deren Vater Franz Liszt). Büsten des Ehepaars Wagner, das im Park der Villa auch begraben ist, markieren den Zugang zum repräsentativen Salon (großes Bild).

BAYERN

NATURPARK FRANKENWALD

»Die grüne Krone Frankens«, wie man den Frankenwald auch bezeichnet, erreicht mit dem 795 Meter hohen Döbraberg ihren höchsten Punkt bei Schwarzenbach am Wald. Der Ferienort nahe Bad Steben liegt auf der Wasserscheide Main–Elbe im Nordosten Frankens, wo nur unweit davon einmal der »Eiserne Zaun« den Westen vom Osten Europas trennte. Heute ist die Grenze ins Thüringische als solche kaum noch spürbar, der Übergang ist fließend. Der Frankenwald erstreckt sich zwischen den Einflussgebieten des Weißen Mains im Süden und der sächsischen Saale im Norden. Die Böden im Frankenwald bestehen zu einem großen Teil aus Tonschiefern, und deshalb hat man hier den Schieferabbau auch wirtschaftlich genutzt, wie beispielsweise im einzigen Schieferbergwerk Bayerns, im Schieferwerk »Lothartheil«.

In Bad Windsheim erzählt das Freilichtmuseum von der guten alten Zeit in Franken. Großes Foto: Historischer Fachwerkhof mit Garten. Oben rechts: Eine Stube um 1900 im Bauernhaus in Kleinrinderfeld. Unten rechts: Austragsstube für Hausgeburten mit Mobiliar.

KULMBACH

Die Kreisstadt am Zusammenfluss von Rotem und Weißem Main ist nicht nur für ihr Bier bekannt, sondern auch für eine der bedeutendsten Renaissancebauten Deutschlands: die Plassenburg. Die mächtige Vierflügelanlage der Hochburg und die Reste der Außenbefestigung geben ihr einen ausgesprochen trutzigen Charakter. Zugleich strahlt der an drei Seiten von offenen Arkadengängen eingefasste Innenhof gediegene Pracht aus; nicht umsonst wird er auch »Schöner Hof« genannt. Bis 1603/42 war die 1553 zerstörte, danach wiederaufgebaute und erweiterte Plassenburg Residenz der hohenzollerschen Markgrafen von Brandenburg-Ansbach-Kulmbach; nachdem der Hof nach Bayreuth verlegt worden war, diente sie als Festung. Im Arsenalflügel ist das Deutsche Zinnfigurenmuseum untergebracht, eine im Hinblick auf Bestand und Präsentation weltweit einzigartige Sammlung.

Kulmbach wird von der Plassenburg (12.–18. Jh.) beherrscht. Sie diente bis 1928 als Gefängnis und beherbergt heute vier Museen. Aus dem Spätmittelalter stammt die spätgotische Petrikirche (ab 1439, rechter Bildrand).

NATURPARK FRANKENWALD

FICHTELGEBIRGE

Das Fichtelgebirge ist ein Gebirgsknoten, in dem vier weitere Gebirgszüge aufeinandertreffen: der Thüringer und der Frankenwald im Nordwesten, der Böhmerwald im Südosten, der Frankenjura im Südwesten und das Erzgebirge im Nordosten. Aus seinen Höhen entspringen die vier Flüsse Saale, Eger, Naab und Main, die jeweils nach Norden, nach Osten, nach Süden und nach Westen abfließen. Mächtige Granitbrocken gehören zum typischen Erscheinungsbild des ca. 1000 Quadratkilometer umfassenden Fichtelgebirges, das von oben betrachtet die Form eines Hufeisens einnimmt und das von großflächigen Fichtenwäldern bedeckt wird. Als höchste Berge waren der Schneeberg (1051 Meter) und der Ochsenkopf (1024 Meter) bereits das Ziel ausgiebiger Wanderungen Johann Wolfgang von Goethes während seiner ersten Fichtelgebirgstour im Jahre 1785.

Kein Zweifel, woher das Fichtelgebirge seinen Namen hat: dichte Fichtenwälder mit den charakteristischen eingestreuten Granitfelsen bestimmen die Landschaft. Beliebt ist die Region besonders bei Wanderern wegen der mystisch anmutenden Waldwege und Felsformationen.

REGENSBURG

Regensburg entstand im Mittelalter aus Ruinen eines Römerkastells, der Castra Regina. Herzog Arnulf von Bayern ließ zwischen 917 und 920 die gesamte westliche Vorstadt mit dem weitläufigen Areal der Abtei St. Emmeram ummauern. Beim Bau der ersten nachrömischen Stadtbefestigung nördlich der Alpen blieben die Handwerkerviertel zuerst ausgeschlossen, doch auch sie erhielten gegen Ende des 13. Jahrhunderts eine Stadtbefestigung. Die zahlreichen erhaltenen romanischen und gotischen Patrizierburgen sowie große Bürgerhauskomplexe mit ihren Geschlechtertürmen sind Beispiele für eine in dieser Dichte und in ihrem guten Zustand nördlich der Alpen einzigartige Architektur. Neben dem Bestand an frühen Steinbauten findet sich mit dem um 1250 datierten Wohnhaus Johannes Keplers auch das älteste vollständig erhaltene Holzhaus Deutschlands.

REGENSBURG

Der Regensburger Dom gilt als einziger von der französischen Kathedralgotik beeinflusster Kirchenbau Bayerns und gehört zu den herausragendsten künstlerischen Leistungen seiner Zeit. Er wurde ab Ende des 13. Jahrhunderts im Stil der Hochgotik auf den Resten eines romanischen Vorgängerbaus errichtet. Er ist das Wahrzeichen der Stadt, von oben hat man einen spektakulären Blick auf Regensburg (oben).

REGENSBURG, DOM

Der Sakralbau mit seinen himmelstrebenden Türmen ist Wahrzeichen der Vier-Flüsse-Stadt. Hier feiert die Gotik einen ihrer Höhepunkte auf süddeutschem Boden. Gott brachte einst Licht in diese Welt – dieser Lichtmetapher folgend, wurden gotische Innenräume durch farbige Glasfenster zu mystischen Lichträumen. So auch der Regensburger Dom mit seinem großen Bestand originaler mittelalterlicher Farbfenster. Eng mit dem Dom verbunden ist auch der Chor der Regensburger Domspatzen, die mit ihrer Sangeskunst den gotischen Raum förmlich zum Klingen bringen. Mit dessen Bau wurde im 13. Jahrhundert begonnen, es folgten über 600 Jahre hinweg Um-, An- und Rückbauten. Aus der Anfangszeit stammen die steinernen Vierungsfiguren von Maria und Gabriel, später kamen die Skulpturen von Paulus und Petrus hinzu; ihm ist die Bischofskirche geweiht.

Starke Strebepfeiler und ein kolossales Kreuzrippengewölbe dienten dazu, die Statik für eine möglichst große Durchfensterung der Mauern zu gewährleisten. Das gilt für das Langhaus ebenso wie für den Chor mit den Glasfenstern.

REGENSBURG, ST. EMMERAM

Kurz nachdem Bonifatius 739 das Bistum Regensburg stiftete, entstand auch die Benediktinerabtei St. Emmeram. Die 1894 unter der ehemaligen Klosterkirche wiederentdeckte Ringkrypta mit der Grabkammer des christlichen Märtyrers ist ein Zeugnis aus dieser Zeit. Aus dem Hochmittelalter stammt das Westquerhaus. Die Kalksteinplastiken am Doppelportal der romanischen Vorhalle zählen zu den ältesten ihrer Art in Deutschland. Zu den Glanzstücken gotischer Baukunst gehört der Kreuzgang der nach 1803 säkularisierten Reichsabtei, die sich die Fürsten von Thurn und Taxis im 19. Jahrhundert zur prächtigen Residenz ausbauen ließen. Das Schloss ist bis heute in Privatbesitz, in der Fürstlichen Schatzkammer ist zu bewundern, was die einstigen kaiserlichen »Reichsgeneralerbpostmeister« an Kunst, Raumausstattung und Geschirr zusammengetragen haben.

Die Basilika St. Emmeram überdeckt ihre Ursprünge in vorromanischer Zeit mit Barockkunst: Das Innere des dreischiffigen Kirchenbaus wurden von den Brüdern Cosmas Damian und Egid Quirin Asam 1731–33 umgestaltet.

REGENSBURG, DOM

REGENSBURG, ST. EMMERAM

WALHALLA

Man glaubt den Parthenon von Athen vor sich – wären da nicht die bewaldeten Hänge über einem Fluss namens Donau. Tatsächlich war der Tempel der Athene Parthenos auf der Akropolis das Vorbild für die Walhalla in Donaustauf bei Regensburg. Der bayerische König Ludwig I. (regierte 1825–48) ließ seinen Architekten Leo von Klenze griechische Antike in die Oberpfalz verpflanzen. Auch der Ort weithin sichtbar am Berg ist gut gewählt. In dem 1830–42 errichteten Bau werden allerdings keine Götter angebetet oder in Schlachten gefallener Helden gedacht, sondern »große Deutsche« verehrt. Der Wittelsbacher wollte ein Zeichen setzen und napoleonischem Feldherrnruhm »deutsche Kultur« in Marmor entgegenstellen. 194 deutschsprachige Persönlichkeiten sind es heute, an deren Werke und Taten mit Büsten (129) oder Gedenktafeln (65) das erste deutsche Nationaldenkmal erinnert.

Das von Ludwig I. (Statue im Hintergund) geplante Denkmal beansprucht ein ganzes Plateau. In der Ruhmeshalle sind Persönlichkeiten der deutschen und europäischen Geschichte versammelt.

KELHEIM, BEFREIUNGSHALLE

König Ludwig I. von Bayern dachte in großen Dimensionen und stieß auch ebensolche Bauprojekte an. Dazu gehört die Befreiungshalle auf dem Michelsberg oberhalb von Kelheim an der Donau. Sie sollte eine Mahnung an die Deutschen sein, endlich die Kleinstaaterei zu überwinden und die nationale Einheit herbeizuführen. Der Name des Bauwerks erinnert an die Befreiungskriege 1813–15, die im Kampf gegen Napoleon erstmals nationale Begeisterung entfachten. Die deutliche Anlehnung an Bauformen der Antike war dem Stil des damals vorherrschenden Klassizismus eigen. Der Befreiungskampf der Hellenen (1821–30) gegen die Türken steigerte die Begeisterung für »edle Einfalt, stille Größe« noch. 1842 endlich konnte Ludwig den Grundstein für die Befreiungshalle legen. 1863 wurde der überkuppelte Rundbau aus Kalkstein mit Aussichtsplattform eingeweiht.

Die Kuppeldecke endet in einem »Auge«, das Licht in die Halle lässt; Vorbild ist der Pantheon in Rom. In 18 Nischen, durch einen Reigen der Siegesgöttinen verbunden, wird an die Schlachten der Befreiungskriege erinnert.

WALHALLA

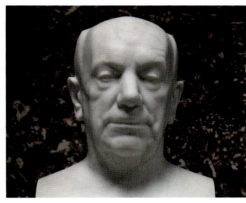

KELHEIM, BEFREIUNGSHALLE

DONAUDURCHBRUCH UND KLOSTER WELTENBURG

An den Ausläufern des südlichen Fränkischen Juras hat die Donau vor etwa einer Million Jahren ein enges, sehr malerisches Flusstal geschnitten. Auf einer bereits seit der Steinzeit besiedelten Landzunge steht das Kloster Weltenburg, das mit der um 1050 errichteten Klosterbrauerei eine der ältesten Bierbrauereien der Welt besitzt. Hochwasserschäden und Plünderungen haben dem Bau immer wieder zu schaffen gemacht. Zwischen 1716 und 1739 wurden die heutige barocke Klosteranlage und die Kirche von den Brüdern Asam erbaut. Von außen wirkt das Gotteshaus eher schlicht und lässt seine Raumgestaltung, im Stil des bayerischen Hochbarock, nur erahnen. Der Hauptraum wird durch vier Nischen mit Altären von Egid Quirin Asam geprägt. Mittelpunkt im Presbyterium ist der Hauptaltar, flankiert von gewundenen Säulen, zwischen denen St. Martin und St. Maurus thronen.

DONAUDURCHBRUCH UND KLOSTER WELTENBURG

Malerisch liegt das Kloster an einer Biegung der Donau. Schiffe legen von hier ab und passieren den nahe gelegenen Donaudurchbruch (oben). Im Innern der Klosterkirche St. Georg fasziniert die Ausstattung der Gebrüder Asam. Besonders gelungen sind der Hauptaltar mit einem Bild des heiligen Georg, der mit dem Drachen kämpft (großes Bild links) und das barocke Deckenfresko (unten rechts).

BAYERN 461

KLOSTER METTEN

Geweiht ist die Abteikirche St. Michael mit den beiden Zwiebeltürmen dem Erzengel Michael, der als goldene Figur von der Kuppel herab schimmert. Die dreischiffige Basilika mit zwei Westtürmen und Vorhalle wurde bereits im 13. Jahrhundert errichtet und erfuhr in den folgenden 200 Jahren vielfältige Veränderungen. Ihre heutige barocke Gestalt erhielt die Kirche jedoch erst im Verlauf des 18. Jahrhunderts unter Abt Roman II. Märkl. Der österreichische Bildhauer und Stuckateur Franz Josef Ignaz Holzinger schmückte Kircheninnenraum und Bibliothekssaal mit eindrucksvollen Stuckarbeiten aus. Die Barockbibliothek mit einem Bestand von rund 35 000 Büchern fasziniert mit ihren tragenden figürlichen Säulen, den schönen Deckenfresken mit Abbildungen von Thomas von Aquin und Bonaventura und den Bücherschränken des Straubinger Schreiners Jakob Schöpf.

KLOSTER METTEN

Durch das kunstvoll gestaltete Gußeisengitter fällt der Blick auf den Hochaltar. Das Bild wurde von Cosmas Damian Asam gemalt und zeigt den Kirchenpatron St. Michael (links). Besonders eindrucksvoll ist die barocke Klosterbibliothek, in der die allegorischen Figuren Weisheit und Religion einen Teil der Deckenlast tragen (unten). Vielleicht ist der Raum tatsächlich sehenswerter als die Inhalte der Schriften.

BAYERISCHER WALD

Es ist ein mystischer Wald, wild und voller Geheimnisse, Märchen und Sagen, mit tief verwurzelten Traditionen und alten Handwerken, die anderswo kaum mehr praktiziert werden. So kann man hier etwa noch Glasbläsern über die Schulter schauen. Sechs Landkreise umfasst das Gebiet Bayerischer Wald: Straubing-Bogen, Passauer Land, Arberland, Deggendorfer Land, und der Nationalpark. Den großen Reiz des Bayerischen Walds macht sicher seine oft noch ursprüngliche Natur aus: Bergmischwald, Hochmoore, Granit- und Gneisfelsen, Almwiesen, Seen und Bäche bilden ein einzigartiges, schon von Adalbert Stifter beschworenes Naturensemble. Der böhmische Dichter fand hier die Inspiration für seine Gedichte und Bilder. Denn hier wird die Natur, selbst in den von Borkenkäfern verwüsteten Wäldern, sich selbst überlassen und bietet einen bisweilen surrealen Anblick.

BAYERISCHER WALD

Versteinerte Unholde im Regen, Teufel und Elfen im Moor ... Mythen und Sagen ranken sich viele um den Bayerischen Wald. Manche Geschichten sind seit Jahrhunderten überliefert, manche mögen einem fantasiebegabten Wanderer selbst durch den Kopf gehen. Die knorrigen Wurzelstöcke scheinen plötzlich Gesichter zu haben und manches Wispern in den Baumwipfeln ist zu vernehmen.

NATIONALPARK BAYERISCHER WALD

Als Grünes Dach Europas werden die Nationalparke Bayerischer Wald und Böhmerwald oft bezeichnet. Mit insgesamt 900 Quadratkilometer bilden sie über die deutsch-tschechische Grenze hinweg das größte Waldschutzgebiet Mitteleuropas. Der Bayerische Wald ist in seinen Kerngebieten heute wieder ein beinahe undurchdringlicher mitteleuropäischer Urwald, mit einer dafür typischen Fauna. Er zählt mehrere Tausender-Gipfel, von denen der höchste der Arber mit den beiden Hauptkuppen Großer (1456 Meter) und Kleiner Arber (1389 Meter) ist. Rund 200 Kilometer gut markierte, teils auch im Winter geräumte Wanderwege erschließen den Wald. Die Nationalparkverwaltung bietet jahreszeitlich wechselnde Führungen und Exkursionen. Empfehlenswert ist die dreistündige Wanderung durch das Tierfreigelände beim Informationszentrum in Neuschönau.

NATIONALPARK BAYERISCHER WALD

Im Nationalpark Bayerischer Wald tummelt sich teils in freier Natur, teils in Gehegen eine Vielzahl heimischer Tiere: Braunbären, Luchse, Wölfe, Eulen, Wildkatzen, schwarze Störche. Wer mehr an Bewegung in freier Natur und Flora interessiert ist, dem sei auch das sich beiderseits der deutsch-tschechischen Grenze erstreckende waldgeschichtliche Wandergebiet bei Finsterau empfohlen.

BAYERN 467

PASSAU

Den Charme des niederbayerischen Passau macht seine Lage an gleich drei Flüssen aus. Rechts zur Donau hin fließt der Inn, von Norden entgegen kommt ihm die Ilz. An deren Mündungsspitze wacht auf steilem Fels die seit dem 13. Jahrhundert immer wieder erweiterte Veste Oberhaus über die Altstadt auf einer Landzunge zwischen Donau und Inn. Dort regierten mehr als 800 Jahre die Bischöfe, zwei Residenzen ließen sie seit dem 14. Jahrhundert bauen. Direkt vor ihren Augen entstand der spätgotische Stephansdom mit einer der weltgrößten Orgeln in seinem Innern. Demgegenüber mochten die Passauer Bürger nicht zurückstehen – und leisteten sich auch zwei Rathäuser. Seinen geschlossenen Charakter verdankt das Stadtensemble dem Wiederaufbau nach zwei großen Bränden in der zweiten Hälfte des 17. Jahrhunderts durch italienische Architekten.

PASSAU

Die engen kopfsteingepflasterten Gassen der Altstadt führen von einer zentralen Anhöhe herab, gesäumt von mehrstöckigen, teils prächtig ausgestatteten Bürgerhäusern, die heute mit Cafés, Kneipen und Restaurants bestückt sind. Jenseits der Marienbrücke (im Vordergrund, kleines Bild) erstreckt sich die Innenstadt. Dort wie in der heutigen Altstadt ließen sich bereits die Römer nieder.

PASSAU, ST. STEPHAN

Über der Altstadt thront zwischen den Flüssen Inn und Donau prunkvoll der Stephansdom. Seine imposante Größe spiegelt die Schlüsselstellung des Passauer Bistums für die Christianisierung des östlichen Donauraums wider. Nach einem verheerenden Stadtbrand konnten beim Wiederaufbau 1668 bis 1693 nur wenige Teile des Vorgängerbaus einbezogen werden. Auf diese Zeit geht das heutige Erscheinungsbild der Kathedrale zurück, die als »barocker Dom mit gotischer Seele« bezeichnet wird. Und tatsächlich verbindet sich dank des italienischen Architekten Carlo Lurago der hochgotische Langchor mit der barocken Formensprache des Langhauses, der Doppelturmfassade und den Turmbekrönungen samt böhmischen Kappen. Die italienisch geprägte hochbarocke Innenausstattung des Doms stammt von Giovanni Battista Carlone und Carpoforo Tencalla.

PASSAU, ST. STEPHAN

Die drei Kuppeltürme von St. Stephan setzen Akzente in der Altstadt. Die enormen Ausmaße dieser Barockbasilika werden dem Besucher bewusst, wenn er im hell getünchten Langhaus mit Stuckaturen von Giovanni Battista Carlone Richtung Chor blickt. Die Kuppelfresken schuf der Maler Carpoforo Tencalla um 1680 (unten und links). Ein Blickfang ist auch die vergoldete Kanzel aus dem 18. Jahrhundert.

DILLINGEN AN DER DONAU, STUDIENKIRCHE UND AKADEMIE

Wo einst eine philosophisch-theologische Universität und ein Jesuitenkolleg residierten, werden heute im Donaustädtchen Dillingen in historischen Gemäuern Lehrer fortgebildet. Prachtstück der Akademie ist der im Rokokostil ausgeschmückte Goldene Saal mit seinem herrlichen Deckenfresko. Die sich anschließende Studienkirche Mariä Himmelfahrt wurde Mitte des 18. Jahrhunderts im Stil des Rokoko prächtig umgestaltet. Dafür gewann man die renommierten Wessobrunner Stuckateure und Maler Johann Michael Fischer, Johann Georg Bergmüller und Christoph Thomas Scheffler. Letzterer schuf die prächtigen Deckenfresken in der vorgetäuschten Langhauskuppel. Sie zeigen Maria als Himmelskönigin, umgeben von Engeln, Propheten und Heiligen. Eine echte Besonderheit ist der Hauptaltar (1760), einer der wenigen erhaltenen Bühnenaltäre Deutschlands.

DILLINGEN AN DER DONAU, STUDIENKIRCHE UND AKADEMIE

Mit zahlreichen Altären ist das Kirchenschiff der Dillinger Studienkirche geschmückt. Das Gemälde des Hauptaltars wurde von Johann Georg Bergmüller geschaffen und stellt die Himmelfahrt Mariens dar (links). Ein weiteres Rokokojuwel birgt die Akademie für Lehrerfortbildung in Gestalt des Goldenen Saales, dessen prächtiges Deckenfresko u. a. Allegorien der Fakultäten zeigt (großes Bild).

MEMMINGEN

Der Memminger Marktplatz entstand am Kreuzungspunkt der damals wichtigen Handelstraßen, der von Ost nach West verlaufenden Salzstraße und der Route Ulm, Fernpass, Italien. Die drittgrößte Stadt des Allgäus nach Kempten und Kaufbeuren wurde bereits 1296 freie Reichsstadt und war in Handel und Handwerk so erfolgreich, dass sie den Augsburgern Konkurrenz machte. Die politische Macht lag auch in Memmingen zunächst bei den Patriziern, doch 1347 übernahmen die Zünfte die Herrschaft, ließen aber die Adelsfamilien mitregieren. Sie mussten sich zu einer eigenen Großzunft zusammenschließen, deren Versammlungshaus sie repräsentativ am Marktplatz bauten. Daran schließt sich das gotische Steuerhaus an, mit barockisiertem Obergeschoss, und das sechsstöckige Rathaus aus der Renaissancezeit. Es wurde 1765 mit einer Rokokofassade versehen.

Nur am Marktplatz fließt der Memminger Stadtbach unterirdisch (rechts). Ansonsten durchzieht er von Nord nach Süd die ganze Stadt. Abends wird in der Altstadt die Martinskirche festlich beleuchtet (unten).

KEMPTEN

Kempten ist die Hauptstadt des Allgäus und mit Köln und Trier eine der ältesten Siedlungen Deutschlands. Für sie ist das älteste schriftliche Zeugnis für eine deutsche Stadt erhalten, in dem ein griechischer Geograf 18 n. Chr. Kambodounon, die »Stadt am Fluss« erwähnt. Am Rathausplatz umgeben stattliche Patrizierhäuser wie der Londoner Hof (Nr. 2) das hübsche spätgotische Rathaus mit seinen markanten Türmen. Es wurde 1474 als Steinbau errichtet und im 16. und 17. Jahrhundert umgebaut. In der Kronenstraße 29 und 31 befinden sich die berühmten König'schen Häuser. Die Fassadengestaltung der barocken Häuser ist einzigartig in Kempten. Ihre Bemalung bekamen sie erst im 18. Jahrhundert. Sehenswert sind auch Kemptens Museen: Das Alpinmuseum dokumentiert das Thema »Mensch und Gebirge« und die Alpenländische Galerie zeigt spätgotische Sakralkunst.

Im Sommer besteht der Rathausplatz (rechts) hauptsächlich aus Tischen und Stühlen, denn Kempten hat eine Wirtshausdichte, die es in manchen Großstädten nicht gibt. Unten: Altar der Basilika St. Lorenz.

MEMMINGEN

KEMPTEN

OTTOBEUREN, BENEDIKTINERABTEI

»Herr, öffne meine Lippen!« – so beginnt das morgendliche Chorgebet der 22 Benediktinermönche im Kloster Ottobeuren. Die Abtei im bayerischen Schwaben blickt auf eine rund 1250-jährige Geschichte zurück. Das freie Reichskloster erlebte Epochen des Aufbaus, des Niedergangs wie auch Blütezeiten: zu Beginn des 12. Jahrhunderts im Zuge der Hirsauer Klosterreform, im 16. Jahrhundert beim humanistischen Aufbruch und im Laufe des 18. Jahrhunderts mit der Erhebung zum »Reichsstift« 1710 und dem darauffolgenden Neubau. Damals entwarfen einheimische Baumeister die heutige barocke Gesamtanlage mit den Konventgebäuden. 1737 bis 1766 entstand unter Johann Michael Fischer die Rokokoklosterkirche mit einem Raumkonzept, das Längs- und Zentralbau vereint, und einer lichtdurchfluteten Architektur samt freskenverzierter Kuppelgewölbe.

Der Innenraum der Rokoko-Basilika ist ein wahres Fest für die Augen (großes Bild). Dem Repräsentationsbedürfnis der Mönche diente einst der prachtvolle barocke Kaisersaal des Konventgebäudes. Heute wird er gern für klassische Konzerte genutzt (rechts).

KLOSTER BUXHEIM

Bei Memmingen liegt das alte Kartäuserkloster Buxheim, das heute von der katholischen Ordensgemeinschaft der Salesianer Don Boscos betrieben wird, die sich die Gebäude teilen mit einem Gymnasium und dem Deutschen Kartausenmuseum. Das Museum gibt Einblicke in das strenge Klosterleben der Kartäuser, das von Fasten, Schweigen und Einsamkeit bestimmt war. Bis 1516 entstanden 22 Mönchzellen entlang des Kreuzgangs, der auch die kunsthistorisch bedeutende St.-Anna-Kappelle birgt. In der barocken Klosterkirche St. Maria befindet sich jedoch der größte Schatz der Abtei, das hochbarocke Chorgestühl, das Ignaz Waibl geschaffen hat. Ausdrucksstarke Gesichter blicken dem Betrachter von den Gesimsen, Pulten und den Rückwänden der noch erhaltenen 31 Stühle entgegen. Akanthusranken und Puttenköpfe verzieren die Sockel und Friese.

Die Gebrüder Zimmermann aus Wessobrunn gestalteten bis 1741 die Annakapelle – wegen ihrer prachtvollen Ausstattung mit Fresken und Stuck auch »die kleine Wies« genannt (Mitte und rechts). Großes Bild: barockes Chorgestühl in der Klosterkirche St. Maria.

OTTOBEUREN, BENEDIKTINERABTEI

KLOSTER BUXHEIM

LINDAU

Die Inselstadt Lindau nennt sich in ihrer Werbung das »Happy End Deutschlands«. Am Ende ist die Stadt nur von München aus gesehen, da sie tatsächlich am südwestlichen Ende des Freistaats liegt. Seine frühe Blüte im Mittelalter erlebte Lindau dadurch, dass hier ein Anfang war, denn hier begann die Linie des »Mailänder Boten«, einer wichtigen Reiter- und Kutschenverbindung von Süddeutschland nach Norditalien, deren heute noch sichtbares Zeichen die prächtigen Kaufmannshäuser aus der Barockzeit sind. Zu Lindau gehören außer der Insel, die unter Denkmalschutz steht, auch die Stadtteile auf dem Festland und ein paar Dörfer, die abseits im Hinterland liegen. Der Stadtteil Bad Schachen war schon ab der Mitte des 19. Jahrhunderts ein mondänes Kurbad und ist heute bekannt durch Hotels und das Friedensmuseum in der Villa Lindenhof.

LINDAU

Der Hafen von Lindau (links) bietet vom Neuen Leuchtturm aus gesehen ein markantes Bauwerkensemble: Der Löwe thront auf seinem Podest, daneben kennzeichnet der Alte Leuchtturm aus dem 13. Jahrhundert die Ein- und Ausfahrt. Besonders schön wirkt der Ort am Abend. Großes Bild: Das Alte Rathaus aus dem 15. Jahrhundert mit Fassadenmalereien aus der Renaissancezeit.

OBERALLGÄU

Wer von Norden der Iller flussaufwärts folgt, taucht in eine Bergwelt ein, die hinter Oberstdorf zu einem unüberwindlichen Wall wird. Über Straßen nur aus Richtung Deutschland gelangt man in das österreichische Kleine Walsertal. Den Zugang in die Allgäuer Alpen markiert der 1738 m hohe Bergrücken des Grünten, der »Wächter des Allgäus«, kurz vor der Kreistadt Sonthofen. Seine Lage und das niederschlagsreiche Klima machen das Oberallgäu zum begehrten Skigebiet, das durch zahlreiche Bergbahnen erschlossen ist. Aber auch im Sommer laden das mehr als 1100-jährige Oberstaufen, Oberstdorf (Skiflugschanze), Balderschwang im Kleinen Walsertal und Bad Hindelang zur Erholung, zum Kuren, Wandern oder auch Klettern (Hindelanger Klettersteig) ein. Im Alpenvorland zeigt sich das Oberallgäu mit Seen wie dem Großen Alpsee bei Immenstadt von seiner lieblichen Seite.

Im Oberallgäu wurzelt die bäuerliche Tradition (großes Bild: Hindelanger Bauernhaus) in christlichem Glauben: Pfarrkirche St. Johannes Baptist in Oberstdorf (oben), Kapelle St. Anna in Rohrmoos (unten), ein Kleinod aus Holz.

FÜSSEN

Wo einst auf einem Bergsporn eine Römerfestung stand, wurde im 13. Jahrhundert eine trutzige Zungenburg errichtet. Sie wurde unter den Augsburger Bischöfen von 1490 bis 1503 zum Hohen Schloss von Füssen umgebaut und birgt heute eine Zweigstelle der Bayerischen Staatsgemäldesammlungen und die Städtische Gemäldegalerie. Gezeigt werden spätgotische Kunstwerke vor dem Rahmen der eindrucksvollen Innenräume wie zum Beispiel dem Rittersaal mit der aufwendig geschnitzten Kassettendecke aus der Spätgotik. Teile des Inneren sind allerdings von einem Begründer der Wessobrunner Schule, Johann Schmuzer, um 1680 barockisiert worden. Einzigartig sind die spätmittelalterlichen Illusionsmalereien an den Schlossfassaden im Innenhof. Vom renovierten und seitdem zugänglichen Uhrturm des Schlosses schweift der Blick über die Altstadt bis zum Forggensee.

Eingebettet in eine herrliche Landschaft ist Füssen (rechts). Schöne Bürgerhäuser und viele barocke Kirchen bilden den historischen Rahmen. Sehenswert ist auch die Bibliothek des Klosters St. Mang (unten).

OBERALLGÄU

FÜSSEN

ALLGÄUER ALPEN

Die Allgäuer Alpen, die sich etwa zur Hälfte auf bayerischem Gebiet erstrecken, sind ein eher kleiner Teil der Nördlichen Kalkalpen, dafür ist das Landschaftsbild der Bergregion zwischen Iller- und Lechtal sehr vielgestaltig. Schroffe Berggrate und markante Gipfel, nackter Fels und Schutthänge wechseln mit dichtem Nadelwald und saftigen Wiesen ab, deren Blütenpracht im Frühling ihresgleichen sucht. Almwirtschaften (im Allgäu sagt man »Alp-«) und Berghütten mit den braunen schwarzmäuligen Rindern davor zeichnen ein geradezu idyllisches Bild, das deshalb in der Werbung auch gern als Hintergrund genutzt wird. Höchster Gipfel der Allgäuer Alpen ist auf Tiroler Gebiet (Österreich) der Große Krottenkopf in der Hornbachkette. Einige Gipfel des im Hohen Licht bis zu 2652 Meter hohen Zentralen Hauptkamms markieren die Grenze zwischen Bayern und Tirol.

ALLGÄUER ALPEN

Trettachspitze (2595 Meter), Mädelegabel (2645 Meter) und Hochfrottspitze (2649 Meter) sind drei markante Berge des Zentralen Hauptkamms (kleines Bild von links). Für Bergsteiger sind die Gipfel eine sportliche, aber gut machbare Herausforderung. Das Bergdorf Gerstruben in Oberstdorf ist ein Freilichtmuseum und man kann als Besucher den Spuren der Vergangenheit folgen (großes Bild).

BAYERN 483

OSTALLGÄU

Der östliche Teil des Allgäus endet am Lech und erstreckt sich von den Allgäuer Alpen im Süden über Marktoberdorf und Kaufbeuren, den größten Städten, bis nach Buchloe. Mitten durchs Land fließt die Wertach. Die Region vereint Hochgebirge, Alpenvorland, Seen- und Flusslandschaften, historische und wirtschaftlich lebhafte Städte, ehemals bedeutende Abteien wie Irsee und St. Mang (Füssen), und prächtige Kirchen, ja sogar Reste mittelalterlicher Burgen (Ruine Falkenstein bei Pfronten). Weltbekannt sind die »Ludwigsschlösser« Hohenschwangau und Neuschwanstein südlich von Schwangau. Ganz dem Aktivurlaub winters wie sommers verschrieben hat sich Nesselwang in den Allgäuer Alpen. Zur gemütlichen Rudertour lädt der Weißensee ein. Zu sehen sind mehr als 2000 Jahre Geschichte: von Zeugnissen aus römischer Zeit bis zur »Vertriebenenstadt« Neugablonz.

OSTALLGÄU

Die Tannheimer Berge werden vom Ammergebirge durch das Tal des Lech (großes Bild unten) getrennt. Er durchfließt von Süden her den Forggensee (Bildhintergrund), einen 1954 angelegten künstlichen Wasserspeicher. Nicht weit davon entfernt der Hopfensee (Bild oben), einer der größeren Ostallgäuer Seen bei Füssen – der zweitgrößte Ort der Region wird noch vom Morgennebel verschluckt (kleines Bild).

NEUSCHWANSTEIN

Genau genommen liegt Schloss Neuschwanstein im Allgäu, aber ein Abstecher vom Pfaffenwinkel aus bietet sich einfach an: »Ich habe die Absicht, die alte Burgruine Hohenschwangau bei der Pöllatschlucht neu aufbauen zu lassen im echten Stil der alten deutschen Ritterburgen, und muss Ihnen gestehen, dass ich mich sehr darauf freue, dort einst (in drei Jahren) zu hausen«, schrieb König Ludwig II. im Mai 1868 an den von ihm verehrten Richard Wagner. Doch der Bau zog sich hin (Grundsteinlegung war am 5.9.1869), und so erlebte der König die Fertigstellung nicht mehr. Schon sieben Wochen nach seinem Tod wurde Neuschwanstein 1886 dem Publikum geöffnet, und heute drängen sich im Durchschnitt täglich mehr als 6000 Besucher durch die Räume, die der König ursprünglich ganz für sich allein gedacht hatte – im Jahr rund 1,3 Millionen Menschen.

NEUSCHWANSTEIN

Am schönsten ist der Blick auf Schloss Neuschwanstein, wenn man sich ihm bei einer Wanderung auf dem in Füssen beginnenden Alpenrosenweg nähert (großes Bild und links). Erreicht man das Märchenschloss Neuschwanstein, hat man einen sensationellen Blick auf den Alpsee. Das Innere offenbart ein wahres Märchenschloss: Thronsaal (1. und 2. Bild), Sängersaal und Ankleidezimmer (3. und 4. Bild).

BAYERN 487

AUGSBURG

Die ehrwürdige Bischofsstadt wurde schon 15 v. Chr. von den Römern als Augusta Vindelicorum gegründet und ist somit eine der ältesten Städte Deutschlands. Durch die Via Claudia Augusta, die pulsierende Lebensader von Nord nach Süd, erblühte dort der Handel und förderte somit das Gewerbe. Schon zu Beginn der Neuzeit war die Stadt das politische und künstlerische Zentrum Deutschlands. Prächtige Bürgerhäuser aus allen Stilepochen säumen die Maximiliansstraße in der Altstadt. Hier entstanden auch zwischen 1512 und 1515 die sogenannten Fuggerhäuser als Residenz der Familie Fugger. Den Gebäudekomplex entwarf Jakob Fugger selbst, nachdem er auf seinen Italienreisen erste profane Bauwerke im Renaissancestil gesehen hatte. Schön sind die vier Innenhöfe mit ihren Arkaden, Mosaiken und im Licht glitzernden Wasserbecken.

AUGSBURG

Drei Prachtbrunnen besitzt die Stadt. Ihre Figuren, Augustus, Merkur und Herkules, gewinnen durch das Wasserspiel eine schöne Leichtigkeit. Das Standbild des Götterboten Merkur, ein Sinnbild des Handels, und der Herkules wurden 1599 von Adriaen de Vries entworfen und von Wolfgang Neidhart in Bronze gegossen (oben). Das Rathaus und der Perchaturm bilden Augsburgs Wahrzeichen (unten).

MÜNCHEN

München hat zwei Rathäuser, das Neue und das Alte. Das Neue Rathaus hat eine neogotische prächtige »Zuckerbäckerfassade« mit Balkonen, Türmchen und Türmen, wie sie japanische Touristen gern fotografieren. Die stehen dann mittags zu Hunderten auf dem Marienplatz und schauen auf das malerische Gebäude, das erst von 1867 bis 1908 nach Entwürfen von Georg Hauberrisser errichtet wurde. In seinem 80 Meter hohen Turm ist ein Glockenspiel mit tanzenden Schäffler-Figuren installiert – die Fotoattraktion der Stadt. Ansonsten wird im Neuen Rathaus regiert und gefeiert, etwa die deutschen Meisterschaften des FC Bayern, der sich vom Rathausbalkon bejubeln lässt. Nur 100 Meter weiter steht das Alte, das historische Rathaus, ein 500 Jahre altes Bauwerk mit einer bronzenen Julia an der Südseite. Verliebte schmücken sie oft mit einer Rose.

MÜNCHEN

Die Touristen lieben den Anblick des Münchner Rathauses (großes Bild). Ein Figuren- und Glockenspiel stellt Episoden und Sagen aus der Münchner Geschichte anno 1158 dar. Seit 1908 drehen sich hier mehrmals täglich auf zwei Etagen die Spielfiguren und Motive. Es gibt einige schöne Aussichtspunkte, von denen man einen tollen Blick auf die Altstadt hat. Einer ist vom Monopteros im Englischen Garten (links).

BAYERN 491

MÜNCHEN, FRAUENKIRCHE

Ihre Türme mit den welschen Hauben sind das Wahrzeichen Münchens. Der eine, »Stasi«, ist mit 100 Metern höher als der »Blasi« mit 99 Metern. Höheres gibt es nicht, denn die Stadt hat beschlossen, dass kein anderes Gebäude des Stadtzentrums höher als 100 Meter werden darf. »Aus, Äpfel, Amen«, wie der Münchner sagt. Die Frauenkirche ist sein liebstes Gotteshaus. Wenn man das mächtige Geläut des Doms »Zu Unserer Lieben Frau« hört, kann man diese Liebe verstehen. Majestätisch klingen die zehn Glocken, von denen die dickste, die Salveglocke Susanna von 1490, acht Tonnen wiegt. Der gotische Backsteinbau wurde bis 1494 in nur 20 Jahren fertiggestellt, weil der Papst allen Sündern, die nach München pilgerten und einen Wochenlohn spendeten, Ablass gewährte. Papst Benedikt XVI. wurde als Erzbischof 1977 für einige Jahre hierher berufen.

MÜNCHEN, FRAUENKIRCHE

Der Dom »Zu Unserer Lieben Frau« ist seit 200 Jahren die Kathedrale der Erzbischöfe von München und Freising. Die elf Säulenpaare (großes Bild rechts) streben über 20 Meter in die Höhe. Die Statue des heiligen Benno ist dem Bischof von Meißen im Jahr 1066 gewidmet. Nach der Reformation brachte man seine Gebeine um 1580 hierher; seitdem ist er Schutzpatron von München und Bayern.

MÜNCHEN, MARIENPLATZ

Hier ist Münchens urbane Mitte, und das schon seitdem die Stadt 1158 gegründet wurde. Ein Platz über unterirdischen S- und U-Bahnhöfen, eingerahmt von Kaufhausfronten, dem neugotischen Neuen Rathaus (1867–1909) sowie dem Alten Rathaus (1470–1480). Touristen treffen sich hier und betrachten den Schäffler-Tanz am Glockenspiel im Rathausturm. Unter einem riesigen Christbaum wird während der Adventszeit ein glühweinschwangerer Christkindlmarkt abgehalten. Als Ludwig der Bayer 1315 München die Marktfreiheit verlieh, tat er das mit der Auflage, dass der Marktplatz »auf ewige Zeiten« unbebaut bleiben sollte. 1638 ließ Kurfürst Maximilian I. die Mariensäule errichten – zum Dank für die Schonung der Stadt während der schwedischen Besatzung im Dreißigjährigen Krieg. Seit 1854 heißt das Zentrum Münchens nach der Madonna auf der Säule Marienplatz.

Der Marienplatz (großes Bild) bietet einen uneinheitlichen Mix der Baustile. Neben historischen Bauten wie dem Neuen und dem Alten Rathaus, der Mariensäule und der Heilig-Geist-Kirche (im Hintergrund) stehen moderne Geschäfts- und Kaufhäuser.

MAX-JOSEPH-PLATZ

Der erste König von Bayern, Maximilian I. Joseph (regierte 1799–1825), ein fülliger Mann mit Stirnglatze, war populär, aber sitzend wollte er nicht auf seine Untertanen schauen, auch nicht in der Pose eines römischen Konsuls und beschützt von bayerischen Löwen. So dauerte es bis 1835, ehe das geplante Denkmal auf dem nach ihm benannten Platz enthüllt wurde. Seitdem grüßt der Monarch von der kreisrunden Mitte des Platzes herab. Er schaut auf eine grandiose Schöpfung des Klassizismus, der sein Nachfolger Ludwig I. den letzten Schliff geben ließ. Leo von Klenze fasste den Max-Joseph-Platz im Norden durch den Königsbau der Residenz (1825–42), im Osten durch das nach einem Brand 1823–25 wiederaufgebaute Nationaltheater und im Süden durch ein umgestaltetes Rokokopalais (ab 1839 Hauptpost) ein; die beiden Letzteren »blenden« seitdem mit zahlreichen Säulen.

Zwischen dem Nationaltheater und den Säulenarkaden der früheren Hauptpost (Palais Toerring) beginnt die 1853–75 als Prachtboulevard angelegte Maximilianstraße. Sie führt zum Maximilianeum jenseits der Isar.

ODEONSPLATZ

Eingefasst ist der italienisch anmutende Odeonsplatz von der Residenz, der Feldherrnhalle und der Theatinerkirche. Der Odeonsplatz verdankt seinen Namen dem Odeon, einem Konzertsaal, den König Ludwig I. 1827 bauen ließ und der im Zweiten Weltkrieg zerstört wurde. Die Feldherrnhalle geht auf das Vorbild der Loggia dei Lanzi in Florenz zurück. König Ludwig I. wollte mit dem Monument für die bayerischen Feldherrn Graf Tilly und Fürst Wrede (erbaut 1841–1844 von Friedrich von Gärtner) einen eindrucksvollen Auftakt für die Ludwigstraße setzen. St. Kajetan (Theatinerkirche) geht auf ein

MÜNCHEN, MARIENPLATZ

KÖNIGSPLATZ

Gelübde zurück: Henriette Adelaide von Savoyen, Gemahlin von Kurfürst Ferdinand Maria, hatte 1659 geschworen, für die Geburt eines Kronprinzen »die schönste, wertvollste Kirche« errichten zu lassen. 1662 wurde der spätere Kurfürst Max Emanuel geboren, 1675 das Gotteshaus geweiht.

Vom Odeonsplatz blickt man geradeaus auf die Feldherrnhalle. Die Bronzestandbilder von Graf Tilly und Fürst Wrede wurden nach Entwurf von Ludwig von Schwanthaler aus eingeschmolzenen Kanonen gegossen.

Die klaren Linien dieses Platzes und seine ausgewogene Ästhetik nehmen den meisten Besuchern beim ersten Anblick den Atem. Mitten in der bayerischen Landeshauptstadt stehen sie auf einmal in einem Ensemble der griechischen Antike – eine wundervolle Kulisse. Hier hat sich München zum »Isar-Athen« gewandelt, wobei der Bezug zu Griechenland durchaus authentisch ist. Der zweite Sohn von König Ludwig I. hatte 1832 als Otto I. den Thron des neu geschaffenen griechischen Königsreiches bestiegen. Ludwigs Hellenophilie war auf dem Höhepunkt: Sein Baumeister Karl von Fischer

konzipierte den Platz mit den dorischen Propyläen, der ionischen Glyptothek sowie der korinthischen Staatlichen Antikensammlung. Als er 1862 fertiggestellt wurde, hatten die Griechen kurz zuvor ihren bayerischen König Otto schon wieder vertrieben. Doch der griechische Traum blieb ...

Der Königsplatz erstrahlt in der Pracht der griechischen Antike. Baumeister Karl von Fischer hatte das Ensemble unter König Ludwig I., dessen Sohn Otto I. zum König von Griechenland gekürt worden war, entworfen.

BAYERN 495

MÜNCHEN, RESIDENZ

Der Renaissancebau ist das größte innerstädtische Schloss Deutschlands. Es entstand aus der kleinen gotischen Wasserburg Neuveste von 1385, in die sich die Bayern-Herzöge, die zuvor am Alten Hof residierten, nach Aufständen der Münchner Bürgerschaft zurückgezogen hatten. Bis 1918 war die Residenz Wohn- und Regierungssitz der über Bayern herrschenden Wittelsbacher. Herzöge, Kurfürsten und Könige hatten hier ihr Domizil. Der Gebäudekomplex, eine über die Jahrhunderte gewachsene Mischung aus Renaissance, Barock, Rokoko und Klassizismus, umfasst zehn Höfe. Heute ist die Residenz eines der bedeutendsten Raumkunstmuseen Europas mit 130 Schauräumen. Auch die bayerische Staatsregierung nutzt das Schloss zu repräsentativen Zwecken, wenn der Ministerpräsident nach Neujahr das Corps Consulaire in alter Pracht und Herrlichkeit empfängt.

MÜNCHEN, RESIDENZ

Der Saal des Antiquariums (großes Bild) wurde im 16. Jahrhundert von Hofbaumeister Wilhelm Egkl gestaltet. Das Tonnengewölbe wird von den Stichkappen der 34 Fenster durchbrochen und erhält so eine ungewöhnliche Transparenz. Der Kaisersaal (Bildreihe ganz oben) und die Reichen Zimmer gehören zu den prächtigsten Raumfluchten. Die Grüne Galerie (2. Bild von oben) war Schauplatz von exklusiven Soirées.

MÜNCHEN, ALTE PINAKOTHEK

Der Gedanke, der zur Gründung eines der weltbesten Museen führte, war volksnah: König Ludwig I. fühlte sich als Regent von Bayern verpflichtet, die Kunstsammlungen, die auf verschiedene Schlösser verteilt waren, dem Volk zugänglich zu machen. So beauftragte er Leo von Klenze mit dem Bau eines Museumsgebäudes am nördlichen Stadtrand. 1826 wurde der Grundstein gelegt, 1836 war der gewaltige Bau fertig, damals das größte Museum der Welt. Der König selbst ließ Kunstwerke aufkaufen, mit Vorliebe altdeutsche Bilder und Werke der italienischen Renaissance. Heute stellt die Alte Pinakothek Gemälde von Malern des Mittelalters bis zur Mitte des 18. Jahrhunderts aus, u. a. sind Bilder von weltbekannten Künstlern wie Albrecht Dürer, Lucas Cranach d. Ä., Botticelli, Frans Hals, Peter Paul Rubens, Rembrandt, Canaletto und El Greco zu bewundern.

Die Alte Pinakothek ist eine Gemäldegalerie von besonderen Ausmaßen. Ein gewaltiges, sehr lichtes Treppenhaus führt vom Erdgeschoss und Hochparterre mit wechselnden Sonderausstellungen ins Obergeschoss (rechts). Mehr als 700 Gemälde sind ständig ausgestellt.

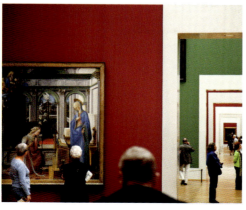

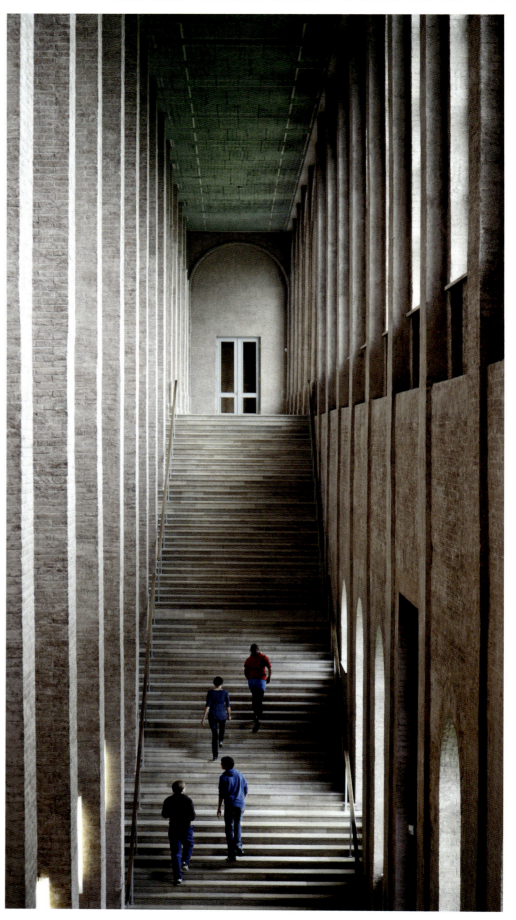

MÜNCHEN, NEUE PINAKOTHEK

Der Pate der Neuen Pinakothek ist wieder einmal König Ludwig I. Nachdem er bereits den Bau der Alten Pinakothek initiiert hatte, gründete er die neue Galerie. Dabei spielte auch seine Vorliebe für Maler der berühmten Münchner Schule und der deutschen Romantik eine Rolle. Nach dem Tod des abgedankten Herrschers kamen weitere bedeutende Werke hinzu. Einen entscheidenden Schub für die Neue Pinakothek gab die sogenannte Tschudi-Spende. Hugo von Tschudi, Generaldirektor der Münchner Staatsgemäldesammlungen, verdankt das Museum seine eindrucksvolle Impressionistensammlung. 1944 wurde das Gebäude durch Brandbomben so zerstört, dass man sich nach dem Krieg für den Abriss entschied; die Bilder kamen ins Haus der Kunst. Erst 1981 fand die Neue Pinakothek in einem postmodernen Komplex von Alexander von Branca wieder ein neues Domizil.

Die Neue Pinakothek widmet sich der Kunst vom späten 18. Jahrhundert bis zum Anfang des 20. Jahrhunderts, darunter sind viele Hauptwerke der Künstler. Großes Bild: das Gemälde »Die Zerstörung von Jerusalem durch Titus« von Wilhelm von Kaulbach aus Jahr 1846.

MÜNCHEN, PINAKOTHEK DER MODERNE

Die Pinakothek der Moderne – das sind vier unabhängige Museen unter einem Dach. Als da wären: die Sammlung Moderne Kunst, die Neue Sammlung (das staatliche Museum für angewandte Kunst), das Architekturmuseum der Technischen Universität München und die Staatliche Graphische Sammlung. Dieses Konzentrat von Ausstellungen ist einmalig und ein Publikumsmagnet. Nach der Eröffnung am 16. September 2002 strömten in weniger als zwei Jahren über zwei Millionen Besucher in den Bau, dessen Architektur allseits gelobt wird. Der Münchner Architekt Stephan Braunfels, Urenkel des Bildhauers Adolf von Hildebrand, Enkel des Komponisten Walter Braunfels und Sohn des Kunsthistorikers Wolfgang Braunfels, hat ihn entworfen. Ein ästhetischer Rahmen für Exponate, die vom Expressionismus bis zur Werbegrafik, vom Autodesign bis zur Videokunst reichen.

Die Pinakothek der Moderne beschäftigt sich mit den Kunstformen des 20. und 21. Jahrhunderts. Kunstwerke des Leipziger Malers Neo Rauch und Porträts von Andy Warhol sind genauso vertreten wie die Dauerausstellung zum Thema Design (links).

OKTOBERFEST

Ach ja, war das früher unkompliziert auf dem Oktoberfest. Man ging in ein Bierzelt, machte die Bedienung auf sich aufmerksam, bestellte gegen Sofortkasse ein Bier, später vielleicht noch eins und noch eins. »Sitzen, winken, zahlen, trinken«, so brachte es ein Münchener Reporter auf den Nenner. Heutzutage ist der Münchener Ausnahmezustand nicht nur das größte Volksfest der Welt mit dem größten Bierausstoß (sechs bis sieben Millionen Liter in 16 Tagen) und dem größten Menschenandrang (um die sechs Millionen), sondern das absolute Mega-Event der Wiesn-Society. Man muss im richtigen Gewand kommen, das hat sich bis nach Sydney herumgesprochen: Dirndl, Lederhose, Haferlschuhe und Trachtenschmuck, Charivari genannt. Das Schönste am Oktoberfest ist vielleicht seine Vielseitigkeit, Gegensätzliches wird hier vereint. Hier trifft sich Alt und Jung, Einheimische und Besucher, Taditionesverbundene und Freaks. und Die Wiesn-Society trinkt gern Schampus im »Käferzelt«, speist dabei Ente oder Ochs und ihre amerikanischen, neuseeländischen oder australischen Mitglieder lesen beim Singen der Wiesn-Hymne »Ein Prosit der Gemütlichkeit« vom Zettel ab. Man hebt den Maßkrug zum »Oans, zwoa, gsuffa!«, und die folgende gemeinsame Schluckbewegung eint alle wieder zum großen einzigartigen Wiesn-Volk.

OKTOBERFEST

Das Hackerzelt: Himmel der Bayern (großes Bild). Ein Gruppenrausch für Millionen: das Münchener Oktoberfest – die größte Party der Welt. Täglich kommen bis zu 500 000 Gäste auf die »Wiesn« – eine Großstadt in der Großstadt. Mit Bierzelten (für 6000 Menschen), Musik, modernsten und nostalgischen Fahrgeschäften, für Einheimische wie für Zugereiste sind das satte 16 Tage Ausnahmezustand.

MÜNCHEN, SCHLOSS NYMPHENBURG

Als Kurfürstin Henriette Adelaide ihrem Gemahl Kurfürst Ferdinand Maria von Bayern anno 1662 den lang ersehnten Thronfolger Max Emanuel gebar, schenkte der Herrscher seiner Frau ein Schloss. Die Fertigstellung im Jahre 1757 hat sie freilich nicht mehr miterleben können. Die barocke Front von Schloss Nymphenburg misst 700 Meter und bietet einen majestätischen Anblick. Dahinter erstreckt sich ein wundervoller, drei Quadratkilometer großer Schlosspark mit Gewächshäusern, Baden-, Pagoden- und Amalienburg. Die Sommerresidenz des Hofes der Wittelsbacher beherbergt neben zahlreichen Prachtsälen die galante Schönheitengalerie, eine weltberühmte Ausstellung von Nymphenburger Porzellan sowie das Marstallmuseum, die bedeutendste Sammlung königlicher und kurfürstlicher Kutschen, Wagen, Schlitten und Geschirre der Welt.

MÜNCHEN, SCHLOSS NYMPHENBURG

Schloss Nymphenburg, die Sommerresidenz der Wittelsbacher, wurde von bedeutenden Künstlern ausgestattet. François de Cuvilliés schuf den über drei Geschosse reichenden Steinernen Saal, das Deckenfresko mit Helios im Sonnenwagen malte Johann Baptist Zimmermann (großes Bild). Der Nymphenburger Kanal führt direkt zum See vor dem Schloss und ist ein beliebter Spazierweg (links).

MÜNCHEN, BMW-WELT

»Schwebendes Wolkenfeld« nennt Architekt Wolf D. Prix vom Wiener Architektenbüro Himmelb(l)au den gewaltigen Bau, den er gegenüber dem Olympiagelände entworfen und geplant hat: die BMW-Welt. Sie ist ein spektakuläres Bauwerk in Form eines Doppelkegels aus Glas und Stahl; das Dach überspannt eine siebenstöckige Halle, die 180 Meter lang und 130 Meter breit ist. Trotz der Dimensionen wirkt das futuristische Gebäude nicht erdrückend, sondern setzt einen neuen, glanzvollen, städtebaulichen Akzent. »Glücklich die Stadt, die solche Bauherren hat«, meinte Münchens Oberbürgermeister Christian Ude bei der Eröffnung. Die BMW-Welt ist als Allroundhalle konzipiert. Hier holen BMW-Käufer ihre neuen Autos ab, es gibt eintrittsfreie Ausstellungen, Restaurants und Cafés. Ein Eventtempel, der bislang von über fünf Millionen Menschen besucht wurde.

Die BMW-Welt – das Markenerlebnis unter einem Dach: Auslieferungszentrum, Museums- und Eventstätte. Sie sei, sagte der Architekt Prix, »wie die Akropolis in Athen nicht nur Tempel, sondern auch Marktplatz, Kommunikationszentrum und Treffpunkt für Wissenstransfer«.

MÜNCHEN, ALLIANZ-ARENA

Wer sich mit dem Auto von Norden der Stadt nähert, bekommt an der Stadtgrenze einen bleibenden Eindruck von den Superlativen des modernen München. Die Allianz-Arena, Heimstatt der Fußballclubs FC Bayern München und TSV 1860 München, liegt direkt neben der Autobahn: ein riesiges, sanft gerundetes Stadion ohne Ecken und Kanten, einem Schlauchboot nicht unähnlich. Futuristisch wird es nach Einbruch der Dunkelheit. Dann leuchtet die Arena wie ein Ufo: in Rot (bei Spielen des FC Bayern), Blau (bei TSV 1860) oder Weiß (wenn die Nationalmannschaft spielt). Das Stadion, entworfen vom Architekturbüro Herzog & Meuron und gebaut in der Rekordzeit von zweieinhalb Jahren, fasst 69 900 Zuschauer, hat über 100 exklusive Logen und eine umfangreiche Gastronomie. Zum Gelände gehören U-Bahn-Anschluss und mit 10 500 Stellplätzen das größte Parkhaus Europas.

Farbspiele am Stadtrand: Die Allianz-Arena wird ausgeleuchtet und wirkt dann wie ein gigantisches Ufo. Die beiden Münchner Traditionsvereine FC Bayern München und TSV 1860 München tragen hier ihre Fußballspiele aus. Alle Sitzplätze sind komplett überdacht.

MÜNCHEN, BMW-WELT

MÜNCHEN, ALLIANZ-ARENA

EICHSTÄTT

Hoch über der alten Bischofsstadt (seit 741) Eichstätt im Altmühltal thront – wie ein Symbol für die Dominanz des Bischofs – die Willibaldsburg, einer der eindrucksvollsten deutschen Renaissancebauten. Ebenfalls über der Stadt liegt die mächtige Klosteranlage St. Walburg, benannt nach der Schwester Walburga des ersten Eichstätter Bischofs Willibald, deren Gebeine in der sehenswerten barocken Klosterkirche ruhen. Auch unten in der Altstadt regiert das geistliche Element. Der imposante zweitürmige Dom vereint romanische, gotische und barocke Baustile. Höhepunkte im Inneren sind die Sitzfigur des hl. Willibald (1514) und der elf Meter hohe »Pappenheimer Altar« (1489 bis 1497). Einen Blick sollte man unbedingt auch in den zweigeschossigen gotischen Kreuzgang an der Südseite des Doms werfen.

Auf dem Marktplatz steht der Willibaldsbrunnen, im Jahre 1695 von Jakob Engel geschaffen (großes Bild und Mitte). Die Kanzel des Doms (rechts oben) ist Teil der neugotischen Ausstattung. Die Klosterkirche von St. Walburg ist ein beliebter Wallfahrtsort (rechts unten).

INGOLSTADT

Residenzstadt, Handelsstadt, Universitätsstadt, Festungsstadt – seit dem Ingolstadt um 1250 die Stadtrechte verliehen wurden, hat die heute nach München zweitgrößte Ansiedlung in Oberbayern bewegte Zeiten erlebt. Fast 600 städtische Baudenkmäler erzählen von der wechselvollen Geschichte: Der gotische Herzogskasten stammt aus den ersten Zeiten der Stadtwerdung, während das Kreuztor als eines von vier Haupttoren im 14. Jahrhundert errichtet wurde. Die 1723–36 erbaute Alte Anatomie erinnert an die Glanzzeiten der alten Universitätsstadt. Von der Festungsanlage des 19. Jahrhunderts finden sich ebenfalls zahlreiche Überreste. So zieht sich das Vorfeld des ehemaligen Festungsgürtels, das »Glacis«, wie ein grünes Band um das Zentrum. Heute ist die Stadt an der Donau ein wichtiger Standort der Automobilindustrie und eng mit dem Namen »Audi« verknüpft.

Das Neue Schloss wurde 1418 begonnen, als Ingolstadt unter Stephan III. für die Dauer von 55 Jahren ein souveränes Herzogtum war. Die einstige herzögliche Residenz beherbergt heute das Bayerische Armeemuseum und prägt als imposanter Bau das Stadtbild.

EICHSTÄTT

NEUBURG AN DER DONAU

Geprägt wird das rund 28 000 Einwohner starke Neuburg von der Donau, die mitten durch die Stadt fließt. Zentral, aber in landschaftlich schöner Lage zwischen den Städten München, Augsburg und Ingolstadt angesiedelt, präsentiert sie sich als eine der prächtigsten Renaissancestädte Bayerns. Viele der gut erhaltenen historischen Bauwerke in der Oberen Altstadt wie die Pfarrkirche St. Peter oder die Hofkirche stammen aus dem 16. und 17. Jahrhundert, der Blütezeit der Stadt, als sie Zentrum und Residenzstadt des neu gegründeten Fürstentums Pfalz-Neuburg war. Jenseits seines Altstadtensembles zeigt sich Neuburg als moderne Stadt mit hohem Freizeitwert und einem kulturellen Angebot, das weit über die Stadtgrenzen hinaus Beachtung findet. So ziehen nicht nur die Museen, sondern auch die Kammeroper und das jährliche Jazzfestival viele Besucher an.

Das im Auftrag von Pfalzgraf Ottheinrich (1505–59) erbaute Renaissanceschloss mit seinen prächtigen Rundtürmen und der mächtigen Fassade ist das Wahrzeichen der Stadt und beherbergt seit 2005 die Staatsgalerie Flämische Barockmalerei.

FÜNFSEENLAND

Ammersee im Westen und Starnberger See im Osten bilden zusammen mit den kleineren Gewässern des Pilsensees, des Wörthsees und des Weßlinger Sees das bayerische Fünfseenland, das sich als beliebte Urlaubsregion und wichtiges Naherholungsziel für den Ballungsraum München einen Namen gemacht hat. Neben unbegrenztem Wasserspaß bietet die hügelige Moränenlandschaft viel ursprüngliche Natur und zahlreiche Sehenswürdigkeiten. Dazu gehört auch der Wallfahrtsort Andechs mit seinem 1455 gegründeten Benediktinerkloster mit Kirche, Brauerei und Klosterschenke, wo das beliebte Andechser Klosterbier angeboten wird. Das Städtchen Dießen am Südwestende des Ammersees war bereits im Mittelalter ein Zentrum für Handwerk und Kunst. Zum internationalen Töpfermarkt kommen jährlich Tausende von Besuchern in die historischen Gassen.

FÜNFSEENLAND

Bei guter Fernsicht bietet sich vom Fünfseenland ein schöner Blick auf Zugspitze, Karwendel und Benediktinerwand (großes Bild). Dießens großer Sakralbau, das Marienmünster, hier mit dem Hochaltar von Joachim Dietrich (kleines Bild unten), gilt als Meisterwerk des bayerischen Barock. Der Innenraum der Klosterkirche Andechs wird bestimmt durch den prächtigen zweistöckigen Barock-Hochaltar (ganz unten).

BAYERN 509

PFAFFENWINKEL

Nirgendwo haben die Bayern ihrem Glauben so reichhaltig Ausdruck verliehen wie in der Gegend um Weilheim und Schongau. Der hohen Dichte an Klöstern und Kirchen wegen nennt man dieses Gebiet den »Pfaffenwinkel«. Jedes der Klöster hat einen guten Namen in der Kunst- und Geistesgeschichte: Andechs, Benediktbeuern, Bernried, Dießen, Ettal, Polling, Rottenbuch, Steingaden, Wessobrunn. Die Stifte der Benediktiner, Augustinerchorherren und Prämonstratenser waren damals nicht nur religiöse Stätten, sondern zugleich Zentren der Landeserschließung und überregionale Schwerpunkte für Kunst und Wissenschaft. Sie wirkten als Bildungsträger, Arbeitgeber und sozialer Rückhalt der Bevölkerung. Weiter im Süden schließt sich das Werdenfelser Land an, wo das Alpenmassiv die Landschaft prägt – auch eine Art dem Himmel nahe zu sein.

PFAFFENWINKEL

Vom Schönberg hat man einen herrlichen Blick auf die Ammer und das Gebirge, darunter das Hörnle (oben). Aus dem 15. Jh. stammt die heutige dreischiffige Basilika der Klosterstiftskirche Rottenbuch mit dem schlichten gotischen Äußeren. Im Inneren erwartet den Besucher ein gewaltiger Stuckdekor im Rokoko-Stil (unten). Gestaltet wurde der Innenraum von Joseph Schmuzer und Sohn Franz Xaver.

WIESKIRCHE

Zu den Meisterwerken der bayerischen Rokoko-Architektur gehört die Wallfahrtskirche »Zum gegeißelten Heiland auf der Wies« im oberbayerischen Alpenvorland. Das Gotteshaus ist einem wundersamen Vorfall geweiht: Mönche des unweit gelegenen Klosters Steingaden fertigten für die Karfreitagsprozession von 1730 ein Christusbild, das auf einem Bauernhof nahe eines Weilers aufgestellt wurde. 1738 soll dieses Bildnis auf einmal begonnen haben, Tränen zu vergießen. Da die Verehrung des »Tränenwunders« ständig zunahm, beauftragte der Abt den Baumeister Dominikus Zimmermann, »auf der Wies« eine Wallfahrtskirche zu errichten. Dieser zog viele Künstler seiner Zeit hinzu – darunter seinen Bruder Johann Baptist, der die Gestaltung des Innenraums übernahm. Aus der Zusammenarbeit entstand schließlich die wohl schönste Rokokokirche Deutschlands.

WIESKIRCHE

Die Wieskirche ist im Jahr 1983 von der UNESCO zum Welterbe ernannt worden und gilt als Höhepunkt der berühmten »Wessobrunner Schule«. So bezeichnet man im 17. und 18. Jahrhundert in Altbayern und Schwaben tätige Stuckateure und Baumeister, die wie die Brüder Zimmermann aus dem Ort Wessobrunn stammten. Im Inneren strahlen das üppige Dekor und eine gelungene Architektur.

AMMERGEBIRGE UND AMMERTAL

Als größtes bayerisches Naturschutzgebiet erhebt sich das Ammergebirge mit seinem höchsten Berg, dem Daniel (2340 Meter), an der Grenze von Bayern zu Tirol. Die dünn besiedelte Region beherbergt seltene Pflanzen wie die Baumart Spirke oder das Eisglöckchen. In den alpinen Lagen wird das Moor der Bergkiefern abgebaut. Es kommt zum Beispiel in Kurbetrieben als den Stoffwechsel anregendes Heilmittel zum Einsatz. Das Gebirge ist Quellgebiet des Flusses Ammer, der auf seinem Weg zum Ammersee eines der schönsten naturbelassenen Flusstäler der Nördlichen Kalkalpen bildet. Bereits der Märchenkönig Ludwig II. war ein Verehrer dieser Region und ließ in einem Seitental das Schloss Linderhof errichten. Das Ammertal, auch berühmt durch seinen Hauptort Oberammergau mit seinen Passionsspielen, war einst ein wichtiger Verkehrsweg nach Norditalien und Venedig.

AMMERGEBIRGE UND AMMERTAL

Das Ammergebirge ist größtenteil mit Wald bedeckt (großes Bild), der forstwirtschaftlich genutzt wird. Ab dem Felsdurchbruch bei Saulgrub (kleines Bild links) fließt die Ammer durch eine Wildwasserschlucht. Ein besonderes Naturschauspiel sind die Schleierfälle. Dort rieselt das Wasser seit mehreren tausend Jahren wie ein Vorhang über die moosbewachsenen Felsen (kleines Bild rechts).

OBERAMMERGAUER PASSIONSSPIELE

Seit 1634 halten sich die Oberammergauer an ihr Gelübde, das sie nach der überwundenen Pest von 1633 leisteten, und bringen ihr »Spiel vom Leiden, Sterben und Auferstehen unseres Herrn Jesus Christus« zur Aufführung. 1634 fand es zum ersten Mal statt – und zwar auf dem Friedhof neben der Kirche, wo die Opfer des schwarzen Tods begraben waren. 1680 erfolgte der Übergang zum Zehnjahresrhythmus. Bis 1820 bliebt man dort, erst 1830 wechselte man an den heutigen Ort. Das jetzige Passionsspielhaus mit der Freilichtbühne stammt aus dem Jahre 1930 und wurde in den Jahren 1997 bis 1999 grundlegend saniert. Da auch die Bühnentechnik modernisiert worden ist, kann man hier nun in den Jahren zwischen den Passionsspielen andere Veranstaltungen ausrichten, etwa für Opernaufführungen. Nicht immer sind sich die Oberammergauer einig, was die Passionsspiele betrifft: Die Frage, ob auch verheiratete oder ältere Frauen mitspielen dürfen, musste gar vom Oberlandesgericht geklärt werden. Ergebnis: Sie dürfen. Der gebürtige Oberammergauer und gelernte Holzbildhauer Christian Stückl gehört zu den erfolgreichsten deutschen Theaterregisseuren und erhielt schon mehrfach den begehrten wie anspruchsvollen Zuschlag zur Leitung der Oberammergauer Passionsspiele.

OBERAMMERGAUER PASSIONSSPIELE

Sechs Stunden dauert das Spektakel, das im Gegensatz zu historischen Passionsspielen heute Jesus als einen streitbaren Propheten zeigt, der jedem Missbrauch der Religion als Machtmittel, der Instrumentalisierung von Menschen und aller Entfremdung den Kampf ansagt. Die Bühnendekorationen und Kulissen werden jedes Jahr aufs Neue produziert und schaffen so eine einmalige Atmosphäre.

KLOSTER ETTAL

Vor alpiner Kulisse überhöht eine große Rundkuppel malerisch die prächtige barocke Klosterkirche von Ettal. Im Innern zieht das grandiose Kuppelfresko von 1746 den Blick nach oben: Eine Szene zeigt dort den heiligen Benedikt, der Kaiser Ludwig dem Bayern ein Marienbildnis übergibt – eine bildnerische Vergegenwärtigung der aus politischen wie wirtschaftlichen Erwägungen erfolgten Gründung der bayerischen Benediktinerabtei im Jahr 1330. Seit dem 15. Jahrhundert wurde das von Ludwig gestiftete Gnadenbild einer italienischen Marienstatue Ziel von Wallfahrten zur »Ettaler Madonna«. Doch die eigentliche Blüte des Klosters, das auch einen Ritterkonvent beherbergen sollte, begann erst mit dem frühen 18. Jahrhundert, unterbrochen von einem verheerenden Brand 1744 und dem Wiederaufbau im Stil des Hochbarock nach Plänen Enrico Zuccallis und Joseph Schmuzers.

KLOSTER ETTAL

Man nähert sich dem Eingang der Klosterkirche mit ihrer für das Barock typisch geschwungenen Fassade über eine Treppe (links). So eingestimmt betritt man den Raum mit seiner barocken Innenausstattung. An den Hauptraum mit seinem illusionistisch gemalten Kuppelfresko (großes Bild) gliedert sich der Altarraum an. Die Tabernakelnische des Hochaltars krönt das Ettaler Gnadenbild.

SCHLOSS LINDERHOF

Neben der Mittelalter- und Ritterromantik sowie der mystischen Welt des Orients fühlte sich Ludwig II. vor allem vom glanzvollen Hofstaat der Bourbonendynastie angezogen. In Linderhof – einem landwirtschaftlichen Anwesen bei Ettal, das er von gemeinsamen Jagdausflügen mit seinem Vater Maximilian II. kannte – wünschte er sich deshalb den Nachbau der Schloss- und Gartenanlage von Versailles. Seine Pläne erwiesen sich aber als viel zu groß für das enge Tal, in dem Linderhof liegt, und so konzentrierten sich die Bautätigkeiten ab 1869 auf das ehemalige Försterhäuschen seines Vaters, das sich damals am heutigen Schlossvorplatz befand. Das daraus in langer Bau- und Umbauzeit entstandene Schloss Linderhof ist der einzige größere Schlossbau, den Ludwig II. vollendet erlebt hat; hinzu kamen kleinere »Fluchtburgen« wie die Venusgrotte und der Maurische Kiosk.

WETTERSTEINGEBIRGE

Ungeübte Bergwanderer sollten sich in dem zwischen Mittenwald, Garmisch-Partenkirchen und Seefeld in Tirol liegenden Wettersteingebirge nur mit den unteren Regionen begnügen. Die Höhen der Zugspitze und ihrer Nachbargipfel liegen zwischen knapp 2700 und 2962 Meter – da wird die Luft schon ziemlich dünn. Das atemberaubende Alpenpanorama auf dem Zugspitzplateau, dem trainierte Alpinisten über diverse Klettersteige entgegenfiebern, erschließt sich bequem und sicher über Bergbahnen. Wo das Thermometer selten über null Grad steigt, kann man sogar im Sommer Ski fahren. Auch die Alpspitze, das pyramidenförmige Wahrzeichen von Garmisch-Partenkirchen, lockt Kletterer an: Wahre Könner erreichen von hier aus über den Jubiläumsgrat in einer nicht einfach zu bewältigenden hochalpinen Tour die Zugspitze.

WETTERSTEINGEBIRGE, ZUGSPITZE

SCHLOSS LINDERHOF

Vom »Försterhäuschen« zur königlichen Villa: Schloss Linderhof. Malerisch liegt das Gebäude am Fuße des Ammergebirges (oben). Vor dem Eingang bildet die Brunnenanlage einen würdigen Empfang, der »Maurische Kiosk« wurde 1867 ursprünglich für die Weltausstellung in Paris geschaffen und in der künstlichen Blauen Grotte hörte der König seine geliebte Wagnermusik (Bilder von links).

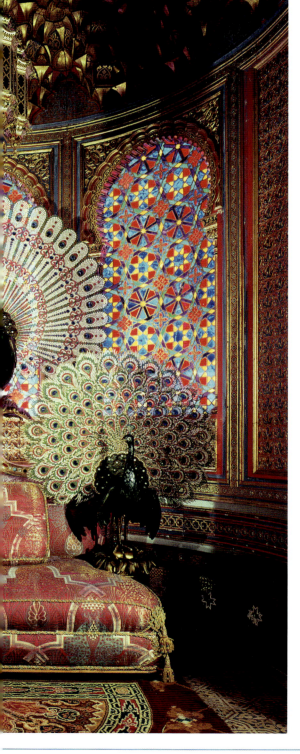

BAYERN 521

BLAUES LAND

Wer einmal diese malerische Region besucht hat, versteht sofort, dass diese grandiose vom oberbayerischen Alpenpanorama eingerahmte Landschaft rund um den Staffelsee zahlreiche namhafte Künstler wie Wassily Kandinsky und Franz Marc zu meisterhaften Werken inspirierte. Zentrum des Blauen Landes ist das lebendige Künstlerstädtchen Murnau mit seiner denkmalgeschützten Fußgängerzone sowie dem ehemaligen Wohnhaus der Malerin Gabriele Münter und dem Schlossmuseum mit Exponaten der Künstlergruppe des »Blauen Reiters«. Zu den schönsten Wanderrouten zählen der 20 Kilometer lange Rundweg um den Staffelsee mit seinen sieben Inseln, der als wärmster Badesee Oberbayerns gilt, und der Rundkurs durch das Murnauer Moos, das mit seiner einzigartigen Flora und Fauna eine geradezu meditative Ruhe ausströmt.

An klaren Tagen tritt die Bergsilhouette deutlich hervor und die Landschaft leuchtet in faszinierenden Blautönen (kleines Bild). Das Murnauer Moos (großes Bild) ist das größte Alpenrandmoor Mitteleuropas.

KOCHELSEE UND WALCHENSEE

Am Fuß des Werdenfelser Lands, dort, wo die Landschaft ins Gebirge übergeht, liegt der 5,9 Quadratkilometer große Kochelsee, der Badegäste mit sauberem, aber nicht sehr warmem Wasser lockt. Den gerade mal 4000 Einwohner zählenden Ort am östlichen Seeufer kennen die meisten durch den »Schmied von Kochel« – einen sagenumwobenen Helden des Sendlinger Bauernaufstandes während der Besatzung durch die Habsburgertruppen im Jahr 1705. Rund um den Walchensee spürt man meistens einen kräftigen Gebirgswind, weswegen der See, den Kunstkenner auch von Werken des in Urfeld ansässigen Malers Lovis Corinth (1858–1925) kennen, besonders unter Surfern beliebt ist. Wenn sich große Wogen auf dem See bilden – so sagt eine Legende, hat sich der gigantische »Waller vom Walchensee« bewegt.

Mit einer Tiefe von bis zu 192 Metern ist der 16,4 Quadratkilometer große Walchensee der tiefste und größte Gebirgssee Deutschlands. Der Kochelsee wird von der Loisach durchflossen und umrahmt von Moor und Bergketten.

WETTERSTEINGEBIRGE, ZUGSPITZE

WETTERSTEINGEBIRGE

Vom Törlgatterl hat man einen lockenden Gipfelblick zur Törlspitze, im Vordergrund mit der Meiler Hütte (großes Bild). Der Berg ist im Sommer bei Wanderern beliebt, aber auch im Winter bei Skitourengehern. Der smaragdgrüne Eibsee schillert am Fuße der Zugspitze, des höchsten Bergs Deutschlands (links). Temperaturmäßig macht er einem Gebirgssee alle Ehre – eiskalt!

BLAUES LAND

KOCHELSEE UND WALCHENSEE

KARWENDELGEBIRGE

In Mittenwald muss man nur den Kopf in den Nacken legen, um das komplett unter Naturschutz stehende Karwendelgebirge zu betrachten – so nahe ist man dort der sich auf einer Fläche von knapp 1000 Quadratkilometern erstreckenden Bergkette, die sich zum großen Teil auf österreichischem Boden befindet. Vom Ort führt eine Seilbahn zum Fuß der Westlichen Karwendelspitze – einer der 125 über 2000 Meter hohen Gipfel des Areals. Durch einen Tunnel erreicht man von der Bergstation das Dammkar – die steilste Skiabfahrt Deutschlands. Hier trifft man viele Skitourengeher, die vor allem die Gipfel des Vorkarwendels wie Schafreuter und Schönalmjoch schätzen. Im Sommer finden Bergsteiger, die das aus Kalkstein und Dolomit bestehende Gebirge auch über diverse Klettersteige erkunden können, in 21 Berghütten Rast- und Übernachtungsmöglichkeiten.

KARWENDELGEBIRGE

Zu den beliebtesten oberbayerischen Tourengebieten gehört neben dem Kaisergebirge das Karwendel, dessen Täler sich vorwiegend nach Norden hin öffnen. Viele Touren sind oft erst zu gehen, wenn im Tal schon der Frühling beginnt und die Almwiesen mit Krokussen übersät sind (oben). Zur Sommerzeit lädt dafür der ein oder andere Gebirgssee zu einem erfrischenden Bad ein (großes Bild).

MANGFALLGEBIRGE

Der schönste Aussichtsgipfel des Mangfallgebirges – des östlichsten Teils der Bayerischen Voralpen – ist der Wendelstein, in dessen Kirchlein man sich sogar das Jawort geben kann: Dass man dem Himmel dabei näher kommt als anderswo, kann ja bestimmt nicht schaden. Eine Zahnradbahn fährt in weniger als einer halben Stunde auf die Bergstation des Wendelsteins, und schon genießt man ein grandioses Panorama über die Alpen mit Großglockner und Großvenediger, Zillertaler Alpen, Karwendel und Wetterstein. An klaren Tagen reicht die Sicht bis nach München und zum Bayerischen Wald. Manche halten den Wendelstein gar für »den« oberbayerischen Berg schlechthin – auch wenn sein Gipfel fast so schlimm verbaut wurde wie jener der Zugspitze. Aber für Bergsteiger ist ja ohnehin der Weg das Ziel – und der Gipfel in diesem Fall eben wirklich nur eine Dreingabe.

MANGFALLGEBIRGE

Eine grandiose Fernsicht über das oberbayerische Voralpenland hat man vom 1838 Meter hohen Wendelstein (oben das »Wendelsteinkircherl«), auf dem sich auch eine Sternwarte, eine Wetterstation, eine Windkraftanlage und ein Sendeturm des Bayerischen Rundfunks befinden. Wer kurz vorm Gipfel noch eine kleine Kletterpartie in Kauf nimmt, wählt den Rossstein als Ziel (großes Bild).

CHIEMGAU UND CHIEMSEE

Im Sommer sollte man sich in Gstadt und vor allem in Prien, wo der Hafen Dimensionen angenommen hat, die man von Nord- und Ostseestädten kennt, nicht vom Trubel abschrecken lassen: Dieser riesige See mit seiner Fläche von über 80 Quadratkilometern, dessen Wasserqualität sich in den letzten Jahren durch eine neue Ringkanalisation erheblich verbesserte, bietet Platz für jeden. Fast alle kleinen Gemeinden rund um den Chiemsee haben Badestrände und vermieten Tret-, Motor- sowie Segelboote zu fairen Preisen. Eher zur bewundernden Betrachtung eignen sich die Boote, die vor Seebruck, einem der größten bayerischen Jachthäfen, liegen. Dann gibt es noch die Option, sich in luftiger Höh' in einem Heißluftballon über das Wasser treiben zu lassen. Besonders schön: der Blick von oben auch auf die kleinen Nachbargewässer des Chiemsees – die Eggstätter Seenplatte.

CHIEMGAU UND CHIEMSEE

Für die einen ist es der oberbayrische Chiemsee für die anderen das bayrische Meer. Daher heißt der Hauptanlegeplatz für Schiffe auch Übersee. Wenn sich dann noch spätnachmittägliche Gewitterwolken über dem See zusammenbrauen, fehlt auch dem letzten Zweifler eine andere Bestimmung (unten). Berühmtester Berg, der zu den Klassikern der Bergtourensammlung gehört, ist die Kampenwand (oben).

BAYERN 535

HERRENCHIEMSEE

Die Leute kommen natürlich alle nur wegen ihm, dem Märchenkönig: ungeachtet dessen, dass sich auf Herrenchiemsee – einer der beiden Inselattraktionen im Chiemsee, die man per Schiff von Prien aus erreicht – ein »Altes Schloss« besichtigen lässt. Darin wurde im Jahr 1948 immerhin das Grundgesetz der Bundesrepublik Deutschland vorbereitet. Aber was ist das schon gegen das »Neue Schloss«, mit dem König Ludwig II. seinen letzten Traum verwirklichen wollte: (s)ein bayerisches Versailles? 1878 ließ er den Grundstein für den Bau legen, dessen Gartenfassade zumindest mit dem französischen Original fast identisch ist. Aus finanziellen Gründen wurde das Projekt nicht vollendet. Lediglich 20 der geplanten 70 Räume konnten fertiggestellt werden: eine Art »Best-of-Versailles-Konzept«, darunter Ludwigs Lieblingsräume wie das Paradeschlafzimmer und der Spiegelsaal.

HERRENCHIEMSEE

Bilder oben von links: Das fürstliche Treppenhaus und der 98 Meter lange Spiegelsaal. Darin zeigt sich der Hang zum Größenwahn: Aus einem König wurden Hunderte. Großes Bild: Der Inbegriff monarchistischen Glanzes – der perfekte Nachbau der Schloss- und Gartenanlage von Versailles. Wer in dem Park mit monumentalen Brunnenanlagen lustwandelt, kann den französischen Vorbildern nachspüren.

BERCHTESGADENER LAND

Könnte man Norwegen mit Oberbayern kreuzen, würde wahrscheinlich so etwas wie der Königssee herauskommen – ein von reliefartigen Felsen umringter Fjord. Um die schöne Gegend rund um den See zu erkunden, muss man eines der Boote besteigen. Diese werden elektrisch angetrieben, damit das smaragdgrüne Wasser so rein bleibt, wie es ist. So erreicht man die um 1700 auf kleeblattförmigem Grundriss errichtete Kirche St. Bartholomä unterhalb der Watzmann-Ostwand – das Wahrzeichen des Sees, dessen sagenumwobene Entstehung auf einen bösen Herrscher zurückgehen soll, der so lange Furcht und Schrecken im Berchtesgadener Land verbreitete, bis ihn eine Bäuerin verfluchte und er samt seiner Familie in Stein verwandelt wurde. Wen wundert es da noch, dass so viele Bergsteiger, die den Watzmann bezwingen wollten, ihr Leben verloren?

BERCHTESGADENER LAND

Als Berchtesgaden im Jahr 1810 zu Bayern kam, wurde St. Bartholomä (oben) einer der beliebtesten Aufenthaltsorte der bayerischen Könige. Großes Bild: Auf seine Weise ein »König« unter den bayerischen Bergen ist der Watzmann. Das Feriendorf Ramsau ist ein idealer Ausgangspunkt für Wandertouren und Ausflüge ins Berchtesgadener Land, ist es doch nahezu vollständig von Bergen umgeben (unten).

NATIONALPARK BERCHTESGADEN

Schon früh erkannten Naturschützer das Geschenk, das eine gütige Schöpfung den Berchtesgadenern vor der Haustür hinterlassen hatte: Bereits im Jahr 1910 erreichten sie, dass das Gebiet um den Königssee als »Pflanzenschongebiet« ausgewiesen wurde, zwölf Jahre später als Naturschutzgebiet. Immer wieder verhinderten sie erfolgreich Eingriffe in dieses zauberhafte Naturparadies – zuletzt 1978, als die Marktgemeinde Berchtesgaden eine Seilbahn zum Gipfel des Watzmanns bauen wollte. Seither gehört der 210 Quadratkilometer große Süden des Berchtesgadener Landes zum ersten und bislang einzigen Nationalpark in den deutschen Alpen – und seit 1990 zum von der UNESCO ausgewiesenen Biosphärenreservat Berchtesgaden. Hier leben auch Steinadler, Gämsen, Murmeltiere oder gefährdete Arten wie die Ringelnatter und der Feuersalamander

NATIONALPARK BERCHTESGADEN

Großer und Kleiner Barmstein sind zwei Felsnadeln, die die Grenze zwischen Salzburger Land und Berchtesgadener Land markieren. In den Wänden sind teilweise fossile Einschlüsse aus der Jurazeit zu entdecken. Ist man auf dem Gipfel angelangt, verwöhnt eine Aussicht, die vom Flugzeug nicht schöner sein könnte. Durch den Naturschutz haben sich in dem Gebiet auch wieder Steinböcke angesiedelt (oben).

REGISTER

A
Aachener Dom 242
Ahrtal 250
Ahrweiler 250
Allgäuer Alpen 482
Allianz-Arena 504
Alsterarkaden 41
Alte Hofhaltung 440
Alte Pinakothek 498
Altenberger Dom 244
Altes Land 68
Altmühltal, Naturpark 432
Ammergebirge 514
Amrum 23
Aschaffenburg 412
Augsburg 488

B
Bacharach 249
Baden-Baden 366
Bauhaus 198
Bayerischer Wald 464–469
Bayern 410–540
Bebenhausen, Kloster 390
Berchtesgadener Land 538, 540
Bergisches Land 244
Berliner Mauer, Die 174
Bernkastel-Kues 257
Binz 136
Birnau 402
Blaues Land 528
Bliesgau 274
BMW-Welt 504
Bochum 219
Bodensee 400
Bonn 238
Brandenburger Tor 160
Braunes Gold 249
Breisgau 368
Bremen 58, 60, 62
Bremer Stadtmusikanten 63
Bremerhaven 58, 64
Bruchsal 364
Brühl 238
Buchenwald 320
Bückeburg 108
Burg Hohenzollern 394
Buxheim 476

C
Celle 84
Charlottenburg, Schloss 184
Chiemgau 534
Chilehaus 43
Coburg 436
Cuxhaven 68

D
Darmstadt 298
Dillingen an der Donau 472
Dithmarschen 26
Donaudurchbruch 460
Dortmund 216
Dreikönigsaltar 233
Dresden 336
Duisburg 220
Düsseldorf 224

E
Eastside Gallery 178
Eberbach, Kloster 300
Eichsfeld 306
Eichstätt 506
Eiderstedt 26
Eifel 250
Eisenach 308
Eisleben 196
Elbe, Biosphärenreservat 88
Eltz, Burg 254
Emden 76
Eremitage 446
Erfurt 312
Erzgebirge 356
Essen 220
Ettal, Kloster 518

F
Fachwerkhäuser 69, 91, 115
Fichtelgebirge 453
Fischland Darß-Zingst 126
Flensburg 28
Focke-Museum 61
Föhr 22
Frankenwald 452
Fränkische Röhn, Naturpark 424
Fränkische Schweiz 444
Frauenkirche, Dresden 340
Frauenkirche, München 492
Freiburg im Breisgau 370
Fulda 284
Fünfseenland 508
Füssen 480

G
Gasometer 219
Gedächtniskirche 180
Gehry, Frank O. 225
Gendarmenmarkt 162–167
Gewandhaus 328
Glienicker Brücke 151
Glücksburg 28
Görlitz 254
Goslar 114
Gottorf, Schloss 31

Granitz 135
Graukraniche 129
Greetsiel 71
Großsegler 35

H
Hainich, Nationalpark 306
Halle an der Saale 204
Halligen, Die 24
Hamburg 40–57
Hannover 90, 92
Harz 112, 190
Hassberge 426
Havenwelten 65
Hegau 398
Heidelberg 360
Helgoland 18
Heringsdorf, Seebrücke von 139
Herrenchiemsee 536
Hessen 276
Hiddensee 130
Hildesheim 94, 96
Hohenlohe 378
Hooge, Heimatmuseum 25

I/J
Ingolstadt 506
Insel Reichenau 402
Jasmund, Nationalpark 134
Jena 322
Juist 75

K
Kaiser-Wilhelm-Brücke 69
Kaiserburg 430
Kaiserstuhl 368
Karlsruhe 364
Karlsschrein 243
Karwendelgebirge 530
Kassel 280
Kelheim, Befreiungshalle 458
Kempten 474
Kevelaer 222
Kiel 32, 34
Kloster Neuzelle 156
Kochelsee 528
Königslutter 108
Kreideküste 116
Krumhörn 76
Kulmbach 452
Kurfürstendamm 180

L
Landungsbrücken 51
Lange Anna 19
Lauenburgische Seen 36
Leer 76

REGISTER

Limburg 286
Lindau 478
Linderhof, Schloss 520
Lorsch 300
Lübeck 36
Luckau 156
Ludwigsburg 380
Lüneburger Heide 82

M
Maare 250
Magdeburg 188
Maintal, Unteres und Mittleres 414
Mainz 262
Mangfallgebirge 532
Maria Laach 252
Marienplatz, München 494
Markgräferland 368
Mathildenhöhe 298
Maulbronn, Kloster 372
Max-Joseph-Platz, München 494
Mecklenburg-Vorpommern 116, 140
Meißen 330
Meldorfer Dom 25
Memmingen 474
Metten, Kloster 462
Meyer Werft 78
Mittelrhein 260
Moritzburg 342
Moseltal 256
München 490–505
Münsterland 210ff.
Münstermaifeld 250
Müritz, Nationalpark 142
Muskauer Park 252

N
Naumburg an der Saale 206
Neckartal, Unteres 362
Neuburg an der Donau 507
Neue Bibliothek Stuttgart 386
Neue Pinakothek München 499
Neuer Wall 47
Neues Regierungsviertel 172
Neues Schloss 446
Neuschwanstein, Schloss 486
Neustadt 46
Niederrhein 222
Niedersachsen 66
Nymphenburg, Schloss 502

O/P/Q
Oberallgäu 480
Oberammergauer Passionsspiele 516
Obere Donau, Naturpark 396
Obere Elbe 344
Oberharz 112
Oberlausitzer Heide- und Teichlandschaft 252
Oberschwaben, Klöster und Kirchen 408
Odenwald 302
Oldenburg 80
Ortenau 366
Osnabrück 80
Ostallgäu 484
Ostfriesland 70, 74
Ottobeuren 476
Papenburg 76
Passau 468, 470
Pellworm 23
Pfaffenwinkel 510
Pfälzer Wald 266
Pinakothek der Moderne 499
Potsdam 150
Potsdamer Platz 176
Prerow 127
Quedlinburg 194

R
Ratzeburg 38
Reinhardswald 278
Residenz, Bamberg 442
Residenz, München 496
Roland 60
Romanische Kirchen, Köln 234
Rostock 124
Rothenburg ob der Tauber 434
Rügen 134
Ruhrgebiet 214, 218
Ruppiner Land 146

S/T/U
Saarbrücken 272
Sächsische Schweiz 346–251
Sanssouci, Schloss 152
Sandtorhafen 45
Sauerland 246
Schaalsee 118
Schilksee 35
Schleswig-Holsteinische Schweiz 38
Schlösser und Parks 154
Schorfheide 149
Schwäbische Alb 392
Schwarzwald, Nördlicher und Mittlerer 374
Schwerin 122
Sellin 136
Semperoper 336
Siegerland 246
Sielhäfen 72
Sigmaringen 394
Spessart, Bayerischer 412
Speyer 264
St. Emmeram 456
Stade 69
Stahleck, Burg 249
Steigerwald 426
Stralsund 132
Stubnitz 135
Stuttgart, Staatstheater, Staatsgalerie 384
Südschwarzwald 376
Sylt 20
Taubertal 378
Thüringen 304, 306, 3114
Trier 258
Tübingen 390
Uckermark 148
Ulm 404
Unteres Odertal Nationalpark 148
Usedom 138

V/W
Ville 240
Völklinger Hütte 270
Vorpommersche Bodenlandschaft 128
Vulkaneifel 250
Walchensee 528
Walhalla 458
Wallraf-Richartz-Museum 227
Wangerooge 75
Warften 25
Warnemünde 124
Warnow 125
Wartburg 310
Wasserschlösser 156, 212
Wattenmeer, Nationalpark 22
Weimar 316ff.
Weinstraße 266
Weissenhof 386
Weltenburg, Kloster 460
Wendland 86
Werningerode 192
Weserbergland 110
Westerheversand 26
Wetterau 288
Wettersteingebirge 522–527
Wetzlar 288
Wiblingen, Kloster 406
Wiesbaden 298
Wieskirche 512
Wilhelmshaven 69
Wilmhelmshöhe, Bergpark 282
Wismar 120
Wittenberg 202
Wolfenbüttel 104
Wolfsburg, Autostadt 106
Wörlitz 200
Worms 264
Würzburger Residenz 418–423

Z
Zeche Zollern 217
Zwinger, Dresden 338

543

BILDNACHWEIS / IMPRESSUM

Abkürzungen:

A = Alamy
C = Corbis
G = Getty
L = Laif
M = Mauritius

Cover und S. 001: C/Ali Meyer;
Cover Motiv: Karl der Große, Albrecht Dürer
S. 002/3: H. & D. Zielske; S. 004/5: M/Peter Lehner; S. 006/7: M/Dr. Wilfried Bahnmüller; S. 008/9: H. & D. Zielske; S. 010/11: h & d zielske; S. 012/13: C/ Peter Adams; S. 014/15: M/Torsten Elger; S. 016/17: G/Sabine Lubenow; S. 018/19: G/Ulf Boettcher; S. 019: G/Ronald Wittek; S. 019: G/Ronald Wittek; S. 020: A/Premium Stock Photography GmbH /; S. 020: A/Premium Stock Photography GmbH /; S. 020: A/Premium Stock Photography GmbH /; S. 020/21: C/Sabine Lubenow; S. 021: C/Sven Hagolani; S. 022: Look/Sabine Lubenow; S. 022: Look/Daniel Schoenen; S. 022: M/age; S. 023: Look/Heinz Wohner; S. 023: Look/Ulf Boettcher; S. 023: G/Heinz Wohner; S. 023: M/Ingo Boelter; S. 024/25: G/Sabine Lubenow; S. 025: M/Ingo Boelter; S. 025: M/Sabine Lubenow; S. 025: M/Sabine Lubenow; S. 025: M/Sabine Lubenow; S. 025: M/Paul Mayall; S. 026: G/Ulf Boettcher; S. 026: h & d zielske; S. 026/27: A/Premium Stock Photography GmbH /; S. 026/27: M/Egon Bämsch; S. 028/29: Look/Heinz Wohner; S. 028/29: M/Wolfgang Diederich; S. 030/31: h & d zielske; S. 031: h & d zielske; S. 032/33: Look/Holger Leue; S. 033: M/Peter Lehner; S. 034/35: M/Peter Lehner; S. 035: M/Peter Lehner; S. 036/37: Look/Heinz Wohner; S. 037: H. & D. Zielske; S. 037: Look/Konrad Wothe; S. 037: h & d zielske; S. 037: h & d zielske; S. 037: M/Torsten Kröger; S. 038/39: C/Karl-Heinz Haenel; S. 038/39: M/Thomas Ebelt; S. 040/41: M/Friedrichsmeier ; S. 042/43: M/Michael Szönyi; S. 043: A/blickwinkel ; S. 043: M/Urs Kuester; S. 043: h & d zielske; S. 043: h & d zielske; S. 043: h & d zielske; S. 043: h & d zielske; S. 044: H. & D. Zielske; S. 044/45: H. & D. Zielske; S. 045: h & d zielske; S. 046: Look/Engel & Gielen; S. 046/47: h & d zielske; S. 047: M/Christian Ohde; S. 047: M/Christian Ohde; S. 048/49: h & d zielske; S. 049: h & d zielske; S. 049: h & d zielske; S. 049: h & d zielske; S. 049: M/Rainer Waldkirch; S. 049: M/Christian Ohde; S. 049: h & d zielske; S. 050 + 55: L/Joerg Modrow ; S. 051-54: L/Ralf Brunner; S. 055: G/Knud Pfeifer; S. 056/57: G/Jerome Esch; S. 057: C/CHRISTIAN CHARISIUS; S. 058/59: Look/Olaf Jainz; S. 060/61: H. & D. Zielske; S. 061: H. & D. Zielske; S. 062: M/Kurt Amthor; S. 062/63: H. & D. Zielske; S. 063: H. & D. Zielske; S. 064/65: M/Movementway; S. 065: M/Christian Bäck; S. 066/67: Bildagentur Huber/Gräfenhain; S. 068: Look/age fotostock; S. 068: M/Movementway; S. 069: A/nagelestock.com; S. 069: L/Martin Kirchner; S. 070/71: G/Ulf Boettcher; S. 071: G/Heinz Wohner; S. 072/73: M/United Archives; S. 073: L/Martin Kirchner; S. 073: M/peter schickert; S. 074/75: Christian Bäck; S. 075: L/Hahn; S. 076: Look/Ulf Boettcher; S. 076: M/Fritz Mader; S. 076/77: M/Steffen Beuthan; S. 076/77: M/Günter Lenz; S. 078/79: M/Thomas Frey; S. 079: A/Stefan Hofecker; S. 080: L/Gerald Haenel; S. 080/81: G/Quadriga Images; S. 081: L/Gerald Haenel; S. 082/83: H. & D. Zielske; S. 083: H. & D. Zielske; S. 084: Look/Torsten Andreas Hoffmann; S. 084: A/Kuttig - Travel; S. 085: h & d zielske; S. 085: Wandmacher; S. 086/87: L/Gerhard Westrich; S. 087: M/Justus de Cuveland; S. 088/89: M/Lothar Steiner; S. 089: M/Kevin Prönnecke; S. 089: M/Kevin Prönnecke; S. 090/91: h & d zielske; S. 091: h & d zielske; S. 091: M/Hiroshi Higuchi; S. 092/63: M/Bernhard Classen; S. 093: Look/Karl Johaentges; S. 093: L/Pierre Adenis; S. 093: M/Jochen Tack; S. 093: M/Jochen Tack; S. 094/95: M/Urs Schweitzer; S. 095: L/Gerhard Westrich; S. 096: L/Gerald Haenel; S. 096: h & d zielske; S. 097: L/Gerald Haenel; S. 097: L/Gerald Haenel; S. 097: h & d zielske; S. 098 + 103: h & d zielske; S. 099 - 102: L/Gerald Haenel; S. 103: Look/Quadriga Images; S. 104/105: M/H.-D. Falkenstein; S. 105: h & d zielske; S. 105: M/Ernst Wrba; S. 106/107: H. & D. Zielske; S. 107: H. & D. Zielske; S. 107: H. & D. Zielske; S. 108: H/Bäck; S. 108: H. & D. Zielske ; S. 108: H. & D. Zielske ; S. 108/109: H. & D. Zielske; S. 108/109: Wandmacher; S. 109: H. & D. Zielske ; S. 110/111: G/Heinz Wohner; S. 111: C/Wolfgang Meier; S. 112/113: Look/Heinz Wohner ; S. 113: Look/Ernst Wrba; S. 113: M/Bahnmueller; S. 114: Look/Karl Johaentges; S. 114/115: Look/Karl Johaentges; S. 115: Look/Heinz Wohner; S. 116/117: H. & D. Zielske; S. 118: A/blickwinkel; S. 118/119: A/imagebroker; S. 119: M/ Andreas Vitting; S. 120/121: H. & D. Zielske; S. 121: M/Lothar Steiner; S. 122/123: A/Lothar Steiner; S. 123: A/Lothar Steiner; S. 124/125: Look/Heinz Wohner; S. 125: M/Sabine Lubenow; S. 126/127: Look/Heinz Wohner ; S. 127: G/Andreas Jäkel; S. 127: Look/Konrad Wothe; S. 127: L/Sophie Henkelmann; S. 127: L/Clemens Zahn; S. 127: M/Peter Lehner; S. 127: M/Hans Zaglitsch; S. 128: M/Jörn Friederich; S. 128/129: M/Jörn Friederich; S. 129: M/Peter Czajka; S. 130/131: G/Falk Herrmann; S. 131: M/Mario Tumm; S. 132/133: C/Sabine Lubenow; S. 133: H. & D. Zielske; S. 133: Look/age fotostock; S. 134/135: M/Andreas Jäkel; S. 135: Look/Konrad Wothe; S. 136/137: C/Nico Stengert; S. 136/137: h & d zielske; S. 138/139: L/Gerhard Westrich; S. 139: G/Slow Images; S. 140/141: C/Cornelius Paas; S. 140/141: M/Lothar Steiner; S. 142/143: C/Dietmar Nill; S. 143: C/Willi Rolfes; S. 143: C/Dietmar Nill; S. 143: C/Jaap Hoogenboom; S. 143: C/Do Van Dijck; S. 143: M/Andreas Vitting; S. 143: G/Norbert Rosing; S. 144/145: h & d zielske; S. 146/147: h & d zielske; S. 147: M/Andreas Vitting; S. 148: H. & D. Zielske; S. 148/149: M/Catharina Lux; S. 149: M/Norbert Rosing; S. 150/151: Look/Ulf Böttcher; S. 151: Look/Ulf Böttcher; S. 151: Look/Ulf Böttcher; S. 151: h & d zielske; S. 151: M/Thomas Robbin; S. 151: M/Karl F. Schöfmann; S. 152/153: C/Philip Gould; S. 153: G/Murat Taner; S. 154/155: Look/Ulf Böttcher; S. 155: H. & D. Zielske ; S. 155: Look/Ulf Böttcher; S. 155: Look/Ulf Böttcher; S. 155: L/Zahn; S. 155: M/A; S. 156: Look/Ulf Böttcher; S. 156: Look/Ulf Böttcher; S. 156: h & d zielske; S. 156/157: Boettcher; S. 156/157: M/Lothar Steiner; S. 158/159: C/Gerd Ludwig; S. 160/161: G/Siegfried Layda; S. 161: C/Murat Taner; S. 162 + 167: Look/age fotostock; S. 163 - 166: Blickwinkel/E. Teister; S. 167: G/Andreas Rentz; S. 168/169: Caro/Muhs; S. 169: C/Fabrizio Bensch; S. 169: L/Adenis; S. 169: L/Jan-Peter Boening; S. 169: Schapowalow/Atlantide; S. 170/171: Look/Joris van Velzen; S. 171: C/Jon Hicks; S. 172/173: C/Jon Hicks; S. 173: Look/Torsten Andreas Hoffmann; S. 174/175: L/Hans-Christian Plambeck; S. 175: akg-images/Peter Leibing; S. 175: C/Bettmann; S. 175: C/Bettmann; S. 175: C/Hulton-Deutsch Collection; S. 175: L/K. Hoffmann; S. 176/177: G/Allan Baxter; S. 177: G/Siegfried Layda; S. 178: L/Rene Mattes; S. 178: G/Sean Gallup; S. 178: A/Iain Masterton; S. 178/179: Artur; S. 178/179: h & d zielske; S. 180/181: C/Julie Woodhouse; S. 180/181: h & d zielske; S. 182: Zick Jochen ; S. 182: Visum/C&M Fragasso; S. 182: Visum/Frank Rothe; S. 182: L/Mäcke; S. 182/183: Detlev Schilke; S. 183: L/Baltzer; S. 184/185: h & d zielske; S. 185: h & d zielske; S. 186/187: h & d zielske; S. 188/189: h & d zielske; S. 189: h & d zielske; S. 190/191: G/Heinz Wohner; S. 191: Look/H. & D. Zielske; S. 191: Look/Heinz Wohner; S. 191: Look/Heinz Wohner; S. 191: h & d zielske; S. 192: Bildagentur Huber/Simeone; S. 192: L/Peter Hirth; S. 192/193: h & d zielske; S. 193: G/Karl Johaentges; S. 194/195: Look/Heinz Wohner; S. 195: G/Tim Fitzharris; S. 196/197: h & d zielske; S. 197: M/fotosol; S. 198: A/Urbanmyth; S. 198/199: A/imagebroker; S. 199: A/Iain Masterton; S. 200/201: Romeis; S. 202/203: L/Berthold Steinhilber; S. 203: C/Dave Bartruff; S. 203: L/Berthold Steinhilber; S. 203: M/Peter Lehner; S. 203: M/fotosol; S. 203: h & d zielske; S. 204/205: Look/H. & D. Zielske; S. 205: dpa/Peter Endig; S. 205: h & d zielske; S. 206/207: H. & D. Zielske ; S. 207: H. & D. Zielske ; S. 207: M/A; S. 208/209: Look/Heinz Wohner; S. 210: H. & D. Zielske; S. 210: Look/Brigitte Merz; S. 210: h & d zielske; S. 210/211: Look/Heinz Wohner; S. 210/211: h & d zielske; S. 212/213: Look/Heinz Wohner; S. 213: Look/Heinz Wohner; S. 213: Look/Heinz Wohner; S. 214/215: G/Michael Utech; S. 215: G/Michael Utech; S. 216/217: Look/Heinz Wohner; S. 217: H. & D. Zielske; S. 217: H. & D. Zielske; S. 218: G/Ritterbach; S. 218: Look/Heinz Wohner; S. 218/219: C/Claudius; S. 218/219: A/blickwinkel; S. 219: Look/Heinz Wohner; S. 219: Look/TerraVista; S. 219: A/blickwinkel; S. 220: G/Michael Utech; S. 220: Look/Heinz Wohner; S. 220/221: G/F1online; S. 220/221: A/imagebroker; S. 222: Huber/Klaes Holger; S. 222: Look/Heinz Wohner; S. 222: Look/Frank van Groen; S. 223: Huber/Klaes Holger; S. 223: Look/Heinz Wohner; S. 224/225: Look/Heinz Wohner; S. 225: G/Murat Taner; S. 225: Look/Sabine Lubenow; S. 225: Look/Michael Zegers; S. 225: Look/Sabine Lubenow; S. 225: Look/Sabine Lubenow; S. 226: Look/age fotostock; S. 227 - 230: C/Michele Falzone; S. 231: G/Jorg Greuel; S. 231: A/Stefano Paterna; S. 232: Look/Sabine Lubenow; S. 232/233: Look/Sabine Lubenow; S. 233: G/Travel Photographer; S. 233: akg-image /Erich Lessing; S. 234: Bildarchiv Monheim/Florian Monheim ; S. 234: h & d zielske; S. 234: M/A; S. 235: h & d zielske; S. 235: M/A; S. 236/237: Look/age fotostock; S. 237: L/Gernot Huber; S. 238: C/Svenja-Foto; S. 238: L/Daniel Pilar; S. 238: h & d zielske; S. 238/239: G/KFS; S. 238/239: h & d zielske; S. 239: Look/age fotostock; S. 239: Look/age fotostock; S. 240/241: L/Thomas Ernsting; S. 241: M/FHR; S. 242/243: h & d zielske; S. 243: Look/Daniel Schoenen; S. 243: C/Steven Vidler; S. 243: h & d zielske; S. 243: h & d zielske; S. 243: L/Linke; S. 244: Look/age fotostock; S. 244: M/Anton Luhr; S. 244/245: A/imagebroker; S. 244/245: M/A; S. 246: G/Kord.com; S. 246: Look/Brigitte Merz; S. 246: M/Martin Jung; S. 246/247: Look/Heinz Wohner; S. 247: M/Friedhelm Adam; S. 247: M/Friedhelm Adam; S. 248/249: H. & D. Zielske; S. 250: Look/Brigitte Merz; S. 250: Look/Heinz Wohner; S. 250: Look/Heinz Wohner; S. 250: Look/Heinz Wohner; S. 251: Look/Brigitte Merz; S. 251: Look/Brigitte Merz; S. 251: Look/Karl Johaentges; S. 252/253: H. & D. Zielske; S. 253: h & d zielske; S. 254/255: G/Stephen Studd; S. 255: M/Andreas Vitting; S. 256/257: H. & D. Zielske; S. 257: Look/Brigitte Merz; S. 257: M/Chris Seba; S. 258/259: L/Boening/Zenig; S. 259: Look/Brigitte Merz; S. 259: Look/age fotostock; S. 259: M/Karl F. Schöfmann; S. 259: M/Manfred Bail; S. 259: h & d zielske; S. 260/261: h & d zielske; S. 261: H. & D. Zielske; S. 261: h & d zielske; S. 262/263: Look/H. & D. Zielske ; S. 263: G/Stephan Rudolph; S. 263: M/Jeff O'Brien; S. 264/265: h & d zielske; S. 264/265: Bildagentur Huber/Schmid/Radelt; S. 266/267: Look/Florian Werner; S. 266/267: A/mediacolor's; S. 268/269: C/Top Photo Corporation; S. 270/271: Look/Brigitte Merz; S. 271: L/Gerhard Westrich; S. 272/273: C/Top Photo Corporation; S. 273: Look/Brigitte Merz; S. 274/275: G/Joe Petersburger; S. 275: A/blickwinkel; S. 275: A/blickwinkel; S. 275: A/blickwinkel; S. 275: A/blickwinkel; S. 275: A/blickwinkel; S. 275: A/blickwinkel; S. 276/277: H. & D. Zielske; S. 278/279: H. & D. Zielske; S. 279: Look/Heinz Wohner; S. 279: H. & D. Zielske; S. 280: L/Andreas Meichsner; S. 280/281: L/Andreas Meichsner; S. 281: L/Meyer; S. 281: L/Stefan Thomas Kroeger; S. 282/283: L/Clemens Emmler; S. 283: H. & D. Zielske; S. 284: C/Martin Siepmann; S. 284/285: A/Ch.L.Bages; S. 285: L/Modrow; S. 286/287: h & d zielske; S. 287: M/J.W.Alker; S. 288: L/Georg Knoll; S. 288: M/Michael Szönyi; S. 288/289: G/Richard Fairless; S. 288/289: L/Georg Knoll; S. 289: L/Georg Knoll; S. 289: L/Georg Knoll; S. 290/291: h & d zielske; S. 291: C/Sandra Raccanello; S. 292: Look/Ingolf Pompe; S. 292: M/J W Alker; S. 292: M/Martin Moxter; S. 292/293: Look/age fotostock; S. 293: G/Raimund Koch; S. 294/295: h & d zielske; S. 295: Look/Rainer Martini; S. 295: M/Bernd F. Oehmen; S. 296/297: h & d zielske; S. 297: Look/H. Leue; S. 297: h & d zielske; S. 297: h & d zielske; S. 297: h & d zielske; S. 297: H. & D. Zielske; S. 297: H. & D. Zielske; S. 298: Heinz Wohner; S. 298: Look/LUBENOW SABINE; S. 298/299: G/Heinz Wohner; S. 298/999: Look/Heinz Wohner; S. 300: h & d zielske; S. 300/301: h & d zielske; S. 301: A/Bildarchiv Monheim GmbH; S. 301: A/imagebroker; S. 302/303: h & d zielske; S. 303: Look/Heinz Wohner; S. 304/305: Bildagentur Huber/Szyszka; S. 306: G/Martin Ruegner; S. 306: G/Uwe Steffens; S. 306: Look/Heinz Wohner; S. 306/307: G/Cornelia Doerr; S. 306/307: h & d zielske; S. 307: Getty Images/National Geographic; S. 307: G/Norbert Rosing; S. 308/309: Look/Thomas Stankiewicz; S. 309: Look/Kay Maeritz; S. 310/311: Bildagentur Huber/Szyszka; S. 311: Look/Holger Leue; S. 311: M/Sabine Lubenow; S. 312/313: M/age; S. 313: Look/Thomas Stankiewicz; S. 314/315: M/Helmut Hess; S. 315: Bildagentur Huber/Szyszka; S. 316/317: G/Hiroshi Higuchi; S. 317: H. & D. Zielske; S. 318/319: h & d zielske; S. 319: h & d zielske; S. 319: h & d zielske; S. 320/321: h & d zielske; S. 321: A/Werner Otto ; S. 321: A/Germany Images David Crossland ; S. 321: A/ZUMA Press, Inc. ; S. 321: A/imagebroker; S. 322: L/Babovic; S. 322/323: L/Babovic; S. 322/323: L/Clemens Zahn; S. 323: Look/Ralf Schultheiß; S. 323: L/Babovic; S. 323: L/Babovic; S. 324/325: h & d zielske; S. 326: look/age fotostock; S. 326: G/Mlenny Photography; S. 326/327: H. & D. Zielske; S. 326/327: Look/Juergen Stumpe; S. 327: Look/Ulf Boettcher; S. 327: Look/Roetting/Pollex; S. 327: C/George Hammerstein ; S. 328/329: Look/Juergen Stumpe; S. 329: G/Murat Taner; S. 330/331: H. & D. Zielske; S. 331: Look/Ernst Wrba; S. 332/333: h & d zielske; S. 333: h & d zielske; S. 333: look/age fotostock; S. 333: H. & D. Zielske; S. 333: h & d zielske; S. 333: h & d zielske; S. 334/335: G/Michele Falzone; S. 335: Getty Images/Panoramic Images; S. 336: M/Egon Bömsch; S. 336: M/Ernst Wrba; S. 336: FREELENS Pool/ Weisflog Rainer; S. 336/337: h & d zielske; S. 336/337: h & d zielske; S. 338/339: h & d zielske; S. 339: h & d zielske; S. 340/341: h & d zielske; S. 341: h & d zielske; S. 341: h & d zielske; S. 342/343: M/Andreas Vitting; S. 343: M/Ernst Wrba; S. 344/345: H. & D. Zielske; S. 345: H. & D. Zielske; S. 346: H. & D. Zielske; S. 347 + 350: G/Michele Falzone; S. 351: H. & D. Zielske; S. 351: Look/Heinz Wohner; S. 351: Look/Heinz Wohner; S. 352: Look/Heinz Wohner; S. 352: C/FotoFealing; S. 352: C/Cisca Castelijns; S. 352/353: Look/Heinz Wohner; S. 352/353: A/imagebroker; S. 353: G/Danita Delimont; S. 353: C/Picture Hooked; S. 354/355: h & d zielske; S. 355: h & d zielske; S. 356/357: age fotostock; S. 357: h & d zielske; S. 358/359: C/Herbert Kehrer; S. 360/361: M/Markus Lange; S. 361: M/Markus Lange; S. 362/363: M/Martin Moxter; S. 363: Look/Heinz Wohner; S. 364: M/imagebroker.net; S. 364/365: M/CuboImages; S. 365: Look/Heinz Wohner; S. 366: Look/Daniel Schoenen; S. 366: Look/age fotostock; S. 366/367: Look/age fotostock; S. 366/367: M/Thomas Robbin; S. 368: Look/Brigitte Merz; S. 368: Look/Brigitte Merz; S. 368: Look/Brigitte Merz; S. 368/369: Look/Heinz Wohner; S. 368/369: Look/Heinz Wohner; S. 370/371: M/Daniel Schoenen; S. 371: C/Blaine Harrington III; S. 371: M/A; S. 372/373: Look/Sabine Lubenow ; S. 373: h & d zielske; S. 373: h & d zielske; S. 373: M/Michael Weber; S. 373: M/Michael Weber; S. 373: M/Markus Keller; S. 374/375: Bildagentur Huber/Schmid; S. 375: Look/Ingolf Pompe; S. 375: Look/Heinz Wohner; S. 375: Look/Ralf Greiner; S. 375: M/Daniel Schoenen; S. 376/377: Bildagentur Huber/Mehlig; S. 377: Look/Brigitte Merz; S. 377: Look/Brigitte Merz; S. 377: Look/Brigitte Merz; S. 377: M/Andreas Vitting; S. 378/379: Look/Heinz Wohner; S. 378/379: Look/Heinz Wohner; S. 380/381: L/Dorothea Schmid; S. 381: A/Vladimir Khirman ; S. 381: L/Dorothea Schmid; S. 381: L/Dorothea Schmid; S. 381: L/Dorothea Schmid; S. 382/383: h & d zielske; S. 383: Look/age fotostock; S. 383: h & d zielske; S. 384/385: M/Sven Scholz; S. 384/385: M/Sven Scholz; S. 386: Look/Quadriga Images; S. 386: Look/Guenther Bayerl; S. 386/387: Look/Quadriga Images; S. 386/387: Look/Guenther Bayerl; S. 387: Look/Quadriga Images; S. 387: Look/Guenther Bayerl; S. 388/389: h & d zielske; S. 389: Look/Michael Boyny; S. 389: Look/Ingolf Pompe; S. 390/391: h & d zielske; S. 390/391: G/Westend 61; S. 391: h & d zielske; S. 391: h & d zielske; S. 392: Look/Heinz Wohner; S. 392/393: Look/age fotostock; S. 393: Look/Guenter Bayerl; S. 394/395: Look/Heinz Wohner; S. 394/395: C/Stefan Arendt; S. 396/397: Romeis; S. 397: G/Joke Stuurman; S. 397: C/Peter Entwistle/ FLPA; S. 397: A/imagebroker; S. 397: A/imagebroker; S. 398/399: A/Michael Schellinger; S. 399: M/Michael Schellinger; S. 400/401: h & d zielske; S. 401: G/Ceca Photography; S. 401: M/Hartmut Röder; S. 402: Look/Heinz Wohner; S. 402: M/Hans-Peter Merten; S. 402/403: H. & D. Zielske ; S. 402/403: Ernst Wrba; S. 403: Werner Richner; S. 404/405: Look/Guenter Bayerl; S. 405: H. & D. Zielske ; S. 405: H. & D. Zielske ; S. 406/407: Bieker; S. 407: Bildagentur Huber/Schmid Reinhard; S. 408/409: h & d zielske; S. 409: M/Markus Keller; S. 409: M/Markus Keller; S. 409: h & d zielske; S. 410/411: G/altrendo travel; S. 412: Look/Heinz Wohner; S. 412: M/Raimund Linke; S. 412/413: C/Raimund Linke ; S. 412/413: M/Michael Mucha; S. 413: A/blickwinkel ; S. 413: M/Bernd Zoller; S. 414/415: Look/Heinz Wohner; S. 414/415: Look/Heinz Wohner; S. 415: G/Heinz Wohner; S. 415: G/Heinz Wohner; S. 415: Look/Thomas Stankiewicz; S. 415: Look/Heinz Wohner; S. 416/417: Look/Heinz Wohner; S. 417: C/Jim Zuckerman; S. 418: M/Martin Siepmann; S. 419 - 422: Look/Andreas Strauss; S. 423: Bildagentur Huber/Schmid Reinhard; S. 423: h & d zielske; S. 423: Look/Jürgen Richter; S. 423: C/Adam Woolfitt; S. 423: C/Ruggero Vanni; S. 423: C/Sandro Vannini; S. 424/425: Look/Heinz Wohner; S. 425: G/Westend61; S. 425: L/Berthold Steinhilber; S. 425: L/Markus Kirchgessner; S. 425: M/Siepmann; S. 425: M/Martin Siepmann; S. 426: Look/Heinz Wohner; S. 426: Dr. Wilfried Bahnmüller; S. 426/427: L/Markus Mauthe; S. 426/427: M/Martin Siepmann; S. 428/429: C/Martin Siepmann; S. 429: L/Tobias Gerber; S. 430: L/Tobias Gerber; S. 430: M/Martin Siepmann; S. 430/431: G/Habub3; S. 430/431: Look/Thomas Stankiewicz; S. 431: Look/NordicPhotos; S. 431: L/Tobias Gerber; S. 431: M/Maria Breuer; S. 432/433: Look/Heinz Wohner; S. 433: G/John Cancalosi; S. 433: C/Kevin Schafer; S. 433: C/Ingo Arndt; S. 433: C/Martin Siepmann; S. 433: A/Sabena Jane Blackbird ; S. 434/435: Look/age fotostock; S. 435: G/Panoramic Images; S. 436/437: M/Jacek Kaminski; S. 437: M/United Archives; S. 438/439: Look/Franz Marc Frei; S. 439: H. & D. Zielske; S. 439: M/Helmut Meyer zur Capellen; S. 440: G/Walter Schiesswohl; S. 440/441: H. & D. Zielske; S. 441: H. & D. Zielske; S. 441: M/Urs Schweitzer; S. 442/443: M/Bahnmueller; S. 443: C/Franz-Marc Frei; S. 444/445: M/Martin Siepmann; S. 445: Look/age fotostock; S. 445: L/Berthold Steinhilber; S. 445: M/Martin Siepmann; S. 445: M/Martin Siepmann; S. 445: M/Robert Knöll; S. 446/447: M/Christian Bäck; S. 447: M/Siepmann; S. 448/449: h & d zielske; S. 449: h & d zielske; S. 450: C/Stefano Bianchetti; S. 450/451: h & d zielske; S. 451: Bridgemanart.com; S. 451: M/Martin Siepmann; S. 452: L/Andreas Hub; S. 452/453: M/Michael Rucker; S. 453: M/Norbert Fischer; S. 453: M/Helmut Meyer zur Capellen; S. 453: M/Helmut Meyer zur Capellen; S. 454/455: h & d zielske; S. 455: L/Tobias Gerber; S. 456/457: C/Martin Siepmann; S. 456/457: L/Tobias Gerber; S. 458: L/Peter Hirth; S. 458: M/United Archives; S. 458/459: A/Martin Moxter; S. 458/459: C/Massimo Listri; S. 459: M/Thomas Heymann; S. 459: M/Thomas Heymann; S. 460/461: H. & D. Zielske ; S. 461: Look/Heinz Wohner; S. 461: H. & D. Zielske ; S. 462/463: Bildagentur Huber; S. 463: M/A; S. 464/465: G/Frank Rothe; S. 465: C/Fotofeeling; S. 466/467: Look/age fotostock; S. 467: C/Christina Krutz; S. 467: Fritz Polking/Visuals Unlimited; S. 467: C/Francesc Muntada; S. 467: M/David & Micha Sheldon; S. 467: G/Norbert Rosing; S. 468: M/Siepmann; S. 468/469: M/Siepmann; S. 469: C/Grand Tour Collection; S. 469: M/Siepmann; S. 470/471: M/Egon Bömsch; S. 471: M/Egon Bömsch; S. 472/473: M/Martin Siepmann; S. 473: M/Martin Siepmann; S. 474: L/Berthold Steinhilber; S. 474: M/Martin Moxter; S. 474/475: L/Berthold Steinhilber; S. 474/475: L/Berthold Steinhilber; S. 476/477: H. & D. Zielske; S. 476/477: M/Katja Kreder; S. 477: H. & D. Zielske; S. 477: M/Katja Kreder; S. 477: M/Katja Kreder; S. 478/479: M/Photononstop; S. 479: M/Markus Keller; S. 480: Look/Quadriga Images; S. 480: L/Gerald Haenel; S. 480/481: Look/Franz Marc Frei; S. 480/481: C/Martin Siepmann; S. 481: Look/Andreas Strauss; S. 481: Look/Andreas Strauss; S. 482/483: Look/Andreas Strauss; S. 483: Look/Andreas Strauss; S. 484/485: Look/Andreas Strauss; S. 484/485: M/Stefan Arendt; S. 485: M/Michael Müller; S. 486/487: G/Piotr Jaczewski; S. 487: Klammet; S. 487: L/Naftali Hilger; S. 487: L/Naftali Hilger; S. 487: L/Naftali Hilger; S. 487: M/Markus Lange; S. 488/489: H. & D. Zielske; S. 489: H. & D. Zielske; S. 490/491: G/Murat Taner; S. 491: G/Ingrid Firmhofer; S. 492/493: Caro/Riedmiller; S. 493: A/imagebroker; S. 493: M/Markus Keller; S. 494: M/A; S. 494/495: A/imagebroker; S. 494/495: M/Rainer Waldkirch; S. 495: M/A; S. 496/497: A/Cephas Picture Library ; S. 497: L/Adenis; S. 497: L/Adenis; S. 497: A/imagebroker; S. 497: A/imagebroker ; S. 497: M/P. Widmann; S. 498: Look/age fotostock; S. 498: Look/age fotostock; S. 498: Look/age fotostock; S. 499: Look/Rainer Martini; S. 499: M/Manfred Bail; S. 500/501: M/Bridge; S. 501: G/Altrendo Panoramic; S. 502/503: M/Manfred Bail; S. 503: H. & D. Zielske; S. 504/505: C/Grand Tour Collection; S. 504/505: C/Murat Taner; S. 506: M/Udo Siebig; S. 506: M/Martin Siepmann; S. 507: G/Helmut Reichelt; S. 507: Look/Andreas Strauss; S. 507: M/Martin Moxter; S. 507: M/Manfred Bail; S. 508/509: Look/Florian Werner; S. 509: Look/Konrad Wothe; S. 509: M/Martin Moxter; S. 509: M/A; S. 510: A/imagebroker; S. 510/511: M/Helmut Meyer zur Capellen; S. 511: Look/Florian Werner; S. 512/513: M/Markus Keller; S. 513: Bildagentur Huber/Huber; S. 514/515: Look/Rainer Mirau; S. 515: Look/Florian Werner; S. 515: Look/Florian Werner; S. 516/517: M/Foto Beck; S. 517: M/Kurt Amthor; S. 517: M/Kurt Amthor; S. 517: M/Dr. Wilfried Bahnmüller; S. 518: Look/Daniel Schoenen; S. 518/519: M/Manfred Bail; S. 519: M/Westend61; S. 520: Look/age fotostock; S. 520/521: M/United Archives; S. 521: L/Rainer Martini; S. 521: h & d zielske; S. 521: M/United Archives; S. 522 + 527: A/imagebroker; S. 523/526: G/Florian Werner; S. 527: G/Wilfried Krecichwost; S. 528: Look/Florian Werner; S. 528: Look/Florian Werner; S. 528/529: G/Florian Werner; S. 528/529: M/Andreas Vitting; S. 530/531: G/Dennis Fischer Photography; S. 531: Look/Konrad Wothe; S. 532/533: Bernd Ritschel; S. 533: Look/Andreas Strauss; S. 534/535: Look/Florian Werner; S. 535: Look/Florian Werner; S. 536/537: h & d zielske; S. 537: Look/Ulli Seer; S. 537: C/Frederic Soltan; S. 538/539: G/Rainer Mirau; S. 539: Look/Florian Werner; S. 540/541: G/F Pritz; S. 541: Look/Thomas Stankiewicz

© 2013 Kunth Verlag GmbH & Co KG, München
Königinstr. 11
80539 München
Tel. +49.89.45 80 20-0
Fax +49.89.45 80 20-21
www.kunth-verlag.de
info@kunth-verlag.de

Printed in Slovakia

Text: Henning Aubel, Hanno Ballhausen, Norbert Lewandowski, Dr. Patrick Brauns, Gisela Buddée, Friederike von Bülow, Dietmar Falk, Robert Fischer, Gabriele Gaßmann, Rita Henß, Wieland Höhne, Ute Kleinelümern, Brigitte Lotz, Dr. Johann Schrenk, Eckhard Schuster, Stephan Sepp, Angela Stuhrberg, Walter M. Weiss, Roland A. Wildberg.

Alle Rechte vorbehalten. Reproduktionen, Speicherung in Datenverarbeitungsanlagen, Wiedergabe auf elektronischen, fotomechanischen oder ähnlichen Wegen nur mit der ausdrücklichen Genehmigung des Copyrightinhabers.

Alle Fakten wurden nach bestem Wissen und Gewissen mit der größtmöglichen Sorgfalt recherchiert. Redaktion und Verlag können jedoch für die absolute Richtigkeit und Vollständigkeit der Angaben keine Gewähr leisten. Der Verlag ist für alle Hinweise und Verbesserungsvorschläge jederzeit dankbar.